선택의 순간, 결정을 미루는 당신에게

하버드 결정 수업

초판 1쇄 인쇄   2022년 3월 27일

초판 1쇄 발행   2022년 4월 05일

지은이 ㅣ 웨이슈잉

옮긴이 ㅣ 박영인

펴낸이 ㅣ 구본건

펴낸곳 ㅣ 비바체

출판등록 ㅣ 제2021000124호

주소 ㅣ (27668) 서울시 강서구 등촌동39길 23-10 202호

전화 ㅣ 070-7868-7849 팩스 ㅣ 0504-424-7849

전자우편 ㅣ vivacebook@naver.com

ISBN 979-11-977498-1-0   03190

하버드대는 누구나 아는 명문 대학이다. 하버드대는 8명의 미국 대통령, 34명의 노벨상 수상자, 32명의 퓰리처상 수상자 및 다양한 분야의 유명 인사를 배출했다. 이들의 공통점은 정확한 결정을 내릴 줄 안다는 것이다.

'왜 잘못된 결정을 하는가'는 우리가 자주 하는 질문이다. 사실 이것은 각자의 인생에 지대한 영향을 끼치는 중요한 문제일 뿐 아니라 하버드대 행동심리학 강의의 주요 연구 과제이기도 하다. 신분이나 계층 고하를 막론하고 우리는 매일 선택의 기로에 놓이고, 반드시 결정을 내려야 한다. 아침에 무엇을 먹을지, 출근할 때 어떤 색상의 옷을 입을지는 물론, 어느 학교에 진학할지, 결혼을 할 것인지 말 것인지 등 다양한 문제가 우리의 선택을 기다리고 있다. 사실 인생은 많은 선택이 쌓여 만들어진다 해도 과언이 아닐 것이다. 학교와 직업을 선택하듯, 인생 역시 선택 가능하다. 옳은 결정을 했을 때, 우리는 큰 기쁨을 느낀다. 하지만 잘못된 결정으로 목표한 바를 이루지 못했을 땐 큰 좌절에 빠지기도 한다.

하버드대 출신의 저명인사들이 어떤 결정을 내렸는지 잠시 살펴보자. '슈퍼 리치' 빌 게이츠는 컴퓨터학과 자퇴를 결정하고 마이크로소프트사를 창립해 세계적인 부자가 되었고, 마크 저커버그는 야후의 고가 매수 제의를 거절하고, 끝내 페이스북을 키워냈다. 행동심리학자 탈 벤 샤하르Tal Ben Shahar 는 '행복학'을 연구 분야로 결정했고, 현재 가장 인기 있는 하버드대 교수가 되었다. 이러한 사례는 인생이 선택과 결정의 연속임을 잘 보여준다. 우리가 내린 결정이 우리의 인생을 결정한다. 잘한 결정은 성공을 안겨주지만, 잘못된 결정은 인생을 비극으로 만들기도 한다.

결정을 내리는 것이 자칫 단순해 보일 수도 있지만, 거기엔 많은 유혹과 함정이 있어 고민에 빠지게 된다. 그래서 잘못된 결정을 내리기도 한다. 잘못된 결정을 했을 때, 우리는 크게 자책하며 시간을 되돌려 다시 선택할 수 있다면 얼마나 좋을까 생각한다.

하지만 시간이란 되돌릴 수 없는 것이기에 자신이 내린 결정에 책임져야 한다. 잘못의 정도가 어떠하든, 어느 정도의 비극적 상황이든 결정의 결과를 모두 받아들여야 하는 것이다.

그렇다면 잘못된 결정의 늪에서 빠져나올 수 있는 방법은 없을까? 하버드대의 행동심리학과 교수는 8개의 강의를 통해 여러분들이 결정과 관련해 가장 궁금해하는 내용에 대한 답을 제시한다. 당신은 이 책을 통해 잘못된 결정은 어떻게 만들어지는지, 결정의 전체적인 과정은 어떠한지, 잘못된 결정을 피하는 방법은 무엇인지, 결정 후 부족한 부분을 어떻게 보완해가야 하는지 알게 될 것이다.

하지만 『하버드 결정의 법칙』은 여러분에게 답을 제시하는 것에서 끝나지 않는다. 당신은 이 책을 통해 어떻게 잘못된 결정을 내리게 되는지, 앞으로 어떤 방식으로 결정을 내려야 하는지 배울 수 있을 것이다.

이 책은 누구나 한 번쯤은 겪어봤음 직한 이야기는 물론, 하버드대 출신 저명인사들의 인생에 큰 영향을 끼친 결정 관련 사례를 소개한다. 독자들은 다양한 사례를 통해 잘못된 결정을 내리게 되는 근본적인 원인을 더욱 잘 이해할 수 있을 것이고, 이를 토대로 이후의 실수를 피할 수 있을 것이다.

많은 선택과 결정의 순간이 당신을 기다리고 있다. 당신의 오늘이 과거의 결정으로 만들어진 것이라면, 현재 당신이 내리는 결정은 당신의 미래를 결정할 것이다. 이 책을 통해 정확히 결정하는 법을 배우고, 이를 바탕으로 당신이 원하는 미래를 살아갈 수 있길 바란다.

01

세상에 완전한
흑과 백은 없다

올바른 결정을 위한
세 가지 조건

심리학에서는 선택을 개인의 주관적인 행위로 정의한다. 개인의 정보를 받아들인 후 눈앞의 상황에 대해 평가하고 자신에게 가장 유리한 방향을 판단하여 취하는 행위인 것이다. 현실 세계는 책 속의 이론들보다 훨씬 복잡하기 때문에 우리는 저마다 평생 수많은 결정을 내려야 하며, 바로 이 결정들이 우리를 서로 다른 삶의 방향으로 이끈다. 올바른 결정 하나가 우리에게 눈부신 성취를 안겨주기도 하고, 순간의 잘못된 결정이 우리를 영원히 헤어날 수 없는 구렁텅이로 빠뜨리기도 한다. 이처럼 한 번 내린 결정이 인생을 좌우할 만큼 중요하기 때문에, 어떻게 하면 올바른 결정을 내릴 수 있을지 시간을 들여 고민하고 연구하게 마련이다. 고대 그리스의 소크라테스부터 최근에 나온 각종 심리학 서적의 저자에 이르기까지, 지식과 사상을 갖춘 이들은 누구나 제한된 시간 안에 가장 옳은 결정 혹은 자신에게 가장 유리한 결정을 내리기 위해 노력한다.

그러나 후회할 확률이라는 관점에서 보면 우리가 내리는 대부분의 결정은 모종의 결함을 안고 있다. 자신이 늘 잘못된 결정을 내리는 이유가 궁금하다면 잘못된 결정이란 무엇인지, 또 올바른 결정이란 무엇인지부터 짚고 넘어가야 한다.

하버드대 심리학과에서 다음과 같은 조사를 실시한 적이 있다. 어느 교수가 학생들에게 일·건강·사랑이라는 세 가지 가치를 제시하면서 그중 한 가지만을 선택할 수 있다면 무엇을 고르겠느냐고 질문했다. 그 강의실에 있던 학생들의 평균 연령은 20세였는데, 약 64퍼센트가 일을 선택했고 25퍼센트는 사랑을 선택했다. 건강을 선택한 학생은 소수에 불과했다. 똑같은 질문을 평균 연령 45세 이상의 집단에게 했을 때 70퍼센트 이상이 건강을 선택하겠다고 답했다. 그렇다면 세 가지 중 어떤 것을 골라야 올바른 결정일까? 답은 '세 가지 결정 모두 옳다'이다. 세 개의 선택지 가운데 어떤 것을 골라도 잘못된 결정이 아니다. 현재 자신의 필요에 가장 부합하는 것, 지금 본인에게 가장 큰 만족감을 줄 수 있는 것을 고르면 된다. 이 두 가지 조건이 모두 충족되는 상황이라면 그 결정이 옳은지 그른지 판단하기란 쉽지 않다.

당신이 아직 학생이라면 시간도 체력도 충분할 것이다. 그러니 잠을 자는 대신 어떤 목표를 달성하기 위해 밤을 세운다거나 의미 있는 일에 자신의 온 힘을 쏟는 것은 조금도 잘못된 결정이 아니다. 젊음이 곧 재산이라는 말이 있듯, 공인된 재산인 젊음을 가지고 자신의 인생에서 추구하는 가치를 실현하기로 결정하는 것이 20대에 걸맞는 태도이기 때문이다. 그러나 45세 이상이라면 이야기는 달라진다. 그들은 각자의 분야에서 일정 수준의 지위에 올랐으나 세월의 흐름에 따라 젊음은 점차 시들어간다. 일에서의 성공보다는 이전과 같은 건강과 활력을 유지하기를 더 바랄 것이다. 나이가 많을수록 건강을 선택하는 경향을 보이는 것도 이 때문이다. 그들에게 일은 더 이상 중요한 목표가 아니다. 오랫동안 건강하고 즐겁게 사는 것이 최대의 목표가 된다.

위의 사례에서 보듯 결정의 옳고 그름은 일괄적인 기준에 따라 갈리는 것이 아니라 시간의 흐름에 따라 정해진다. 인생의 각 단계마다 결정을 내리기 위한 전략도 달라진다. 그러므로 어떤 결정을 평가할 때는 반드시 환경적 변수를 고려해야 한다. 40대의 입장에서 20대의 결정을 평가한다면 결코 그 결정이 옳다고 말하지 못할 것이다. 반대의 경우로 마찬가지다. 그렇기 때문에 심리학에서는 어떤 행동이든 시간이나 공간과 밀접한 연관이 있고, 현실과 괴리된 행동은 아무 의미가 없는 것과 마찬가지로 결정도 이와 같다고 본다. 결정의 주체를 둘러싼 환경, 그의 주관과 인식을 배제한 채 결정의 옳고 그름을 판단하는 것은 어불성설이다.

'옳음'과 '그름'은 반의어로, 의미만 놓고 보면 이 두 단어 사이에는 아무런 접점이 없다. 그러나 실제로 우리가 결정을 내리는 과정에서는 절대적인 옳음도 절대적인 그름도 있을 수 없다. 다만 적합한 결정인지 아닌지, 장기적인 결정인지 아닌지, 유리한 결정인지 아닌지로 나뉠 뿐이다. 현실에서 우리는 자신이 내린 각각의 결정이 자신의 이익을 최대화해주기를 바란다. 하지만 구성원 각자가 바라는 '이익의 최대화'는 결코 일치하지 않는다. 그렇기에 '이기적'이라는 단어가 생겨난 것이다. 그러나 올바른 결정이란 분명히 존재하며 여기에는 세 가지 조건이 따른다.

1. 시의성이 있어야 한다.

옳은 결정은 현실적인 환경에 걸맞은 것, 현실에 밀착된 것이어야 한다. 마크 저커버그는 야후가 인수합병의 조건으로 고액을 제시했을 때 자신이 만든 페이스북을 포기하지 않았다. 당시 페이스북은 성장하는 단계였고 저커버그 자신은 물론, 구성원 모두가 이 시장의 성장 가능성을 믿고 있었기 때문이다. 고액의 일회성 거래로 미래의 모든 가능성을 내팽개치는 짓만큼 어리석은 일도 없다. 그러므로 저커버그가 야후의 인수 제안을 거절한 것은 분명 옳은 결정이었다. 그렇다면 가정해보자. 수십 년 후 페이스북이 새로운 인터넷 환경에서 성장한 각종 소셜 네트워크 서비스의 공격에 부딪혀 기존의 창의성과 우위가 점차 사라지고 간판을 내려야 할 위기에 처한다면? 그렇다고 해서 과거 저커버그가 내린 결정이 잘못되었다고 말할 수 있을까? 그럴 수 없을 것이다. 결정에는 시의성이 있기 때문이다. 어떤 특정 여건에서 우리가 판단하기에 가장 올바른 결정을 내렸고 그 결정이 당시로서는 가장 적절한 선택이었다면, 시간이 흐른 뒤에도 그 결정은 분명 옳은 결정이었다는 평가를 받을 것이다.

2. 장기적이어야 한다.

우리는 결정을 내릴 때마다 장기적인 안목을 갖추어야 한다. 앞서 결정에는 시의성이 있다고 언급한 바 있다. 그 말은 결정에도 유효 기한이 존재한다는 뜻이다. 현시점에서는 더할 나위 없이 올바른 결정이지만 환경이 변하면서 옳지 않은 결정이었다고 판명되는 경우가 있다. 그런 변화에는 예측이 불가하므로 결정을 내리기 전에 충분히 변수를 고려하고 그 결정에 따른 결과를 신중히 따져봐야 한다. 과거 애플은 스티브 잡스가 독불장군이라는 이유로 그를 이사회에서 내보냈다. 그러나 잡스가 떠난 뒤 애플의 제품 품질과 시장에서 우위가 급격히 떨어지자, 애플은 애니메이션 제작 분야에서 한창 잘나가던 잡스를 다시 회사로 불러들였다. 어떤 결정의 성패를 점칠 때는 여러 가지 요소를 고려해야 한다. 그후 자신이 내린 결정이 한계에 부딪힌다면 즉각적으로 결정을 수정하는 것이 문제를 해결하는 현명한 방법이다.

3. 만능의 결정이란 없다.

옳은 결정이라고 해서 모든 측면에서 다 옳다는 것은 논리적으로도 이치에 맞지 않는다. 어떤 섬에서 동쪽으로 가기로 결정했다면 결코 서쪽 끝에 이를 수 없는 것처럼 말이다. 어떤 결정을 내렸다면 다른 것을 포기해야 한다. 더 큰 이익을 위해서는 작은 이익을 포기해야 하며, 때로는 배움을 위해 고향을 떠나야 할 수도 있다. 우리가 내린 옳은 결정이 모든 요구 조건을 두루 충족시킬 수는 없다. 당신이 내린 결정이 어느 것 하나 놓치지 않는 완벽한 결정이었다고 자신하지 마라. 그렇게 생각한다는 것 자체가 이미 그 결정이 정상적인 궤도를 벗어났음을 의미하니까.

하버드 심리학에서는 "우리가 늘 무언가를 결정하면서도 그 결정이 옳은지 곰곰이 생각하는 일은 거의 드물다"라고 말한다. 어떤 결정이든 잘못될 가능성이 존재하지만, 대부분의 경우에는 본능에 따른 선택을 하기 때문이다. 즉 우리의 뇌가 이 방향이 자신에게 더 알맞다고 신호를 보내면 별다른 생각 없이 그 길을 택하는 것이다. 실제로 사람의 무의식에는 각자의 특정한 경향이 있고 결정을 내릴 때 이것이 작용한다. 시장에서 좋아하는 식료품을 사거나 옷가게에서 좋아하는 스타일의 치마가 한눈에 들어오는 것도 이런 이치다. 어떤 데이터나 분석을 토대로 선택하는 것이 아니라 무의식적으로 결정하는 것이다. 그러나 무의식에 현실적인 조건이 따라붙으면 결정은 훨씬 복잡해진다. 식료품을 고를 때 유전자 조작 식품은 아닌지 저칼로리 식품인지 건강 관련 정보를 확인해야 하고, 예쁜 치마를 살 때 가격이나 실용성을 따져야 하는 것이다. 우리의 본능적인 무의식이 현실적인 사고의 영향을 받으면 양자 사이의 힘겨루기가 시작되고 그 결과에 따라 결정도 달라진다.

현실적인 결정과 본능적인 결정의 옳고 그름을 명확히 구분할 수 없기에, 우리는 삶에서 최대한 많은 경험을 쌓음으로써 결정에 따른 손실을 최소화할 수밖에 없다. 이것이 바로 결정의 진실이다. 결정이란 옳고 그름도 없고 지나치게 복잡한 거리 두기도 없으며 단지 내면의 무의식과 현실적인 조건을 결합한 선택일 뿐이다. 무언가를 결정할 때 우리의 심리 상태, 친구, 심지어 몸 상태까지도 결정에 영향을 미친다. 그 결정이 옳았는지 여부는 시간이 지나면 알 수 있다.

당신이 이 책을 계속 읽기로 결정했다면, 단언컨대 아주 옳은 결정을 내린 것이다!

의존적인 성향에서 벗어나라

　심리학에서든 행동학에서든, IQ와 상관없이 습관이란 가장 무섭고
도 강력한 무기라고 이야기한다. 어떤 행동을 습관적으로 반복한다면
마음속에는 그 행동과 관련된 요소에 대해 의존성이 생겨난다.

　어느 행동심리학자가 다음과 같은 실험을 했다. 날마다 미로의 한
쪽에 음식물을 두고 실험용 흰쥐를 미로에 풀어놓았다. 흰쥐는 그곳
에 음식물이 있다는 것을 알고 매일 그곳으로 가서 음식물을 먹었다.
이렇게 60일이 지난 뒤 기존에 음식물을 놓아두던 곳의 정반대쪽에
음식물을 두었더니, 흰쥐는 음식물 냄새가 그 방향이 아니라는 것을
알려주는데도 원래 음식이 놓여 있던 곳으로 가서 음식물을 찾았다.
그동안 형성된 습관에 의존한 나머지 자신이 받아들인 음식물 냄새의
신호를 무시한 것이다. 이는 습관에 따른 의존성이 행동을 제약하는
사례다.

　어떤 결정을 내리기 전 우리는 뇌를 이용해 각종 정보를 수집하고
그간의 경험을 바탕으로 결정을 내리며 그에 따라 행동한다. 따라서
잘못된 결정을 하는 이유는 뇌가 전달한 정보가 잘못되었거나 정보를
분석하는 방식에 오차가 생겼기 때문이다. 그러나 하버드대 심리학 연

구에서는 '의존성'으로 인해 뇌가 우리에게 전달한 정확한 판단을 무시하고 실제 상황과는 상반되는 결정을 내리게 된다고 지적한다.

이른바 의존성에 의한 잘못된 결정이다.

심리학에서는 정도는 각기 다르지만 누구나 의존성을 가지고 있으며 의존도가 심한 유형의 사람은 결정을 내리는데 유독 어려움을 겪는다고 한다. 그렇다면 의존성이란 어떤 심리일까?

미국 정신의학회에서 발간하는 『정신 장애의 진단 및 통계 편람』에서는 의존형 인격의 특징을 다음과 같이 정의한다.

- 타인의 확인을 받기 전에는 정상적인 사물에 대해 스스로 어떤 결정도 내리지 못한다.
- 혼자 결정을 내려야 할 때 심한 무력감을 느끼고, 특히 인생의 중요한 결정을 내려야 할 때는 반드시 외부의 도움을 필요로 한다.
- 자신의 생각을 이야기하는 것을 꺼리고, 타인의 생각이 명백히 틀렸다 해도 배척받을 것이 두려워 그대로 따른다.
- 독립성이 부족해 어떤 활동도 독자적으로 하지 못한다.
- 타인의 마음에 들기 위해 비위를 맞추며 참을성이 지나치게 많다.
- 혼자 있는 것을 꺼리고 고독을 못 견딘다.
- 친한 사람과 다툴 경우 심리적으로 쉽게 무너진다.
- 남에게 미움을 받을까 몹시 두려워하며 안절부절못한다.
- 지나치게 남의 눈치를 보며 스스로를 상처 입힌다.

보고서는 위의 특징 중 다섯 가지 이상에 해당되는 사람을 의존형 인격으로 분류한다. 의존형 인격을 가진 사람은 독자적으로 결정을 내리지 못하며 자신에게 가장 유리한 결정을 내리기 어렵다. 실생활에서 이런 유형의 사람은 디딤돌이나 총알받이 등으로 남에게 이용당하기 쉽다. 심리학자 카렌 호나이 Karnen Horney 는 의존형 인격을 분석하면서 이들이 다음과 같은 몇 가지 특징을 가진다고 밝혔다. 첫째, 심각한 유약함과 무력감을 느끼고, 혼자 방법을 강구해야 할 때 속수무책이 되거나 방향을 상실했다는 느낌을 받는다. 둘째, 당연히 남들이 자신보다 뛰어나고 매력 있으며 재능이 뛰어나다고 생각한다. 셋째, 무의식적으로 타인의 시각에서 자신을 평가한다.

의존형 인격의 특징 가운데 자신에게 해당되는 항목이 있는지 점검해보고 의존 경향이 있다고 판단된다면 잘못된 결정을 내렸을 때 자신의 뇌가 받아들인 정보가 부정확했는지, 아니면 내적 의존성으로 인한 것인지 주의 깊게 살펴봐야 한다.

물론 무언가를 결정할 때는 이런저런 충고에 노출되기 마련이다. 그중에는 좋은 의견도 있고 그렇지 않은 의견도 있다. 그러나 결정을 내릴 때마다 습관처럼 주변의 충고에 휘둘린다면 잘못된 결정을 내릴 확률은 더욱 높아진다. 문제는 이런 잘못된 결정이 스스로의 생각이 아니라 습관에서 비롯된다는 점이다. 결정을 내릴 때 주변의 정보에 지나치게 의존하는 것은 경계해야 할 습관이다.

특히 충고에 따랐다가 이득을 본 경험이 있다면 충고란 언제나 자신에게 득이 되는 것으로 여기고, 점차 스스로 생각하는 능력을 잃고 습관적으로 본인 뇌의 이성적인 분석에 귀를 닫게 된다. 마치 음식 냄새가 어디서 나든 맹목적으로 처음 음식물이 놓여 있던 곳으로 달려가는 흰쥐처럼. 따라서 우리는 잘못된 결정에 대해 스스로의 의존성을 반성해야 한다. 때로 의존은 단순한 행위가 아니라 심리적 태도이며, 의존의 대상 역시 어떤 사람이나 일이 아니라 내면에 굳어진 시각, 즉 고정관념일 수 있다.

하버드대는 각자의 개성을 중시하는 곳으로 잘 알려져 있지만 이곳에도 심리적인 의존으로 인한 각종 병폐는 존재한다. 일찍이 전 학계를 떠들썩하게 했던 '하버드 표절 사건'이 대표적인 사례다. 하버드에 진학하는 이들은 모두 엘리트이며 스스로도 엘리트라 불리는 데 익숙하기 때문에 우수해야 한다는 강박증을 갖고 있다. 여타 학교의 학생보다 성적에 더 예민하고 자신이 제출한 과제가 'A'를 받을 수 있을지 교수가 자신을 어떻게 평가할지 신경을 곤두세우기 때문에 일부 '커닝'행위를 하는 학생들이 나오게 되는 것이다. 그들의 이런 의존성은 습관적인 우수함에서 비롯된다. 이러한 심리적 의존으로 인해 하버드에서 학문을 한다는 본질은 간과한 채 성적이나 자신에 대한 타인의 평가에 지나치게 집착한 나머지 '커닝'이라는 행위에 대한 이성적인 판단을 묵살한다. 그 결과 누가 봐도 잘못된 결정을 내리고 스스로의 인생에도 지울 수 없는 오점을 남기는 것이다.

따라서 의존형 인격이 초래하는 잘못된 결정이란 비단 스스로 결정을 내리지 못하는 데 그치지 않고 본인이 명백히 인지하는 올바른 정보를 간과하게 만든다. 이러한 '자아 마비'는 그 자체로 매우 위험하며 아주 심각한 결과를 초래한다. 오랫동안 자아 마비에 빠져 의존적인 경향을 떨치지 못하는 사람은 사물을 바르게 판단할 수 없다. 그들의 뇌는 무용지물이 되고 스스로 습관의 꼭두각시가 되고 만다.

실생활에서 자신의 의존적인 면을 발견했거나 어떤 사람 혹은 일에 버릇처럼 익숙해져 더 이상 논리적으로 생각하지 못한다는 사실을 깨달았다면, 그로 인한 뇌의 퇴화 및 의존적 성향의 기능성을 경계해야 한다. 독자들의 의존성 교정을 돕기 위해 몇몇 심리학자가 제시하는 두 가지 방법을 소개한다.

1. 습관 교정법

의존적인 행동이 이미 일종의 습관으로 고착되었다면 우선 그 습관부터 고쳐야 한다. 먼저 자신의 결정 가운데 습관적으로 남에게 의존해 내린 결정과 독자적으로 내린 결정을 구별해야 한다. 날마다 자신이 한 일들을 기록하고 평가한 뒤 일주일마다 자신의 결단력에 등급을 매긴다. 주체적으로 강한 의지로 행한 일이 있다면 향후 비슷한 상황에서도 스스로 결정하도록 한다. 예를 들면 옷차림이나 헤어스타일, 향수 등을 자신의 의사에 따라 선택했는지 점검하는 것이다. 이런 사소한 일부터 고쳐나간다면 혼자서 결정을 내리는 데 점점 익숙해질 것이다.

그러나 남의 의견을 수렴해 결정할 필요가 있는 일에 대해서는 서두르지 말고 점진적으로 고쳐나가야 한다. 업무에서 동료의 의견에 귀를 기울이는 것은 필수적이다. 그러나 남의 의견을 무조건적으로 따르지 않고 본인의 생각을 피력할 줄도 알아야 한다. 이처럼 일을 할 때 다른 사람의 주장에 자신의 의견을 보태려 시도하고 자신의 생각이 점차 늘어난다면, 수동적인 사람에서 주체적으로 결정하는 능동적인 사람으로 조금씩 탈바꿈할 수 있을 것이다.

한 가지 기억해야 할 것은 의존적인 행동이 단기간에 사라지지는 않는다는 점이다. 의존하는 습관이 형성되고 나면 매번 독자적으로 결정을 내리는 것이 힘들기 때문에 자신도 모르게 편한 대로 습관을 따르게 된다. 이런 현상을 방지하기 위해서는 감독해줄 사람을 찾는 것이 좋은데, 자신의 가장 의지하는 사람을 감독관으로 두는 것을 추천한다.

2. 자신감 충전법

습관을 고친 뒤에는 스스로를 바라보는 시선을 철저하게 바꾸어야 한다. 자신감 충전법이야말로 우리가 더 이상 남의 잘못된 의견에 따르지 않고 주체적으로 결정을 내리도록 도와줄 근본적인 교정 방법이다.

그 첫 단계로, 열등감에서 벗어나야 한다. 의존적인 사람은 자신감이 결여되고 자존감이 매우 낮다. 이런 경우 대개 유년기의 좋지 않은 교육 때문에 생긴 자기 비하의 흔적이 발견된다. 유년 시절 부모나 어른, 친구에게 "너는 정말 아무짝에도 쓸모가 없구나" "됐다, 그냥 내가 하는 편이 낫겠어" 등의 부정적인 말을 들은 적이 없는지 떠올려보고, 그들이 왜 이런 말을 했는지, 정말 자신이 그렇게 잘못했는지 등을 생각해보라. 그런 다음 용기를 내 그들에게 다시는 이런 말을 하지 말고 좀더 따뜻하게 격려하고 도움을 주라고 말해보라.

두 번째 단계로 용기를 충전해야 한다. 매주 한 가지씩 모험적인 일을 시도하라. 혼자서 장거리 달리기에 도전한다거나 가까운 곳으로 여행을 가거나 모든 것을 스스로 결정하는 하루를 보낸다거나, 이런 도전을 시도함으로써 용기를 키워 의지하려는 습관을 고칠 수 있다.

위의 두 가지 방식으로 항상 단련한다면 조금씩 의존적 성향에서 벗어날 수 있다. 물론 의존성에서 진정 벗어나기란 그리 쉬운 일은 아니다. 오랜 시간에 걸쳐 내면의 중심을 바로 세우려는 노력이 필요하다. 그 과정은 아주 힘들고 고통스러울 수도 있고 심리적으로 매우 불안할 수도 있다.

하지만 독자적으로 내린 결정도 아닌데 매번 자신이 감수하고 책임져야 한다면 얼마나 비극적인 일인가? 그러므로 지금부터 의존성을 경계하여 스스로 결정하고 그 책임도 당당하게 지도록 노력하라. 옳은 결정을 했든 그른 결정을 했든, 그 결정의 결과가 행복하든 그렇지 않든 잘못된 결정의 원인이 자신에게 있다면 그 결과를 받아들이기가 훨씬 수월할 것이다.

당장 오늘 저녁 새로운 메뉴를 골라 도전해보라. 맛있다면 좋은 일이고 맛이 없다면 그 역시 좋은 경험으로 남을 것이다!

모순된 심리를 극복하라

인간은 누구나 자기만의 사고가 가능한 시점부터 인생에 대해 여러 가지 힘든 선택과 결정을 해야 한다. 이런 선택과 결정은 인생의 향방에 큰 영향을 끼친다. 현재 우리에게 일어나는 일, 우리가 겪고 감내하는 모든 것은 과거 우리가 내린 결정과 관련이 있다.

그러나, 대부분의 사람은 결정을 내릴 때 내적 갈등을 겪게 된다. 이는 아마도 살면서 맞닥뜨리는 가장 큰 도전일 것이다. 예전에 어떤 친구가 내게 이런 말을 한 적이 있다. "나는 어떻게 해야 가장 올바른 결정을 내릴 수 있을지 항상 갈등한다네. 선택의 기로에 놓일 때마다 나 자신이 두 묶음의 건초 더미 앞에 선 당나귀가 된 것 같아. 어느 쪽을 먹는 것이 좋을지 몰라 망설이지만 사실은 배가 고파 쓰러지기 직전이지." 당신은 그 친구가 결정을 내리지 못했을 것이라 생각하겠지만 사실 결정을 내리기 않기로 한 것 또한 일종의 결정이다. 물론 굶어 죽기로 결정한 것이긴 하지만. 많은 사람이 이런 상황에 처하므로 그 친구의 이야기는 매우 풍자적이다. 이와 같은 비극을 피하기 위해서는 결정을 내리는 과정에서 모순심리를 극복해야 한다. 이에 대해 하버드 행동심리학에서는 이렇게 강조한다.

"사람이 완전히 객관적인 결정을 내릴 수 있다는 생각은 편견일 뿐이다. 이런 편견이 존재한다는 사실, 자신도 이런 편견에서 자유롭지 않다는 사실을 인정해야만 지나친 모순에 빠지지 않을 수 있다."

모순심리를 해소하는 것 역시 쉬운 일은 아니다. 누구나 결정을 내릴 때 과거의 경험에 영향을 받으며, 그것이 결정의 토대가 되기 때문이다. 우리는 대부분 어른들에게서 이런 이야기를 들으며 자랐다. "절대로 잘못된 결정을 내려서는 안 돼! 아주 심각한 결과를 낳거든." 우리는 '잘못'이라는 두 글자만 떠올려도 공포를 느낀다. 잘못된 결정이 우리의 인생을 나쁜 길로 몰아넣고, 올바른 결정으로 얻을 수 있는 모든 것, 돈, 명예, 친구, 사랑하는 사람 등을 빼앗아가리라 겁내기 때문이다. 이런 공포심으로 인해 우리는 사람이 잘못을 저지르면서 새로운 것을 깨닫게 된다는 사실을 망각한 채 기를 쓰고 완벽한 결정을 내리려 한다.

이러한 모순 때문에 갈등하고 있다면, 두려움에 사로잡혀 어떻게 더 나은 결정을 내릴 수 있을지 모르겠다면, 당신은 스스로를 괴롭히고 있는 것이다. 당신이 어떤 결정을 내리든 잃는 것도 있고 얻는 것도 있다. 눈앞에 두 가지 선택지가 있다고 가정하고, 그중 하나를 결정해보라. 지금 하고 있는 일을 계속하면서 매달 안정적인 급여를 받을 것인가, 아니면 지금의 자리를 박차고 나와 초기 수익은 장담할 수 없어도 좀 더 장래성 있는 일에 뛰어들 것인가. 이런 갈림길 앞에서 당신은 두 가지 태도 중 하나를 취할 것이다. 하나는 실패를 염두에 둔 채 온갖 근거 없는 정보들을 주입하는 것이다. '나는 새로운 일을 견디지 못할 거야. 잘되면 지금의 월급보다 몇 배의 수익을 거두겠지만 리스크가 너무 커. 실패라도 하는 날에는 지금의 안정적인 일자리마저 놓치게 돼. 내 생활이 위기에 봉착한다면 잘못된 결정 하나로 내 인생 전체를 망치는 꼴이 될 거야.' 다른 하나는 어떻게든 성공하겠다는 일념으로 마음 깊은 곳의 걱정과 두려움을 떨쳐버리는 것이다. '드디어 내 인생을 바꿀 인생일대의 기회가 찾아왔어. 새로운 일을 시작한다면 지금까지와는 다른 사람들을 만나고 새로운 업무 환경에서 새로운 업무 방식을 배우게 될 거야. 위기가 찾아오더라도 최선을 다해 해결할 수 있어.' 그러나 어떤 것을 선택할 때 그로 인한 최악의 결과만을 가정하거나 반대로 긍정적인 면만을 바라본다면 올바른 결정을 내릴 수 없다. 그럴 때 반드시 필요한 것은 자기 내면의 소리에 귀를 기울이는 일이다. 스스로에게 물어보라. '내가 가장 원하는 것은 무엇인가?' 만일 자신이 노란색이 아닌 빨간색 옷을 구입하고자 한다면 의류 매장에서 노란색 옷을 권하는 판매원의 말에 넘어가는 일은 결코 없을 것이다.

　하버드 행동심리학 강의에서는 결정에 대한 학생들의 인식을 확장시키기 위해 모순된 요소를 가진 가설이나 실제 사례를 들곤 한다. 차별 철폐 조치, 애국주의, 동성 결혼, 공동체와 인권 등 갈등이 첨예한 사안을 던져주고 "어떤 쪽이 옳은가?" 하고 결정하게 하는 것이다. 교수는 활발한 수업 분위기를 이끌기 위해 학생들이 더욱 이성적이면서도 가벼운 마음으로 양자택일을 하게 한 후 여러 가지 방법을 동원해 활발한 토론을 유도한다. 그리고 학생 각자가 결정을 내리고 해당 사안의 이로움과 폐단을 비교할 수 있게 된 후에는 서로 다른 선택의 바탕에 깔려 있는 심리적·행위적 특징을 더 심도 있게 이해하도록 자세한 설명을 덧붙인다. 이와 같은 행동심리학 강의는 하나의 결정에 수반되는 모순과 갈등의 본질을 드러내는 것으로, 하버드식 창과 방패의 대결이라 할 수 있다. .

물론 우리가 모순을 극복하고 어렵게 결정을 내렸다 해도 잘못된 결과로 이어질 수 있다. 그러나 이는 인간의 삶에서 더없이 보편적인 현상일 뿐이다. 중요한 것은 잘못된 결정을 내린 뒤, 그 결과에 휘둘려 자포자기하지 않고 마음을 가다듬고 중심을 바로 세우느냐 하는데 있다. 사실 잘못된 결정이 상상조차 할 수 없는 나쁜 결과를 초래했고, 심지어 그로 인해 자기 삶, 나아가 남의 인생까지 망쳐버렸다고 자책하는 것은 스스로가 극단적인 심리 상태에 빠져들었음을 깨닫지 못해 나타나는 현상일 뿐이다.

잘못된 결정을 끝까지 밀어붙이는 것이 힘겹게 느껴질 수도 있다. 그러나 그것은 당신이 내면의 중심을 제대로 세우지 못했기 때문이다. 누구나 잘못을 바로잡을 수 있다. 인생에서 선택의 기회는 단 한 번만 있는 것이 아니기 때문이다. 스스로의 역량에 비해 자신이 처한 곤경이 거대하게만 느껴져서 내면의 힘을 키우지 못한다면, 계속해서 찾아오는 선택의 순간에 어떻게 올바른 결정을 내릴 수 있겠는가? 사실 이런 문제들은 잘못된 결정을 내리고 난 뒤에 직시하고 생각해봐야 할 사항이다. 근본적으로 잘못된 결정을 내리지 않을 수 있는 가장 좋은 방법은 바로 가장 올바른 결정을 내리는 것이다. 설령 모순된 양자택일의 순간에 놓여 있다 해도 말이다.

그렇다면 서로 모순되는 선택지 가운데 가장 올바른 결정을 내리려면 어떻게 해야 할까? 하버드 행동심리학에서도 일찍이 이 문제를 놓고 전면적인 분석과 해석을 내린 바 있다. 이른바 모순심리란 사람이 의지를 가지고 행동할 때 두 가지 혹은 그 이상의 목표에 대해 가지는 복합적인 감정을 말한다. 사람은 대개 여러 가지 방법으로 모순심리를 스스로 조절하거나 통제함으로써 자신의 의지를 가장 이상적으로 발휘하려 한다. 모순 속에서 가장 올바른 결정을 내리려면 다음의 몇 가지를 명심해야 한다.

1. 자신을 정확히 이해하라.

우리 안에 모순심리가 생겨났을 때 자신이 진정 원하는 것이 무엇인지 정확하게 파악하지 못하면 올바른 결정을 내릴 수 없다. 자신을 더욱 정확히 이해하고 자신의 필요와 능력을 면밀히 관찰해야만, 진정 원하는 것이 무엇인지 깨닫고 과감하게 결정을 내릴 수 있으며 결정에 대해 의심하지 않을 수 있다.

2. 침소봉대하지 마라.

대개의 경우 대수롭지 않은 결정을 너무 심각하게 받아들인다. 그러나 우리 삶에서 정말 신중하게 결정해야 하는 것은 인생의 궤도를 바꿀 만한 굵직한 몇 가지뿐이다.

그 밖의 사소한 결정들을 지나치게 심각하게 생각할 필요가 전혀 없다. 그랬다가는 심리적 압박감만 가중될 뿐이다. 언제나 '최악의 결과'

만을 생각하는 것은 불필요한 걱정까지 사서 하는 어리석은 짓이라는 점을 명심해야 한다.

3. 마음으로 받아들여라.

누구나 모순심리를 겪는다. 다만 저마다 처한 환경에 따라 이를 대하는 방식이 다를 뿐이다. 동일한 결정을 두고 엄청난 스트레스를 받는 사람이 있는가 하면 의연하게 대처하는 이도 있다. 어떤 마음가짐이든 모순심리를 피할 수 없다면 그것이 나타날 수밖에 없는 필연성을 마음으로 받아들이는 자세를 가져야 한다.

4. 정보 수집에 힘쓰라.

모순심리가 나타날 때, 유용한 정보를 많이 가지고 있다면 우리가 택할 목표를 좀더 명확하게 인지할 수 있으며, 모순되는 선택지 안에서 더 합리적이고 만족할 만한 결정을 내릴 수 있다. 이런 정보는 타인 또는 기타 매개체를 통해 얻을 수 있다.

5. 과감하게 결정하라.

정보를 충분히 수집했다면 미루거나 머뭇거리지 말고 빠르고 과감하게 결정을 내려야 한다. 물론 결정에 앞서 반드시 선택할 목표와 외부 환경, 그리고 결정에 따른 결과를 명확하게 인지해야 한다. 여기에서 당신의 주체성과 의지력이 드러날 것이다.

우리는 두 가지 혹은 그 이상의 선택지 앞에서 필연적으로 모순심리를 겪게 된다. 자신의 마음을 가다듬고 앞서 제시한 몇 가지 사항을 숙지해야만 모순심리에 수반되는 폐단을 최소화하고 가장 올바른 결정을 내릴 수 있을 것이다.

혼란 속에서 가장 유리한 선택

인간의 삶에서 가장 신경 쓰이고 골치 아픈 것이 바로 선택이다. 현재 어떤 상황에 처해 있든, 우리는 오늘 저녁 약속 장소와 먹을 음식에서부터 업무, 자녀 교육, 기업 투자에 이르기까지 매일 여러 가지를 선택해야 한다. 그러나 선택지가 너무 다양하고 또 복잡하게 얽혀 있기 때문에 쉽사리 선택하지 못하고 망설이기 마련이다.

선택지가 많을수록 좋다고 생각할지도 모른다. 그러나 하버드 행동심리학에서는 이렇게 말한다. "선택지가 많을수록 유리하다고 생각하지 마라. 오히려 혼란에 빠져 자신에게 가장 유리한 선택을 할 수 없을지도 모른다." 누구나 이런 심리적 장애에 봉착한다. 선택하는 과정에서 수많은 정보를 처리해야 하는데, 이런 정보 처리는 그 자체로 많은 시간이 걸리는 데다 매우 까다롭다. 선택지가 늘어나면 잘못된 선택을 할 확률도 그만큼 늘어나고 그러면 자신이 어떤 결정을 하든 만족스럽지 않을 것이라는 생각에 더 좋은 선택의 기회를 놓쳐버릴 수 있다.

이것이 바로 행동심리학에서 말하는 '선택의 패러독스'로, 사람의 결정능력에 지대한 영향을 미친다. 특히 무작정 가장 좋은 것을 고르려는 사람의 경우 가능한 모든 선택지를 꼼꼼히 재고 따진 후에야 결정을 내리는데, 선택사항이 제한적일 때는 좋은 결과를 낳을 수 있지만 선택사항이 많아지면 쉽게 혼란에 빠지고 만다. 이런 '욕심쟁이'에 비해 자기 마음에 드는 선택사항이 있으면 바로 결정을 내리는 이들은 '선택의 패러독스'에서 비교적 자유롭다. 이에 대해 하버드 행동심리학의 한 교수는 '가장 좋은 것'이 아니라 '충분히 좋은 것'을 추구한다면 선택에 대한 스트레스를 받지 않을 수 있다고 말한다.

하버드 행동심리학 강의에서 너무 많은 선택사항으로 인한 폐단을 설명하는 데 자주 인용되는 사례가 있다. 몇몇 심리학자가 실험을 위해 시장에 노점을 하나 내고 여러 가지 종류의 잼을 늘어놓았다. 잼의 종류가 스물네 가지일 때는 물건을 보러 온 손님이 전체의 60퍼센트였으나 여섯 가지일 때는 40퍼센트만이 이 노점 앞에서 발길을 멈추었다. 그런데 놀랍게도 잼을 사 간 손님의 비율에서는 대반전이 일어났다. 종류가 여섯 가지일 때 돈은 내고 잼을 사 간 손님이 30퍼센트였던 반면, 스물네 가지일 때 잼을 산 손님은 3퍼센트밖에 되지 않은 것이다. 심리학자들은 이 실험의 결과를 토대로 사람들은 선택사항이 많을 때보다 그렇지 않을 때 더 쉽게 구매를 결정한다는 결론을 도출했다.

인생의 다른 선택들도 이와 다르지 않다. 눈앞의 맛있는 잼을 고르든 미래의 삶에 필요한 추상적인 '잼'을 고르든 선택사항이 너무 많으면 선택에 어려움이 따른다는 것을 하버드 행동심리학의 실험에서 알 수 있다. 선택사항이 늘어나면 결정의 난이도와 리스크도 높아지기 때문에 우리에게 가장 유리한 결정을 내리기 어려워진다. 이런 어려움에서 벗어나기 위한 가장 좋은 방법은 선택사항을 최소한으로 줄이는 것이다. 욕심을 부려 모든 선택사항을 꼼꼼히 따지지 말고 대강 훑은 후 불필요한 것을 제외시킨다면 선택지가 자연스럽게 줄어들어 결정하기도 그만큼 수월해질 것이다.

선택사항이 너무 많은 것도 골치 아픈 일이지만, 선택사항이 많지 않다 해도 고르기 까다로운 것들뿐이라면 이 역시 우리를 혼란스럽게 만든다. 특히 인생의 중대한 결정을 내려야 하거나 아주 긴급한 상황에서라면 자신에게 가장 유리한 결정을 내리는 데 어려움을 겪게 된다. 이 점은 쉽게 이해할 수 있다. 제아무리 선택의 원칙에 정통한 심리학자라 해도 중요한 결정을 내려야 하는 상황에서는 최선의 선택을 하기가 어렵다. 선택에 따른 갈등을 올바르게 해결하는 능력, 선택사항을 객관적인 저울에 올려놓을 수 있는 능력은 아무나 갖지 못하기 때문이다. 복잡하고 바쁜 삶에서 최선의 선택을 할 수 있다면 시급하고 중대한 결정을 내려야 하는 순간에도 침착하고 여유로울 수 있다. 우리는 이 점에 대해 깊이 생각해봐야 한다.

자, 여기 아주 까다로운 선택이 당신 앞에 놓여 있다. 혼란에 빠져서는 안 된다는 사실만 기억한다면 당신은 현명한 선택을 할 수 있을 것이다. 우선 머릿속으로 이런 광경을 떠올려보라. 어린아이 한 무리가 두 개의 철로 주변에서 놀고 있다. 하나는 열차 운행이 중단된 철로이고 다른 하나는 열차가 다니는 철로다. 어린아이 하나는 운행이 끊긴 철로에서 놀고 나머지 아이들은 운행 중인 철로에서 놀고 있다. 당신은 철로 스위치 옆에 있다. 이때 열차가 빠른 속도로 달려온다. 열차를 멈출 방법은 없다. 당신이 스위치를 눌러 열차의 진행 방향을 바꾼다면 운행이 중단된 철로에서 놀고 있는 아이 한 명을 희생하는 대신 반대편 철로에 있는 나머지 아이들을 구할 수 있다. 자, 당신은 어느 쪽을 선택하겠는가? 혹은 선택을 포기한 채 열차가 그대로 지나가게 두겠는가?

당신은 지금 머릿속으로 상황을 분석하고 있을 것이다. 대부분의 사람과 비슷한 생각을 가졌다면 당신은 열차의 진행 방향을 바꾸는 쪽을 선택할 것이다. 어린아이 한 명을 포기해야겠지만 다수의 아이를 구할 수 있기 때문이다. 도덕적으로나 감정적으로나 이 편이 훨씬 합리적으로 보일 것이다. 그러나 당신이 간과한 것이 있다. 운행이 중단된 철로에서 노는 아이는 안전한 곳에서 놀아야 한다는 생각으로 올바른 결정을 내렸으나 위험한 철로를 선택한 다수의 아이들 때문에 희생되어야 한다는 사실이다. 이런 딜레마는 우리를 혼란에 빠뜨리고 이성을 잃고 가장 무서운 결정을 하게 만든다. 그러나 이런 딜레마는 드문 일이 아니다. 멀리 내다보는 안목을 가진 소수가 어리석고 무지한 다수의 이익을 위해 희생되는 일은 우리 주변에서 쉽게 찾아볼 수 있다.

다시 앞의 선택 문제로 돌아가자. 사실 가장 올바른 결정은 열차의 노선을 바꾸지 않는 것이라 하겠다. 사용 중인 철로임을 알고도 선택한 아이들은 열차의 기적 소리가 들리면 재빨리 도망가겠지만 반대편 철로의 아이는 열차가 자기 쪽으로 올 것이라고 전혀 예상을 하지 못하고 있기 때문에 빠르게 반응하지 못할 것이고 결국 화를 면치 못할 것이기 때문이다. 게다가 사용이 중단된 철로는 분명 안전하지 않을 것이므로, 당신이 열차의 진행 방향을 바꾼다면 열차에 타고 있던 모든 승객이 위험에 빠지게 될 것이다. 다시 말해 당신이 스위치를 바꾼다면 사용 중인 철로를 선택한 몇 명의 아이를 구하기 위해 다른 선로의 아이뿐 아니라 열차의 모든 승객까지 희생시키는 셈이 된다. 과연 이것이 올바른 선택일까?

이렇듯 너무 많은 선택사항도 우리를 혼란에 빠뜨리고, 중요하고 까다로운 선택 역시 그 자체로 많은 갈등을 내포한다고 하버드 행동심리학에서는 지적한다. 우리는 대체로 너무 긴급한 상황에서 내린 결정은 대부분 잘못된 결과를 낳는다는 사실을 인식하지 못한다. 선택으로 인해 혼란에 빠질 때는 이 말을 명심해야 한다. "다수가 지지하는 결정이 반드시 옳은 것은 아니며 올바른 결정이 반드시 다수의 지지를 얻는 것도 아니다!"

행동하는 영웅이 돼라

하버드대 행동심리학 강의에서 어느 교수가 학생들에게 이런 말을 한 적이 있다. "사람의 태도가 늘 그의 행동을 결정짓는 것은 아니지만 행동은 그의 태도를 결정짓는다." 사람들은 대개 결정을 내린 후 이행 시기를 최대한 미루기 위해 온갖 핑계거리를 찾지만, 시간을 끄는 만큼 결정이 잘못된 결과로 이어질 확률이 높아진다는 사실은 알지 못한다. 이와 반대로 빠르게 결정을 내리고 이를 즉시 행동으로 옮길 수 있다면 결정과 행동이 한 몸이라는 것을 깨닫게 될 것이다.

행동력이 떨어지는 사람은 결정을 내릴 때도 망설이기 마련인데, 이런 머뭇거리는 태도는 스스로를 갈등이나 난처한 상황으로 몰아간다. 또 이런 사람은 결정을 내린 후에도 즉각 행동으로 옮기지 못한다. 자신의 결정이 잘못된 결과를 가져올까봐 안절부절못하기 때문이다. 망설임은 심리적으로나 감성적으로 부정적인 영향을 미친다. 갈팡질팡하고 초조해지며, 심한 경우 자기 회의에 빠져 자신이 내린 결정을 스스로 실패로 만드는 꼴이 된다.

'인간 욕구 5단계 이론'을 주창했던 저명한 심리학자 에이브러햄 매슬로Abraham Maslow는 이렇게 말했다. "자기실현을 이룬 사람의 특징

중 하나는 독립적이고 자주적이라는 것이다." 독립성, 자주성이란 무엇인가? 자신만의 견해가 있어 무언가를 결정할 때 남에게 의존하거나 도움을 바라지 않으며 늘 망설이고 갈팡질팡하는 것이 아니라 신속하고도 정확하게 결정을 내릴 수 있는 성향을 가리킨다. 어떤 일이든 독립적이고 자주적으로 해야 자기 삶을 온전히 장악하고 통제할 수 있다. 그렇지 않으면 자신의 운명을 남의 손에 맡기는 꼴이다. 인생의 중요한 선택의 순간에 독립적이고 자주적으로 사고할 수 있는가, 신속하고 과감하게 결정할 수 있는가, 이것이 선택의 정확성과 결정의 이행 단계를 좌우한다. 잘못 선택할 확률을 줄이려면 행동력을 키워 가장 중요한 순간에 놓치지 않고 결단을 내려야 한다. 선택은 결코 우리를 기다려주지 않는다.

어느 심리학자가, 물난리가 났을 때 자기 아내를 구하느라 자식을 잃은 남자를 찾아갔다. 그날의 비극 이후 마을 사람들은 의견이 분분했다고 한다. 자식이야 또 가지면 되지만 아내는 단 한명이므로 남자의 선택이 옳았다는 사람이 있는가 반면, 아내는 새로 얻으면 되지만 한 번 죽은 자식은 다시 돌아오지 않으므로 그의 선택이 잘못됐다는 사람들도 있었다. 심리학자는 남자의 심리 치료를 위해 만난 자리에서 그때 무슨 생각으로 그런 선택을 했는지 물었다. 남자가 대답했다. "저는 그리 많은 생각을 한 건 아닙니다. 다만 홍수가 닥쳤을 때 아내가 바로 옆에 있었기 때문에 아내를 근처의 산비탈로 데려갔을 뿐입니다. 돌아와 보니 아들은 이미 홍수에 떠내려 간 뒤였습니다……."

우리는 이런 선택에 대해 옳다 그르다 평가를 내릴 수 없다. 예상하지 못한 상황에 느닷없이 직면하는 경우가 많기 때문이다. 당장 선택해야 할 때에는 그것을 깊이 생각할 시간이 없으며, 잠깐 망설이거나 조금만 행동이 굼뜨면 그만큼 잘못된 선택을 내릴 확률이 높아진다. 행동심리학의 관점에서 보면, 많은 이가 결정을 내릴 때 망설이고 행동으로 옮기지 못하는 것은 주로 다음의 세 가지 이유 때문이다.

1. 목표가 없다.

뚜렷한 목표가 있는 사람은 어떤 선택을 내려야 하는지 알고 있기 때문에 머뭇거리거나 남의 말에 맹목적으로 휩쓸리지 않는다. 일찍이 하버드대에서는 출신 국가·학력·지위가 각기 다른 젊은 사람들을 대상으로 추적조사를 실시한 바 있다. 조사 결과 이들 27퍼센트는 목표가 없고 60퍼센트는 목표가 있어도 불분명했으며 10퍼센트는 단기적 목표를 가지고 있었다. 장기적이고 명확한 목표를 가진 사람은 3퍼센트밖에 되지 않았다. 25년 후 다시 조사해보니 과거 목표가 없거나 불분명했던 이들은 어떤 일을 하든 머뭇거리고 신속하게 행동하지 못해 대개 사회의 중·하층에 머물러 있었다. 반면 장기적이고 명확한 목표를 가졌던 사람은 어떤 일이든 과감하게 결정을 내리고 즉각 현실적인 행동에 옮김으로써 사회 지도층이 되어 성공한 삶을 살고 있었다.

2. 변화를 두려워한다.

인간은 습관적으로 안정된 질서를 추구하며 기존의 생활 방식과 행동 방식, 기존의 사고와 관념에 익숙해 있다. 그러나 많은 결정은 그 자체로 변화를 의미하며 기존의 모든 질서를 흔들고 무너뜨린다. 사람이 결정을 두려워하는 것은 변화를 두려워하기 때문이다. 결정이 생활의 질서를 바꿔놓으면 그들은 어쩔 줄을 모르고 머뭇거린다. 이 점에서 벤저민 프랭클린의 방법을 참고할 만하다. 우리의 결정에 따라 나타날 수 있는 장점과 단점을 글로 적어보고, 좋은 점이 많은지 나쁜 점이 많은지를 비교해보는 것이다. 그러면 결정을 내리기가 훨씬 쉬워질 것이다. 물론 결정을 내리기 전에 스스로에게 이렇게 물어야 한다. '이 결정으로 그 장점을 누릴 수 있을까? 이 결정으로 인한 좋은 점이 나쁜 점보다 큰가?' 스스로 '그렇다'라는 답이 나온다면 머뭇거리면서 허송세월하지 말고 바로 결정을 내려라.

3. 자주성이 결여돼 있다.

자주성이란 앞에서 말한 독립성과 동반돼야 하는 자주성을 말한다. 결정을 내릴 때 독립적이고 자주적이어야만 기회 앞에서 신속한 결단을 내릴 수 있으며 내면의 우유부단함을 극복하고 행동할 수 있다. 사람은 다소간의 차이는 있지만 의존성을 지닌다. 문제에 부딪혀 결정을 내려야 할 때, 스스로 할 줄은 모르고 남이 대신 해결책을 제시해주기를 바란다. 그렇다면 이런 심리적인 늪에서 벗어나려면 어떻게 해야 할까? 먼저 자기 생각과 견해를 남에게 드러냄으로써 자신의 독립성과 자주성을 표출하라. 남의 말에 휘둘리지 마라. 타인의 의견을 참고할 수는 있지만 본인의 생각 없이 휩쓸리면 안 된다. 어려움에 맞닥뜨리면 남의 도움을 바라지 말고 스스로 해결책을 찾으라. 그게 힘들다면 스스로를 도와줄 사람 하나 없는 고립무원의 상태에 있다고 가정하는 것도 좋은 방법이다. 사람의 운명은 타인이 아니라 자신에게 달려 있다. 그러니 스스로 결정을 내려야만 한다.

앞의 세 가지 관문을 완전히 뛰어넘는다면 결정이 그리 어렵지만은 않다는 것을 알게 될 것이다. 하버드에서 신속하게 결정을 내리는 '행동하는 영웅'을 만나기란 어렵지 않다. 그들은 인생의 중요한 순간에 과감하게 결정을 내리고 신속하게 행동으로 옮긴다. 신속하게 결정하고 모든 장애물을 뛰어넘어 실천에 옮기는 것이야말로 성공에 이르는 가장 강력한 방법이다. 심리적인 망설임은 우리의 결정에 부정적인 영향만을 미칠 뿐이다. 그래서 망설임은 종종 상실로 이어지기도 한다.

인재에 관해 연구하는 하버드대의 한 교수가 다음과 같은 말을 했다. "93퍼센트의 사람들이 망설이는 습관 때문에 아무것도 이루지 못한다. 망설임이 사람의 적극성을 갉아먹고 행동을 느리게 만들기 때문이다." 당신도 이 93퍼센트 중 한 명은 아닌가? 기회가 눈앞에 펼쳐졌을 때 당신은 신속하게 그 기회를 붙잡는가, 아니면 망설이다가 놓쳐버리는가? 사람의 행동이 심리에 의해 좌우되는 것도 사실이지만 한편으로는 심리 역시 행동의 영향을 받는다. 결정을 내려야 할 때 망설이고 아무 의미 없는 생각들을 계속하는 것은 올바른 결정을 내리는 데 부정적인 영향을 끼친다.

그러므로 우리는 한 발짝도 움직이지 못하고 제자리걸음만 하는 '사상가'가 아니라, 신속하게 결정하고 실행에 옮기는 '행동하는 영웅'이 되어야 한다.

하버드의 직선 이론 :
갈림길에서의 선택

　두 개의 점을 이을 때 직선거리가 가장 짧다는 것은 단순한 수학 상식이다. 하버드 행동심리학에서는 이 상식을 인용해 사람의 선택 행위를 설명한다. 현실과 목표를 각각 하나의 점이라고 하면 그 두 점 사이에는 곡선과 꺾인 선 등 무수히 많은 선택이 존재한다. 그중에서도 가장 짧은 것이 바로 직선이며, 여기서 착안한 것이 하버드의 '직선 이론'이다.

　인생의 갈림길에서 누구나 여러 선택과 결정에 직면한다. 어떻게 하면 가장 쉬운 결정으로 최상의 효과를 낼 것인가, 행동심리학에서는 줄곧 이 문제를 연구해왔다. 이에 대해 하버드 직선 이론은 좋은 이론적 근거를 제시한다. 즉 가장 쉽고 빠르게 예상한 목표를 달성할 수 있는 선택사항을 고르는 것이 최상의 선택이라는 것이다. 요즘 젊은 이들이 좋아하는 파쿠르Parkour와 비슷한 면이 있다. 파쿠르를 단순히 화려한 기술을 이용한 전력 질주 정도로 생각하는 이들이 많은데, 사실 이것이 파쿠르의 핵심 가치는 아니다. 지도에서 두 개의 점을 짚은 후 두 점을 잇는 직선을 그리고 그 직선을 따라 한 점에서 다른 점까지 가는 것이다. 그 사이에 있는 도로나 고층건물 따위도 파쿠르 선수를 막을 수 없다. 어떤 장애물도 뛰어넘기 때문이다. 무언가를 선택하는 것도 이와 같다. 현재의 지점에서 원하는 목표를 직선으로 연결할 때 좀더 직선에 가깝고 단순하고 명확하며 빠른 길이 있다면 그 길을 따르는 것이 곧 최상의 선택이다.

하버드대 심리학 교수 탈 벤 샤하르는 말했다. "사람들은 늘 빠른 시간 안에 더 많은 일을 하기를 바라지만, 하는 일이 많을수록 일의 수준이 떨어진다는 사실을 알지 못한다. 또 사람들은 단순한 일을 복잡하게 만들어서 자기가 놓은 덫에 빠져 갈등하고 헤맨다. 그러므로 우리는 중요한 일 몇 가지에만 주력하면서 삶을 최대한 단순하게 살아야 한다. 그래야 즐거운 삶, 성공한 삶을 살 수 있다." 선택의 문제에서 많은 이는 자신이 내린 결정의 아주 작은 부분에서도 오류가 나타나지 않기를 바라면서 문제를 지나치게 복잡하게 생각한다. 그러나 문제를 복잡하게 만드는 심리는 곡선과도 같아서, 우리를 수많은 굽은 길로 이끌며 때로는 우리가 원하는 목표에서 갈수록 멀어지게 만든다. 우리가 목표 지점에 빠르게 도착하는 방법은 가장 쉽고 단순한 결정을 내리는 길뿐이다. 단순한 결정은 선택의 순간과 목표 지점 사이를 잇는 거리가 가장 짧은 직선이기 때문이다.

단순한 결정은 우리에게 어떤 이로움을 가져올까? 하버드 행동심리학 강의에서 있었던 다음 사례가 좋은 답이 될 것이다.

어느 글로벌 기업이 고위급 임원의 공개 채용에 나섰다. 이 기업이 제시한 대우가 매우 좋았기 때문에 세계적인 명문대 졸업생을 비롯해 많은 지원자가 몰려들었다. 여러 단계의 전형을 거쳐 A, B, C 세 사람은 차례로 회장의 집무실에 들어갔다.

집무실에 들어선 A는 회장의 이마에 작게 잉크 얼룩이 묻은 것을 발견하고 하마터면 웃음을 터트릴 뻔했지만 겨우 참아냈다. 지금은 자신의 운명을 결정지을 중요한 순간이며 회장에 대한 아주 작은 실례도 불합격으로 이어질 수 있다고 생각했기 때문이다. 그래서 그는 아무것도 보지 못했다는 듯 담담하고 여유롭게 회장의 질문에 대답했고, 나름 잘했다고 생각하며 집무실에서 나왔다.

A에 이어 B가 회장 집무실에 들어갔다. B 역시 회장의 이마에 묻은 잉크 얼룩을 보았을 뿐 아니라 회장의 넥타이가 비뚤어지고 셔츠의 깃 단추도 제대로 채워지지 않은 것까지 알아챘다. 순간 B는 머리가 복잡해졌다. 회장이 자신이 어떤 반응을 보이는지 시험하기 위해 일부러 옷매무새를 흐트린 것은 아닐까 생각했지만, 그렇다고 섣불리 모험을 하기도 망설여졌다. B는 이러지도 저러지도 못한 채 회장의 질문에만 겨우 대답하고는 불안한 마음으로 집무실에서 나왔다.

마지막으로 C가 면접장으로 들어갔다. C 역시 앞의 두 지원자와 마찬가지로 회장의 흐트러진 매무새를 발견했다. 그러나 C는 너무 복잡하게 생각하지 않고 회장이 그에게 질문했을 때 단도직입적으로 말했다. "회장님, 제가 세 가지를 말씀드려도 되겠습니까? 첫째, 회장님 이마에 작은 잉크 얼룩이 있습니다. 둘째, 회장님의 넥타이가 비뚤어졌습니다. 마지막으로 셔츠의 깃 단추가 제대로 채워지지 않았습니다. 회장님께서 워낙 바쁘셔서 이런 데 미처 신경을 못 쓰셨을 수도 있습니다만, 글로벌 기업의 회장님께서 이런 소홀한 모습을 보이시면 기업 전체의 이미지에 안 좋은 영향을 미칠 수도 있습니다." 이 말에 회장은 겸연쩍은 표정을 짓더니 더는 질문하지 않고 냉랭하게 한마디만 했다. "나가보세요."

C는 실망스러운 얼굴로 집무실에서 나왔다. 그런데 그가 집으로 돌아가려는데 회장 비서가 말했다. "채용되셨습니다!"

이것이 바로 문제를 단순화하는 것의 유익함이다. 사실 대부분의 문제는 우리가 생각하는 만큼 복잡하지 않다. 너무 많이 생각하고 고민할수록 결정의 순간에 우리를 제약한다. 반대로 결정을 단순하게 여기고 하버드 행동심리학의 직선 이론에서 강조하듯 두 점 사이 가장 가까운 거리를 선택한다면 결정을 내리는 것도 쉽고 단순해질 것이다.

이쯤 되면 당신은 결정을 단순화하는 방법이 궁금할 것이다. 궁금증을 해소하기 전에 먼저 날마다 어떤 일들을 결정하는지 생각해보라. 자명종 시계가 울릴 때 좀 더 누워 있을지 바로 일어날지? 욕실에 들어갈 때 샤워만 할지 탕 목욕을 할지? 옷을 입을 때 붉은 옷이 나을지 흰 옷이 나을지? 아침식사로 빵을 먹을지 시리얼을 먹을지? 날마다 출근하기 전 길지 않은 시간 동안에도 우리는 이처럼 많은 것들을 결정한다. 물론 이런 결정들은 그리 복잡하지도 않고 너무 많은 것들을 생각하거나 장단점 목록을 일일이 나열하여 비교할 필요도 없다. 그렇다면 정말 중요한 결정을 내려야 할 때 당신은 어떻게 하고 있는가?

하버드 행동심리학에서는 우리가 스스로 본능과 직관에 따라 단순한 판단만으로도 중요한 선택을 할 수 있도록 몇 가지를 제시한다.

1. 중요한 결정을 내렸던 때를 떠올리고, 그때의 경험을 되살려 결정을 내린다.

2. 남들에게 '어떻게 해야 할까?' 하고 자꾸 의견을 구하지 마라.
   다섯 명에게 물어보면 각기 다른 다섯 개의 답이 돌아오고 그러면 당신은 2차적으로 또 추측하고 고민하게 될 뿐이다. 반드시 누군가와 상의해야만 한다면 당신의 결정으로 인해 직접적인 영향을 받을 사람과 의논하라.

3. 당장 결정을 내릴 필요가 없다면 조금 시간을 가지면서 당신의 마음이 정한 답을 꼼꼼히 기록하라.
   이후 당신이 결정을 내릴 때 결정적인 역할을 할 것이다.

4. 이 결정으로 얻게 될 최상의 결과와 최악의 결과가 어떨지 비교해 보고, 최상의 결과를 얻기 위해 최악의 리스크를 감수할 의향이 있는지 생각해보라.

5. 선택을 부담이 아닌 기회이자 권리라 생각하라.
   그래야만 긴장을 덜고 편안한 마음으로 가장 현명한 선택을 할 수 있다.

6. A와 B중에서 선택할 수 있다면 C라고 하는 새로운 선택사항을 만들라!

7. 일단 결정을 내렸다면 그것을 의심하지 말고 옳은 결정이었다고 믿어라.

후회를 긍정적인 힘으로 승화하라

　누구나 잘못된 결정을 할 수 있다. 그리고 결정이 잘못되고 나면 누구나 후회하고 낙담하며 다시 한번 선택의 기회가 주어지기를 바란다. 그러나 이 세상에는 되돌릴 수 없는 일이 훨씬 많다. 미래로 날아가 세상의 온갖 변화를 미리 보고 현재로 돌아와 아무 고민 없이 올바른 결정을 내릴 수 있도록 도와주는 「도라에몽」 속 시간 이동 로봇이 우리에게는 없다.

　그러나 하버드 행동심리학에서는 다른 방법을 알려준다. 잘못된 결정을 했을 때 '수정주의'를 택해 자신의 선택을 좀 더 나은 방향으로 나아가라거나, 잘못된 선택 속에서도 훌륭한 인생의 지혜를 찾으라는 것이다. 잘못된 결정을 내리는 것은 누구나 살면서 겪는 일일 뿐 결코 희귀한 일이 아니다. 인생의 향방을 좌우하는 시험에서 누군가 자신이 틀린 답을 고른 게 아닐까 의심한다. 제때 답을 수정하는가 하면 처음 고른 답을 끝까지 밀고 나갔다가 오답으로 판명되기도 한다. 그렇다면 우리의 결정이 종종 잘못되는 이유는 무엇일까?

　영국 심리학회에서 발표한 한 편의 글은, 우리가 자신의 결정이 잘못될지 모른다고 의심할 때 재빨리 수정할 수만 있다면 결정의 정확도를 크게 높일 수 있다고 지적한다. 그러나 많은 심리학 연구를 보면 적어도 75퍼센트가 자신이 처음 고른 선택을 고수하는 것이 좋다고 여긴다. 그들이 처음의 선택을 고수하는 이유는 '답을 고칠까 말까' 고민하는 과정이 매우 어렵고 고통스럽기 때문이다. 이 고통스러운 과정을 피하기로 선택함으로써 결국에는 잘못된 결정을 내린다는 것이다. 그렇다면 우리는 왜 수정하기를 두려워할까? 똑같은 실패라도 '수정해서' 실패한 것이 '수정하지 않아서' 실패한 것보다 더 큰 후회로 남기 때문이다. 특히 어떤 선택에 대해 지나치게 많은 감정과 기대를 쏟아 부었을 때 그 답을 수정하기란 유난히 어렵다.

사람이 자신의 결정이 잘못되었음을 깨달은 후 가장 먼저 드는 감정이 바로 후회다. 잘못된 결정의 뒤에는 이런 후회하는 마음이 항상 뒤따른다. 중대한 결정이든 사소한 결정이든 사람은 결정하기 전 예상했던 이상과 결정 후에 오는 현실의 괴리 때문에 후회한다. 한편으로 후회란 자책 심리의 또 다른 표출 방식이기도 하다. 그렇다면 잘못된 결정을 한 후 자신의 오류를 어떻게 바로잡고 후회를 긍정적인 힘으로 승화할 수 있을까?

잘못된 결정을 내린 후 후회하는 것은 잘못된 결정이 자신 혹은 타인에게 나쁜 영향을 미치기 때문이다. 그런데 늘 외부 요소 탓을 하는 사람은 자신의 잘못된 결정에 대해 그리 크게 후회하지 않는 반면, 늘 자신에게서 잘못의 원인을 찾는 사람은 심각한 후회에 시달린다. 이처럼 똑같이 잘못된 결정이라 해도 각자가 느끼는 감정은 큰 차이를 보인다. 이밖에 심리학에서 이야기하는 '감정 과장 효과'에 따르면, 사람은 자신의 결정을 과장하는 경향이 있고 심지어 자신의 결정이 가져올 결과를 미리 예상하기 때문에 현실의 결과가 예상했던 것과 차이를 보이면 고통스러울 정도로 후회한다.

하버드 행동심리학에서는 사람의 인지 방식이 감정을 결정하기 때문에 똑같이 잘못된 결정이라 해도 어떤 각도에서 그것을 인지하느냐에 따라 각기 다른 감정을 느끼게 된다고 주장한다. 자신의 잘못된 결정에 대해 늘 후회하는 사람이라면 인지 방식과 각도를 바꾸어 잘못된 결정에서도 긍정의 힘을 찾으려 노력할 필요가 있다. 그래야만 후회 심리에서 벗어나 잘못된 결정을 수정하고 변화시킬 수 있다. 더 이상 후회하기 싫다면, 혹은 조금이라도 덜 후회하고 싶다면 다음의 몇가지 방법을 시도해보자.

- 주의를 돌려라. 해당 사건이 아닌 다른 곳으로 눈을 돌려 후회에 쏟는 시간과 힘을 줄이자.
- 행동의 힘을 믿어라. 후회라는 감정에 빠져 허우적대기보다 마음속의 후회를 적극적인 행동력으로 승화하자.
- 남들이 하는 말에 머뭇거리거나 갈팡질팡하지 말고 자신의 결정을 받아들이고 그 결정이 가진 긍정적인 면을 보기 위해 노력하라.
- 시간이 주는 검증 효과를 믿어라. 처음에는 잘못된 것처럼 보이는 결정이 마지막 순간까지 잘못되리라는 법은 없다.
- 최악의 상황을 대비하라. 자신이 내린 결정이 심각한 결과를 낳는다 해도 의연하게 받아들여야 한다.

2. 잘못된 결정의 이면에 있는 동기를 파악해야 한다.

사람이 살다 보면 수많은 잘못된 결정을 한다. 이제 막 사회에 들어와 아무런 인생 경험이 없는 젊은이든, 선택에 대해 전문적으로 연구한 경제학자나 심리학자든, 책을 얼마나 많이 읽고 얼마나 많은 선택의 기술을 알고 있든, 실제로 결정을 해야 하는 중요한 순간에 이르면 자신이 아는 모든 기술과 원칙과 경험이 전부 머릿속에서 사라지고 영문을 알 수 없는 충동적인 힘에 이끌려 결정을 내리게 된다. 당연히 이렇게 내린 결정이 만족스러울 리가 없고, 그래서 우리는 늘 자신의 결정을 후회한다. 이때 우리의 이성을 대신하는 충동적이고도 벗어날 수 없는 힘, 그것을 우리는 성격이라 부른다.

하버드 행동심리학에서는 성격이라는 요인이 결정에서 매우 중요한 역할을 한다고 본다. 성격이란 사람이 천성적으로 타고나는 특질이다. 물론 후천적인 환경과 외부 자극 역시 성격 형성에 일정 부분 영향을 미치기는 하지만 큰 영향을 주지는 않는다. 우리가 결정을 내리는 과정에서 열등감·자만심·자포자기·감정 성향·도피·충동 등 수많은 성격적 특징이 결정의 정확성에 영향을 미친다. 자신에게 어떤 좋지 않은 성격적 특징이 있는지 진지하게 생각해본 후 그것을 최대한 줄이기 위해 노력해보라. 그러면 다음에 무언가를 결정해야 할 때 더욱 이성적이고 여유로워진 자신을 발견하게 될 것이다.

3. 아무리 잘못된 결정도 우리 인생을 망칠 수는 없다.

사람들이 결정을 두려워하는 것은, 그것이 마치 사포 한 장이 좌우로 스치며 표면을 깎아내듯 더디고 고통스러우며 지난한 과정이라 생각하기 때문이다. 그렇다면 우리는 왜 결정을 괴로움으로 받아들일까? 우리가 두려워하는 것은 결정 그 자체가 아니라 결정하고 난 후에 찾아오는 나쁜 결과다. 즉 '잘못된 결정은 필시 나의 인생을 망치고 말 거야!'라는 두려움을 마음속에 품고 있는 것이다. 그렇기 때문에 쉽사리 결정을 내리지 못하고 자신의 결정이 어딘가 미처 생각하지 못한 부분이 있는 건 아닌지 걱정하며 심지어 최악의 결과가 나오는 것은 아닐까 불안해한다. 그러나 실제로는 생각한 만큼 끔찍한 결과를 내는 결정은 그리 많지 않다.

만일 잘못된 결정으로 인해 나쁜 패를 손에 쥐게 되었다면 후회하거나 자포자기할 것이 아니라 손 안의 나쁜 패를 본인에게 유리한 방향으로 최대한 잘 활용해야 한다. 게임 전체의 승패는 언제 어떤 패를 내느냐 하는 기술과 심리 싸움에 달려 있으며, 이런 요인들이 잘못된 결정으로 인한 '선천적 패인'을 충분히 대체할 수 있다. 그러니 잘못된 결정을 내렸다 해도 눈앞의 '잘못'에만 집중해서는 안 된다. 한 번의 잘못이 승부 전체를 좌우하는 것은 아니기 때문이다. 자신이 어떤 결정을 내렸든 그 결정이 마지막까지 일관된 평가를 받는 것은 아니다. 우리 인생에서 선택은 단 한 번에 그치지 않으며 언젠가 과거의 결정을 '수정'하고 부족한 부분을 메울 수 있다. 진정한 삶이란 한 번의 잘못된 결정이 아니라 당신에게 달려 있다.

잘못을 인정하고 제때 바로잡아라

심리학에는 '테리의 법칙'이라는 유명한 정언이 있다. 이 법칙은 미국 테네시 은행의 전 총재 L. 테리의 경영에 관한 명언에서 비롯되었다. "잘못을 인정하는 것은 가장 큰 힘의 원천이다. 잘못을 인정하는 사람은 잘못 외에도 많은 것을 얻기 때문이다." 잘못된 선택이든 잘못된 결정이든 사람이 의지를 가지고 행동을 하다가 잘못되는 것은 지극히 정상적인 일이지만 이런 잘못들은 우리의 마음에 무거운 짐을 지운다.

그러나 자신의 잘못된 결정 앞에서 취하는 태도는 사람마다 각기 다르다. 첫 번째 부류는, 잘못된 결정을 했을 때 온갖 변명을 하며 책임을 회피하려 하며 심지어 자신이 내린 결정을 받아들이지 못하고 거부하기도 한다. 이런 사람들은 심리적으로 자신의 잘못을 깨닫지 못하기 때문에 이후에도 비슷한 잘못 혹은 더 큰 잘못을 저지른다. 또 어떤 이들은 자신의 결정이 잘못되었음을 재빨리 인식하지만 두려움과 후회, 자기 원망의 수렁에 빠져 자신의 잘못을 직시하거나 바로잡지 않는다. 앞의 둘과 달리 어떤 이들은 자신의 잘못을 재빨리 깨닫고 직시하여 신속하게 해결책을 마련함으로써 잘못된 결정이 가져올 부정적인 결과를 최소화한다. 이와 같이 자신의 잘못된 결정을 대하는 태도와 후속 조치는 제각각이다. 이중 세 번째 부류만이 잘못을 바로 잡음으로써 한 번의 실수가 평생의 행복을 해치지 않도록 노력한다.

하버드대의 한 행동심리학 교수는 이렇게 말한다. "잘못된 결정의 책임은 결정 그 자체에 있는 것이 아니라 그것을 제대로 바로잡지 않는 우리에게 있다." 이런 상황은 주변에 비일비재하다. 어떤 사람이 여행을 갔다가 과일 한 광주리를 샀는데 집에 돌아와서야 그중 절반이 상한 것을 알아챘다. 이때 그가 선택할 수 있는 대처법은 세 가지다. 과일을 모두 환불하거나, 상한 부분을 버리고 멀쩡한 과일만 먹거나, 상한 부분부터 먹어치우고 멀쩡한 과일을 먹거나. 환불을 선택하는 사람은 거의 없을 것이다. 상한 과일 몇 알 때문에 먼 여행지까지 다시 다녀오는 것은 그리 현명한 선택이 아니기 때문이다. 그렇다면 상한 부분부터 먹는 것은 어떨까? 많은 이들이 상한 과일을 버리는 것이 아까워 그것부터 먹어야겠다고 생각하지만, 상한 과일부터 먹는 동안 멀쩡했던 과일마저 상하고 말 것이다. 결국 이 방법을 선택하면 내내 상한 과일만 먹게 되니 이보다 속상하고도 어리석은 일이 또 있을까? 애초에 상한 과일을 산 것이 잘못이라면 이 과일들을 어떻게 처리할 것인지가 관건이다. '소는 잃었지만 외양간은 튼튼히 고치는' 것이 중요하다. 그러나 안타깝게도 많은 이가 잇따라 잘못을 저지르면서도 현명한 후속 조치로 이전의 잘못을 만회해야 한다는 사실을 알지 못한다.

잘못을 만회할 때 또다시 잘못을 저지르지 않도록 주의해야 한다.

대부분의 경우 큰 잘못은 작은 잘못 여러 개가 줄줄이 엮어 일어나기 때문에 그중 어느 한 가지 잘못만 피한다면 큰 잘못으로 이어지는 상황을 면할 수 있다. 그러나 대부분의 경우 실수를 연발한다. 한 번의 잘못된 결정으로 위기에 봉착하면 '가장 위험한 구멍부터 막고보자'는 마음에 근본적인 해결책이 아닌 미봉책을 내놓기 때문이다. 그 결과는 불을 보듯 뻔하다. 막아야 할 구멍은 제대로 막지 못하고 그 구멍을 막느라 다른 곳에 괸 돌을 빼오는 바람에 여기저기 구멍이 숭숭 뚫리고 만다. 이런 심리는 주변에서 흔히 볼 수 있다. 작은 거짓말 하나를 위해 큰 거짓말을 보태고, 작은 잘못 하나를 가리기 위해 큰 잘못을 저지르는 것이다. 그러나 '테리의 법칙'이 강조하듯 자기 마음을 잘 다스려 잘못을 직시하고 꼭 필요한 대응 조치를 취한다면 최초의 잘못이 일으키는 파장의 범위를 최소화할 수 있으며 스스로를 끝도 없는 고민의 늪에 빠뜨리는 일도 일어나지 않을 것이다.

자신의 잘못을 어떻게 만회할 것인지에 관해 하버드 행동심리학 교수는 이렇게 말한다. "세상에 영원한 패자는 없다. 심리적인 오류나 외부의 간섭으로 인해 잘못된 결정을 내렸다 해도 그것이 인생 전체의 방향을 좌지우지할 것이라 생각해서는 안 된다. 사람은 살면서 무수한 선택의 기회가 있고 지금의 잘못된 결정은 현재에만 유효할 것이다. 설령 결정이 잘못되었다 해도 충분히 수정하고 만회할 수 있다."

양 우리에 구멍이 뚫려 양이 늑대에게 잡아먹히는 일이 일어났을 때 원인을 찾아 구멍을 메우면 더 이상의 피해를 막을 수 있다. 그러나 구멍을 발견하지 못하거나 발견했다 해도 제때 보수하지 않는다면 우리에 있던 양들이 모두 늑대에게 잡아먹히고 말 것이다. 여러 가지 원인에 의해 잘못된 결정을 할 수는 있지만 이는 인생 전체를 놓고 보면 하나의 작은 사고에 지나지 않는다. 그러므로 잘못을 피할 수 없다면 적어도 잘못된 결정을 내렸을 때 제대로 '외양간을 고쳐' 잘못된 결정의 영향을 최소화하고 잘못을 바로잡아야 한다는 점을 스스로에게 각인시켜야 한다. 이와 같은 사례를 현실에서 자주 접할 수 있다. 일례로 하버드 경영대학원에서는 '사후 처리 서비스 사례'에 대한 연구를 진행한 바 있다.

미국 텍사스에 위치한 스빌 자동차 판매사는 지난 몇 년 동안 판매 실적이 급상승하여 미국에서 매우 성공한 자동차 판매 업체 중 하나로 성장했다. 경쟁이 치열한 자동차 판매 업계에서 스빌 사가 성공을 거둔 비결은 무엇일까? 하버드 경영대학원에서는 이 질문의 답을 찾기 위해 연구와 조사를 거듭한 끝에 사후 처리에 주력하여 고객의 재구매율을 높인 데서 수익 창출의 원인을 찾았다. 사실 그전까지만 해도 스빌 사는 실적이 그리 좋지 않았고 잘못된 판매 전략으로 인해 회사와 고객에게 큰 피해를 초래하기도 했다. 이런 문제를 해결하기 위해 스빌 사는 일련의 대응책을 마련했다. 먼저 고객에게 잘못을 시인하고 적절한 금전적·심리적 보상 기제를 제공하는 영업 전략을 세운 것이다. 이런 서비스에 만족한 고객은 자연히 스빌 사의 단골 고객이 된다. 이처럼 잘못된 결정이라 해도 제때 적절하게 바로잡는다면 오히려 더 좋은 결과를 낳을 수 있다.

잘못된 결정을 내렸을 때 마음을 가다듬고 재빨리 잘못을 만회하기 위해서는 어떤 태도가 필요할까?

1. 자신의 잘못을 직시해야 한다.

   잘못된 결정을 내렸을 때 두려워하거나 회피하려 한다면 스스로 악순환의 덫에 빠지고 만다. 잘못을 직시해야만 잘못이 되풀이되는 것을 막을 수 있다.

2. 적극적으로 잘못을 바로잡아야 한다.

   자신의 잘못을 직시한 후에는 즉시 적극적인 행동을 취해 잘못을 바로잡아야 한다.

3. 심리적인 결점을 극복해야 한다.

   잘못을 저지르면 '체면을 잃는다'고 생각하지 마라. 한 번의 실수로 심리적인 늪에 빠져서는 안 된다.

4. 실수가 주는 기회를 놓치지 마라.

   사람은 실수에서 배운다. 잘못을 저지를 때마다 자신이 성장하는 기회로 삼고 잘못의 교훈을 되새긴다면 이후에 같은 잘못을 저지르는 실수를 피할 수 있다.

작은 잘못을 방치하지 마라

하버드 행동심리학에서는 모든 행위나 사물이 '생성-발전-성숙-안정-쇠퇴-소멸'의 단계를 거친다고 본다. 우리가 내리는 결정도 이와 같다. 무언가 결정하는 과정에서 잘못이 나타났다면 '생성'의 단계일 때 그 영향이 가장 작으므로 가장 쉽게 문제를 해결할 수 있다. 그러나 '발전' 또는 '성숙'의 단계에 이르면 잘못을 해결하기가 어려워진다.

하지만 많은 이들은 작은 문제가 처음 불거졌을 때 충분히 주의를 기울이지 않으며, '큰일을 하려면 사소한 일에 구애받아서는 안 된다'라고 여기면서 큰 문제를 해결하는 데만 시간과 힘을 쏟는다. 또 사람에게는 요행 심리가 있어서, 작은 잘못이 큰 파장을 불러일으킬 가능성은 간과한 채 무의식중에 작은 잘못의 리스크를 가볍게 여기고 무시한다. 행동심리학의 관점에서 보면 이는 비정상적인 심리 반응이다. 요행 심리를 가진 사람은 대개 객관적인 조건의 제약을 극복할 방도를 강구하기보다 자신의 목표를 이루기 위해 유리한 조건에만 집중하는 다분히 모험적이고 투기적인 행태를 보인다. 이런 심리는 명백한 자기기만으로, 작은 잘못에 내포된 위험성을 무시하다 사소한 실수에 발목을 잡혀 실패하게 된다.

많은 심리학자가 요행 심리를 '인간의 잘못을 촉발시키는 촉매제'라 칭한다. 작은 잘못을 저지를 때 우리 안의 요행 심리는 그것을 대수롭지 않게 여기도록 만들고, 그렇게 방치된 작은 잘못은 시한폭탄이 되어 시간의 흐름과 사태의 발전에 따라 몸집을 키우다 결국 폭발하여 돌이킬 수 없는 결과를 낳는다. 횡단보도를 건널 때 신호등이 빨간 불로 바뀌어도 지나는 차가 없으면 요행 심리의 작용으로 인해 신호등을 무시하고 길을 건너는 경우가 많다. 한 사람이 무사히 반대편으로 건너가는 것을 목격한 행인들이 너도나도 무단횡단을 감행한다. 이들은 자신의 행동이 교통 규범 위반이라는 사실을 망각하거나 무시하며 이런 행동 속에 숨은 위험을 간과한다.

프랑스의 저명한 철학가 드니 디드로^{Denis Diderot}는 이렇게 말했다. "인생의 수많은 잘못은 요행 심리에서 비롯된다. 요행 심리는 절대로 용납할 수 없는 큰 잘못 앞에서는 자취를 감췄다가도 작은 문제 앞에서는 다시 모습을 드러낸다."

요행 심리가 인간에게 미치는 해악은 엄청나다. 작은 실수를 방치하다 큰 잘못으로 확대되기 때문이다. 하버드 행동심리학에서도 인간의 성공과 실패가 사소한 부분에 달려 있으므로 작은 문제의 해결에 힘써야 한다고 지적한다. 이런 세밀한 노력이 위기와 리스크의 생성을 막을 수 있다. 그런데도 많은 사람이 사소한 부분을 무시하고 작은 실수를 방치하는 이유는 무엇일까?

1. 작은 실수를 중요하게 여기지 않기 때문이다.

'잘못'이 아니라 '작다'에 초점을 맞추기 때문에 잘못에 내포된 위험성을 무시한다. 이는 인간의 사유가 가진 관성이다. 그러나 작은 잘못은 결코 단순하지 않다. 대개의 경우 작은 실수 하나 때문에 큰 것을 잃는다.

2. 작은 실수에서 비롯되는 '연쇄 반응'을 인식하지 못하기 때문이다.

작은 잘못이 어떻게 큰 잘못으로 확대되는지 생각해본 적 있는가? 행동심리학의 관점에서 보면 모든 행위는 결코 독립적으로 존재하지 않는다. 행위의 출현과 진행 모두 다른 행위에 연계된다. 다시 말해 모든 행위는 다른 행위에 영향을 미친다. 작은 잘못을 저지른 후 그것을 제때 바로잡고 해결하지 않으면 반드시 큰 잘못을 낳게 된다. 당신이 공사장의 인부라고 가정해보자. 오늘 당신은 공구함을 공사 중인 건물의 높은 층에 두고 왔다. 어디까지나 작은 실수였다. 이 사실을 깨달은 당신은 금방 가서 가지고 내려와야겠다고 생각했지만, 곧 잊고서 행동으로 옮기지 않았다. 그런데 높은 층에 버려진 당신의 공구함이 어떤 원인으로 떨어져 아래에 있던 누군가의 머리를 내리치고 말았다. 공교롭게도 머리를 다친 사람은 공사 현장을 시찰하러 온 회사 사장이거나 정계 주요 인사였다. 이 '의외의' 사고로 고위급 인사가 사망하고 곧이어 유가족과 변호사, 흥분한 기자가 몰려들었다. 당신이 저지른 작은 실수 하나 때문에 건설사가 고소를 당하고 공사 전체가 중단되었으며 당신도 조사를 받고 일정 부분의 법적 책임을 져야 한다.

이것이 작은 실수로 인해 발생하는 '연쇄 반응'이다. 잘못된 행위 하나가 더 큰 잘못을 초래하는 것이다.

3. 작은 실수는 또 '깨진 유리창 이론Broken Window Theory'을 이해하지 못하기 때문이기도 하다.

하버드대 범죄심리학자 제임스 윌슨Janes Q.Wilson 교수가 주창한 '깨진 유리창 이론'은 작은 잘못을 방치했을 때의 해악을 잘 보여준다. '깨진 유리창 이론'이란 건물의 유리창 하나가 깨졌는데 이를 제때 수습하지 않고 방치하면 같은 건물의 다른 유리창마저 깨지게 되는 현상을 가리킨다. 유리창이 깨졌는데도 이를 방치하고 이 행위에 아무런 조치를 취하지 않으면, 다른 사람들도 그 건물을 관리를 포기한 건물로 판단하고 나머지 유리창까지 깨뜨리게 된다. 이처럼 '깨진 유리창 이론'은 환경이 사람이 행위를 유도하는 강한 동기가 된다는 사실을 일깨운다. 사람이 작은 잘못을 저지르고도 제때 수습하거나 바로잡지 않으면 그는 곧 더 큰 잘못을 저지르게 된다. 이미 유리창 한 장이 깨진 건물에서 유리창 몇 장 더 깨는 것이 무슨 대수겠는가? 이런 심리로 인해 많은 이가 자기 잘못을 방치하는 것이다.

하버드 행동심리학 강의에서 교수는 학생들에게 끊임없이 강조한다. "절대로 작은 실수를 방치하지 마라. 많은 이가 잘못된 결정을 내리는 것은 그들이 세밀한 부분에서 저지른 작은 실수들을 주의 깊게 살피지 않았기 때문이다." 세부사항에 주의하지 않으면 평소의 생활이나 업무에서 만나는 다른 일들에 대해서도 '대충대충' 심리가 발동해 세심하게 신경 쓰지 않게 된다. '사소한 부분을 꼼꼼히 따지는 것이 곧 완벽이다'라는 말이 있듯, 결정을 내리는 과정에서 세부사항을 꼼꼼하게 파악하는 것은 무척 중요하다. 우리가 완벽을 추구하지 않는다 해도 올바른 결정을 내려 위험 요소를 최소화하기 위해서는 모든 사소한 부분에서의 실수들을 피할 수 있게 최선을 다해야 한다. 그렇다면 작은 잘못이 나타났을 때 어떻게 해야 할까?

1. 우선 제때 바로잡아야 한다.

작은 잘못이 큰 파장을 일으키기 전에 곧바로 적절하게 대응해야 한다. 잘못이 발생한 초기일수록, 그 규모가 작을수록 쉽게 해결할 수 있고 우리의 결정이 지향하는 최종 방향에 걸림돌이 되지 않을 수 있다.

2. 다음으로는 예방을 강화해야 한다.

대수롭지 않은 잘못이라도 경계하고 방지책을 마련해야 유사한 잘못의 발생을 막을 수 있다.

3. 마지막으로 '깨진 유리창 이론'을 명심해야 한다.

아무리 작은 잘못이라도 손놓고 방치해서는 안 된다. 작은 잘못에 내포된 위험성을 무시했다가는 같은 잘못을 반복하는 악순환에 빠지고 만다.

종합해보면 인간의 행위는 수많은 세부사항으로 이루어지므로 각 세부사항에 주의를 기울이고 작은 잘못을 방치하지 않아야만 중요한 결정을 내리는 순간에 여유롭게 대처할 수 있고 잘못된 결정의 확률을 낮출 수 있다.

02

넘어서는 안 될
행동 경계선

심리적 마지노선을 생각하라

　우리는 평생 수많은 선택을 해야 한다. 선택은 단순한 행위가 아니라 수많은 요소를 고려해야 하는 복잡한 일이다. 그렇기 때문에 선택하는 과정에서 이해득실을 꼼꼼히 따지고도 올바른 결정을 내리기가 여간 어렵지 않다.

　밀란 쿤데라가 말한 '참을 수 없는 존재의 가벼움'과 마찬가지로, 선택의 어려움이라는 문제는 누구나 직면할 수밖에 없다. 당신은 어쩌면 이 세상에 '내 뜻대로 되지 않는 일' 또는 '어쩔 수 없는 일'이 있다는 것을 믿지 않을지 모른다. 당신의 의식 세계에서 인생이란 또 하나의 선택에 지나지 않을 테니. 그러나 선뜻 결정을 내리기 어려운 순간이 있다는 것을 깨닫게 된다면 잘못된 결정을 내릴 확률을 최소화하기 위해 자신의 마지노선이 무엇인지 생각해야만 할 것이다.

　마지노선(심리적 한계선, 최후방어선, 넘어서는 안 되는 선)이란 무엇인가? 하버드대 행동심리학 교수는 다음과 같은 재치 있는 말로 설명했다. "마지노선이란 지평선과 같아서 눈에 보일 때는 우리 발밑에 있고, 눈에 보이지 않을 때는 우리 마음 깊은 곳에 있다." 마지노선이란 제2차 세계대전에서 유래하여, 사회학과 경제학에서 주로 사용되는 용어로, 사회적으로나 경제적으로 협상을 할 때 심리적으로 받아들일 수 있는 한계선 또는 하한가를 가리킨다. 마지노선은 심리학 용어이기도 하다. 인간 행위를 제약함으로써 자신의 내면적 필요를 더욱 명확하게 인식하여 순조롭게 결정을 내리도록 한다. 어느 글로벌 기업의 회장이자 유명한 작가는 자신의 명함에 이런 문구를 넣었다. "회장은 임시직, 작가는 종신직, 벗은 영원하다." 그는 명예나 이익보다는 사람 사이의 정이 중요하다고 여겼기에 자신의 직함과 지위가 아니라 친구를 삶의 가장 중요한 위치에 새겨 넣은 것이다. '친구가 가장 중요하다'를 자신의 심리적 마지노선이라고 생각했기에 어떤 환경에서든 진실하고 충실한 친구를 사귈 수 있었다.

마음속에 명확한 마지노선이 없다면 우리의 행위나 사회적 역할은 변화하고 성장하기 힘들다. 주변에서 그런 사례를 쉽게 찾아볼 수 있다. 여자친구가 바뀌어도 늘 차이기만 하는 비련의 남자 주인공 역할에 머물러 있는 사람, 수도 없이 직장을 옮겨도 늘 따돌림을 당하고 천덕꾸러기 취급을 받는 사람, 환경의 변화에도 이들이 늘 같은 역할만 맡는 것은 마지노선을 정하지 않았기 때문일지 모른다. 마지노선을 분명하게 알고 있다면 어떤 유혹이나 결정 앞에서도 가장 빠르고 올바른 반응을 보일 수 있다. 사람의 행위는 언제나 심리에 좌우된다. 우리가 무슨 일을 하든 마지노선을 고수한다면 크게 잘못될 일도, 스스로를 제어하지 못하고 휘둘리는 일도 없을 것이다. 그러나 자신의 마지노선을 포기한다면 올바른 결정이라 믿었던 바로 그 선택으로 인해 혼란에 빠지고 만다.

결정을 내리는 과정에서 마지노선은 매우 중요한 역할을 한다. '하버드의 진주' 랄프 왈도 에머슨은 거물급 변호사인 대니얼 웹스터를 이렇게 평했다. "그는 평생 3불$^\pi$ 원칙을 따랐다. 그의 3불 원칙은 다음과 같다. '채무를 피할 수 있는 한 절대 갚지 않는다.' '내일로 미룰 수 있는 일은 절대 오늘 하지 않는다.' '남이 대신 할 수 있는 일은 절대 하지 않는다.'" 웹스터의 '3불 원칙'은 그의 마지노선이었다. 결정에 이토록 중요한 역할을 하는 마지노선을 우리는 과연 얼마나 잘 이해하고 있을까?

1. 마지노선은 행위의 밑바탕이다.

우리가 어떤 행위를 하는 방법은 다양하지만 무슨 일을 하든 내면의 마지노선을 넘어서서는 안 된다. 마지노선이 있다면 결정을 내려야 할 때, 무언가 바꾸어야 할 때, 온갖 위협이나 도전에 직면해야 할 때 두려움과 불안을 극복할 수 있다. 미래에 나타날 수 있는 최악의 결과를 근거도 없이 생각하는 것이 아니라 현실적으로 예상할 수 있기 때문이다. 자신의 마지노선을 명확히 알고 있는 사람은 내면의 불확실성을 떨칠 수 있다. 마지노선이 있으면 사물을 장기적인 관점에서 바라볼 수 있고 자신이 진정으로 원하는 것이 무엇인지 알 수 있으며 다음 단계에서 취해야 할 행동에 대해 큰 그림을 그릴 수 있기 때문이다.

2. 자신의 마지노선을 정확하게 인식해야 한다.

나의 마지노선은 무엇인가? 받아들일 수 있는 최소한의 기준은 무엇인가? 받아들일 수 없는 범위는 어디까지인가? 우리 각자가 고수하는 마지노선은 결정을 내리는 과정에서 매우 중요한 역할을 한다. 마지노선을 정확히 알아야만 행위의 기준을 명확히 세울 수 있다. 타인의 협의를 통해 결정을 내려야 할 때는 반드시 자신의 마지노선을 분명히 밝혀야 한다. 이는 일종의 자기 보호다. 반대로 사업을 위한 협상 과정에서는 너무 경솔하게 마지노선을 드러내서는 안 된다. 100달러의 보상을 원한다면 200달러를 요구하라. 처음부터 100달러를 요구한다면 당신에게 돌아오는 것은 50달러도 채 되지 않을 것이다.

3. 자신의 마지노선을 쉽게 포기하지 마라.

포기하는 편이 고집스레 고수하는 것보다 속은 편할지도 모른다. 하지만 마지노선을 포기한다는 것은 사물을 대하는 자기만의 기준을 포기한다는 의미다. 이 최소한의 기준을 포기한다면 우리는 심리적으로 의지할 대상을 잃게 되고 결정을 하거나 다른 어떤 일을 할 때 두서 없이 주먹구구식으로 임할 수밖에 없다. 마지노선을 고수하는 것은 자신만의 행위 기준을 갖는다는 의미이며 타인이 함부로 넘지 못하는 경계선을 긋는다는 의미다. 반대로 마지노선을 포기한다면 머리 없는 파리와 같이 방향을 잃고 여기저기 부딪히고 만다. 심리적으로 건강한 사람이라면 틀림없이 이 두 경우 중 어느 것이 자신에게 이로울지 알 것이다.

4. 심리적 마지노선은 사유의 마지노선이 아니다.

심리적 마지노선을 아는 것이 사유의 마지노선을 가지고 있음을 의미하지는 않는다. 심리적 마지노선과 사유의 마지노선은 밀접한 관련이 있지만 두 가지를 혼동해서는 안 된다. 심리적 마지노선은 사유의 마지노선의 기본 개념 중 하나로, 모든 사물에는 결코 넘어서는 안 될 최소한의 기준이 있음을 알려주는 행위의 기준이다. 반면 사유의 마지노선은 체계적이고 전략적인 사유를 의미한다. 사유의 마지노선이 있으면 중요한 결정 앞에서 명확하게 사고하고 행동함으로써 미래에 나타날 수 있는 리스크를 최소화하고 만일의 사태에 대비할 수 있다. 그렇다고 사유의 마지노선이 수동적이거나 방어적인 사고방식만을 가리키는 것은 아니다. 사유의 마지노선 덕분에 우리는 심리적 마지노선을 지키는 한편 여러 가지 문제를 능동적으로 생각할 수 있다. 내가 가진 마지노선은 어떤 장점과 단점이 있는가? 결정과정에서 마지노선이 어느 정도의 위치를 차지하는가? 어떤 요인에 의해 마지노선을 넘어서게 되며 이런 요인들을 피할 수 있는 방법은 무엇인가? 이런 문제를 고민한다는 것은 당신이 이미 능동적이고 주체적인 사람이라는 것을 뜻한다.

5. 심리적 마지노선은 결정을 내리는 데 긍정적인 역할을 한다.

우리는 각자의 마지노선을 바탕으로 결정하는 과정에 임한다. 자신이 최소한의 기준을 확보했다는 전제하에 최고치라는 목표를 향해 행동하는 것이다. 이는 마지노선이 결정에 미치는 긍정적인 영향이다.

우리는 자신의 마지노선을 '생각'하는 동시에 '행동'한다. 리스크를 예측하고 대응 방안을 고민하는 동시에 리스크를 최소화하기 위해 적극적으로 행동하는 법을 배운다.

심리적 마지노선이 있으면 잘못된 결정을 할 확률이 줄어든다. 지금 무언가 결정해야 한다면 자신의 마지노선이 무엇인지 잘 생각해보라!

정확한 리스크를 예측하라

"결정해. 결정!" 사소하고 대수롭지 않은 일이든 인생의 향방을 좌우하는 중요한 일이든 우리의 일상생활은 다양한 결정으로 이루어진다. 주체적으로 결정할 수 있는 권리는 개인의 독립성뿐 아니라 우리 주변 사람과 일까지 영향을 미친다. 그러나 만반의 준비를 하고 적절한 마지노선까지 설정하고도 잘못된 결정을 내리는 바람에 진퇴양난의 곤경에 빠지는 경우가 허다하다.

이런 난처한 상황 앞에서 당신은 잘못된 결정을 할 확률이 얼마나 되는지 심각하게 생각해본 적이 있는가? 결정에 따른 리스크, 잘못된 결정을 내릴 가능성을 사전에 철저하게 예측하고 있는가? 당신이 어떤 대답을 하든 실제로는 결정을 하는 과정에서 무의식중에 리스크를 예측하고 있을 것이다. 리스크 예측이란 일종의 본능적인 사유 행위이기 때문이다. 대부분의 사람들은 결정을 내리기까지의 심리적 과정에 대해 잘 알지 못한다. 하버드 행동심리학에서는 이에 대해 이렇게 설명한다. "모든 결정은 미래 예측의 토대 위에서 이루어진다. 결정이 잘못된 확률을 계산할 수만 있다면 잘못된 결정을 피하는 것이 수월하다."

이는 어려운 이야기가 아니다. 자동차를 살 것인가 집을 살 것인가 어떤 사람과 결혼할 것인가 등, 우리가 하는 모든 결정은 미래를 예측하는 데서 비롯된다. 결정을 하는 과정에서 우리는 자신의 선택이 어떤 감정이나 결과를 초래할지, 어떤 리스크가 있는지 등을 계산한 후 대체로 가장 만족스러운 답을 선택한다. 물론 '리스크 예측'은 번거로운 일이다. 우리는 미래를 예측하는 데 능숙하지 않기 때문이다. 게다가 심리학의 관점에서 보면 사람은 좋은 일이든 나쁜 일이든 결과를 과대평가하는 버릇이 있다. 이에 대해 하버드대 심리학과 대니얼 길버트Daniel Gilbert 교수는 이렇게 말했다. "최종 결과가 실망스러운 일들이 많다. 그건 그 일이 가져다주는 즐거움이 기대했던 것만큼 강렬하거나 지속적이지 않기 때문이다." 우리가 예측했던 결과에 오류가 나타나는 가장 주된 원인은 '손실을 피하고 싶기' 때문이다. 우리 모두는 손실로 인한 상처가 이득에 따르는 즐거움보다 훨씬 크다고 생각한다. 우리는 결정을 내리는 과정에서 손실을 피하려 하고 모든 리스크와 잘못을 피하고 싶어한다. 하지만 어쩔 수 없이 손실이나 오류가 발생했을 때 그것들이 생각했던 것만큼 고통스럽거나 힘들지 않다는 것을 깨닫게 된다. 그렇다면 이 모든 부정적인 결과를 우리는 어떤 마음가짐으로 대면해야 할까?

하버드 행동심리학에서는 사전에 리스크를 예측하면 잘못된 결정을 내릴 확률을 효과적으로 낮출 수 있다고 말한다. 이른바 '리스크 결정 이론'이다. 리스크 결정에 대한 연구는 오래전에 등장했다. 심리학자들은 결정에 관한 심리학 이론을 빌려 일상생활에서 일어나는 일련의 결정과정을 서술·해석·예측해왔다. 리스크 결정이란 의사결정 과정에서 나타날 수 있는 통제 불가능한 요소 및 부정적인 결과를 사전에 예측하는 것을 말한다. 하지만 현재로서는 리스크 결정에 대한 심리학 연구가 그다지 심도 있게 이루어지지 않고 있으며 어려움도 산적해 있다. 의사결정에 관한 중국 내 모든 심리학 연구 문헌 중에 리스크 결정의 개념과 연구 상황을 언급한 자료는 찾아보기 힘들다. 그러나 의사결정의 가장 큰 특징은 바로 이 리스크다.

1. 모든 결정은 리스크를 수반한다는 것을 알아야 한다.

우리가 하는 모든 일은 어느 정도의 리스크를 내포하며 결정을 내리는 행위는 그중에서도 리스크가 크다. 아주 작은 리스크도 감수하기를 원치 않는다면 집 밖으로 나가서도 안 되며 등교·출근·승차·연애·심지어 식사나 수영조차도 해서는 안 된다. 하지만 분명한 것은 집 안에만 있어도 리스크를 피할 수 없다는 사실이다. 리스크를 피하기 위해 아무것도 결정하지 않는 것마저도 리스크를 동반한다. 늘 상사가 시키는 일만 하고 성가시거나 오류가 나타날 가능성이 없는 일만 하면서 어떤 결정도 내리려 하지 않는 사람들이 있다. 이런 사람들은 발생 가능한 모든 리스크를 피하기를 바라며 자신이 내린 결정이 잘못되어 책임을 지는 것을 원치 않는다. 그러나 실제로는 남의 결정을 기다리거나 스스로 결정하기를 미루거나 아예 결정을 하지 않는 것이 더 큰 리스크를 초래한다. 주체적으로 결정할 권리를 포기하고 자신의 운명을 남의 손에 맡겼기 때문이다. 이는 의존성 결정 장애의 또 다른 모습이다.

과연 어떤 결정도 하지 않음으로써 리스크나 오류의 발생을 피할 수 있을까? 이런 자세는 눈 가리고 아웅 하는 것에 지나지 않는다. 아무 것도 결정하지 않는 사람은 스스로 수동적인 입장을 취하고 남의 결정만을 기다린다. 그러나 남에게 기대하고 의존하는 자세는 자신에게 아무 이득도 가져다주지 않을뿐더러 오히려 더 많은 리스크에 노출시킬 뿐이다. 하버드 심리학과 교수는 아무것도 결정하지 않는 데 따른 리스크를 다음의 몇 가지로 분류했다.

- 스스로 결정할 권리를 포기함으로써 남이 시키는 대로 하는 수밖에 없다.
- 남에게 의존해야만 하며 '책임감이 없다'라는 인상을 준다.
- 독립적이고 자주적으로 사고하는 법을 잊고 '사유의 타성'에 젖게 된다.
- 인간관계에 부정적인 영향을 미치기 때문에 필요한 도움을 얻기 힘들어진다.
- 문제가 해결되기는커녕 갈수록 쌓인다.
- 효율성이 필수 덕목인 경쟁 사회에서 '기다림'이란 곧 도태를 의미한다.

2. 결정의 리스크에 영향을 미치는 주된 요소를 이해해야 한다.

의사결정과정에서 맞닥뜨리는 리스크는 단순한 통계 수치만으로 평가할 수 없으며 통계 수치의 현실적 배경을 고려해야 한다. 물리학자 루이스는 저서 『과학기술의 위험성』에서 '1마일을 가는 동안 자동차 사고로 사망할 확률은 보행자가 운전자보다 높다'라고 밝혔다. 통계 수치만 놓고 보면 운전이 보행보다 안전하다고 단정할 수 있다는 말이다. 실제로 결정의 리스크를 예측할 때 우리가 취하는 사고방식은 각자의 생활환경과 밀접한 관련이 있다. 굶주림에 허덕이는 거지는 쓰레기 더미에서 주운 썩은 사과가 병균에 오염된 것을 개의치 않는다. 전쟁이 한창인 나라에 사는 사람은 자신이 탄 뉴욕행 비행기가 납치될 위험 따위는 걱정하지 않는다. 이처럼 생활환경과 문화적 배경은 리스크 결정에 크게 작용한다. 이밖에 심리적 요인 역시 리스크 결정에 중요한 영향을 미친다. 우리는 눈앞에 닥친 긴박한 상황에 대해 두려움을 느끼지만 멀리 떨어진 곳에서 벌어지는 가벼운 위험에 대해서는 걱정하지 않는다. 인지능력이 완전하게 형성되지 않은 청소년에게 흡연의 폐해를 주지시키는 것이 성인보다 어려운 것도 같은 이치다.

3. 결정의 리스크와 심리적 약점의 관계를 이해해야 한다.

결정의 리스크를 예측하는 과정에서 중요한 역할을 하는 또 다른 요인 중 하나가 심리적 약점이다. 예를 들면 자만심과 자기방어 심리로 인해 잘못된 결정을 내리는 경우가 많다. 대체적으로 많은 이들이 남에게서 안 좋은 일이 일어날 위험은 과대평가하면서도 자신에 대해서는 그 가능성을 대폭 축소시킨다. 어느 심리학자가 일반 시민에게 각자의 사정에서 방사성 가스인 라돈에 노출될 위험이 얼마나 될지 물었다. 위험성이 크다고 대답한 이는 거의 없었고 대부분이 낮다고 답했다. 그 이유를 묻자 그들은 자신 있게 적절한 이유들을 찾아냈다. 새

집이라서 가스 유입 확률이 낮다고 대답한 이들도 있고 오래된 집이기 때문이라고 말한 이들도 있다. 또 집이 산비탈에 있기 때문이라 밝힌 이들이 있는가 하면 산비탈이 아니기 때문이라 말한 이들도 있다. 결국 어떤 리스크든, 우리는 늘 '이 리스크가 내 주변에서 일어날 리 없어'라는 낙관적인 생각을 가지고 있으며, 심리적 약점이 리스크 결정에 미치는 영향이란 바로 이 점을 가리킨다.

마지노선 유동설 :
완고함을 극복하라

　우리는 결정을 내리는 과정에서 자신의 마지노선을 고수해야 한다. 그러나 고수한다는 말이 완고하게 고집을 부린다는 뜻은 아니다. 하버드 행동심리학에서는 완고함이 일종의 편집증적 인격 장애이자 고집스럽고 융통성 없는 심리적 결함으로 규정한다. 자신의 마지노선을 고집한 나머지 상황에 따라 적절히 변화를 주지 않는다면 더 많은 기회를 잃을 것이며, 심지어 벗어날 수 없는 영혼의 사각지대에 빠지고 말 것이다.

　마지노선은 한 번 정했다고 무조건 따라야 하는 정언명령이 아니다. 설령 '죽어도 바꾸지 않겠다'라는 마음을 먹었다 해도 특수한 상황에서는 한 걸음 물러서기도 하면서 자신의 마지노선을 적절히 조정할 줄 알아야 한다. '친구가 배신하면 절교한다'라는 마지노선을 가진 사람도 실제로 친구가 배신을 한다면 그를 용서할 온갖 이유를 찾게 된다. 서로의 내면 깊은 곳까지 이해하고 받아들일 수 있는 친구를 만나는 것이 그만큼 어렵기 때문이다. 평소 더치페이를 절대로 받아들일 수 없다고 큰소리치던 여자도 부잣집 도련님이 더치페이를 주장하면 자신의 마지노선 따위는 가볍게 내던질지 모른다. 남자의 조건이 너무나 좋기 때문이다. '남편의 외도'를 결혼 생활을 더 이상 유지할 수 없는 마지노선으로 여겼던 여자도 남편의 실제 외도 앞에서는 남편이 술을 마시고 제정신이 아닌 상태에서 저지른 실수인가 맨 정신에 외도한 것인가, 상대방이 의도적으로 꼬리를 친 것인가 남편이 먼저 다가간 것인가, 따져보며 괴로워하다 결국에는 온갖 이유를 들어 자신의 마지노선을 넘어서려 할지 모른다. 이처럼 마지노선은 사태의 추이나 심리적인 변화에 따라 언제든 변할 수 있다. 자신이 납득할 수 있는 조건만 충족되면 언제든 마지노선의 기준을 조정하며 스스로에게 그럴싸한 이유를 대 합리화한다.

하버드에서는 경직된 태도로 문제를 바라보지 않는다. 완고함은 결코 하버드의 대명사가 아니다. 사고가 경직되고 자기 생각만을 고집하는 사람이나 마지노선을 '사수'하며 어떤 상황에서든 변화를 받아들이지 않는다. 이럴 때 마지노선은 결코 뛰어넘을 수 없는 깊은 골짜기와도 같은 심리적 경계선으로 변질된다. 고집불통인 사람은 미련하고 굼뜬 것이 아닌데도 심리적 사각지대에 갇혀 빠져나오지 못한다. 그렇다면 이런 완고함을 초래하는 원인은 무엇일까? 완고함은 대체로 인지과정에서 상상과 현실, 주관과 객관을 완전히 구분하지 못하는 데기인한다. 과거의 경험이 현실을 압도할 때, 자신의 마지노선이 모든 현실적인 요인을 덮어버릴 때 경직된 완고함이 생겨난다. 심리학의 관점에서 보면 사람은 누구나 사물을 인식하는 인지능력이 있고 어떤 결정이든 주체적으로 통제할 수 있지만 이런 주체성이 기존의 경험에 의존한다는 것이 문제다.

　미국의 심리학자 레온 페스팅거Leon Festinger는 사람이 완고해지는 것은 인식의 균형을 잃기 때문이라고 지적한다. 내면의 신념이 현실과 충돌할 때 우리는 대개 두 가지 방식으로 인식의 균형을 찾는다. 적당한 이유를 찾아내 자신의 신념을 계속 밀어붙이거나 아니면 현실을 받아들인다. 전자의 경우 인지 불균형이 나타나기 쉽다. 결정을 내리는 과정에서 자신이 설정한 마지노선이 현실적 상황과 충돌하는데도 마지노선을 조율하지 못해 현실에 적응하지 못한다면 완고함이 싹트는 것이다.

　이밖에 각자의 고유한 인지 습관 역시 사물을 바라보는 방식을 결정한다. 자신의 마지노선이 현실과 충돌할 때 완고한 사람은 절대로 마지노선을 조정해 현실적 요구에 순응하려 하지 않는다. 이는 일종의 방어기제로, 자신의 마지노선을 고수함으로써 인지 불균형이 나타나는 상황을 모면하려는 것이다. 사랑에 눈이 먼 여자가 있다 치자. 상대 남자가 여자를 속이고 있다는 사실을 주변 사람들 모두가 아는데, 오로지 그 여자만은 남자가 자신을 사랑한다고 믿는다. 이것이 바로 자기방어적인 완고함이다. 남자가 자신을 속인다는 사실을 인정하고 나면 마음의 상처를 입을 것을 두려워한 나머지 진실을 회피한 채 고집을 부리는 것이다.

　우리는 주변에서 완고한 사람을 쉽게 볼 수 있다. 그들은 자신의 마지노선을 끌어안은 채 아무리 어려운 현실 앞에서도 조금도 뒤로 물러서지 않는다. 외부에서부터 온갖 간섭을 받으면서도 자기 뜻을 굽

히지 않으며 때로는 온갖 황당한 이유를 들어 스스로를 속이기까지한다. 이런 고집불통이 어떤 결과를 낳을지는 모두 객관적인 현실에 달려 있다. 우리가 지키려는 것이 올바른 신념일 때 완고함도 어느 정도 긍정적인 의미를 가진다. 때로 완고함은 성공으로 가는 필수 요건이기 때문이다. 그러나 우리가 지키려는 것이 잘못된 생각일 때 완고함은 올바른 결정을 내릴 수 없도록 우리의 생각을 통제한다. 완고함이 자기방어에서 비롯된 것이라면 우리는 사물의 본질을 객관적으로 보지 못한 채 자신이 정한 마지노선을 지키기 위해 현실에서 도피하는 것을 선택하게 된다. 이처럼 완고함은 이로움보다 폐해가 더 크므로 마지노선을 지키면서도 지나치게 경직되는 것을 경계해야 한다.

하버드 행동심리학에서는 완고함을 극복하고 더 나은 결정을 하는 데 도움을 주기 위해 '마지노선 유동 이론'을 제시한다. 이 이론은 모든 사물은 시시때때로 변화하므로 경직된 태도로 사물을 대하지 말 것을 주문한다. 융통성 있게 사물을 대해야만 현실을 더 정확하게 파악할 수 있다는 것이다. 결정도 마찬가지다. 마지노선은 현실의 변화에 맞춰 바뀌어야 한다. 적절한 유동성은 우리에게 더 많은 가능성을 열어준다. 그렇다면 완고한 사람이 마지노선을 조정하려면 어떻게 해야 할까?

1. 기대치를 적절하게 낮춰야 한다.

기대한다는 것은 좋은 일이다. 기대란 미래에 대한 일종의 예측이자 평가이기 때문이다. 그러나 이 예측과 평가는 개인의 주관에만 기대서는 안 되며 현실에 부합해야 한다. 기대치가 지나치게 높으면 현실과 동떨어지기 때문에 우리를 더욱 힘들게 한다. 현실에 맞게 기대치를 적절히 낮춘다면 우리가 가진 완고함을 해소하고 더 나은 결정을 내릴 수 있다. 게다가 기대치를 낮추면 예상하지 못했던 좋은 결과를 얻을 수도 있다.

2. 마지노선의 유동성을 받아들여야 한다.

자신의 마지노선을 지키는 것이 자의식의 표출이며 자존심을 지키는 일이라 생각하겠지만 지나친 자의식도 완고함일 뿐이다. 시험 삼아 마지노선을 높이거나 낮춰보라. 이런 유동성으로 인해 자아를 잃는 것이 아니라 오히려 더 많은 것을 얻게 된다는 사실을 알게 될 것이다. 물론 유동성에도 일정한 제약은 있어야 한다. 유동성이 너무 작거나 커도 또 다른 사각지대에 갇힐 수 있기 때문이다. 그러므로 자신이 통제 가능한 범위 안에서 마지노선이 유동할 수 있도록 적정선을 지킬 필요가 있다.

3. 완고함을 극복하기 위해 스스로 노력해야 한다.

마지노선에 대한 과도한 집착은 완고한 태도를 부르고, 이로 인해 자신에 대한 인지와 현실적 상황에 대한 이해에 오류가 발생하여 판단

능력과 의사결정능력이 흐려진다. 그러므로 이해득실을 따져 결정을 내리는 과정에서는 열린 자의식을 유지함으로써 객관적인 시각으로 문제를 대하도록 노력해야 한다.

심리적 완고함을 극복하는 방법은 다음과 같다.

1. 허영심을 경계하라.

허영심이 지나치면 자신의 부족한 점이나 잘못을 보지 못하고 모르는 것도 아는 체하며 자신을 과대포장 한다. 그러므로 자신의 결점을 정확히 인식하고 허영심을 긍정의 힘으로 전환하여 심리적 균형을 찾는 것이 중요하다.

2. 교양을 쌓아라.

지식이 풍부하면 내면이 충실해지고 개인의 주관이나 편견에서 벗어나 더 이상 자기만의 세계에 빠지지 않을 수 있으며, 이로써 새로운 지식과 사물을 받아들일 수 있다. 개인의 교양이 일정 수준에 이르면 마지노선이 더 이상 장애가 되지 않는다.

3. 감정을 잘 다스려라.

감정을 통제하지 못하면 무례한 언사나 과격한 행동이 튀어나온다. 이런 감정 통제는 심리 조절 능력과 관련이 있다. 그러므로 감정을 잘 다스리고 절제하는 법을 배워야 한다. 자신의 잘못은 능동적으로 인

정하고, 자기 생각만을 고집할 것이 아니라 융통성 있게 마지노선을
조절해야 한다.

4. 타인의 경험을 거울로 삼아라.

완고함은 자의식에 치우칠 때 나타난다. 완고함에서 벗어나기 위해
서는 타인의 경험을 거울 삼아야 한다. 남이 직접 겪은 일, 또는 명사
의 전기를 통해 자신의 시야를 넓히는 방법을 발견함으로써 자신이 정
한 마지노선의 틀에 갇히지 않고 더욱 높이, 더욱 멀리 내다볼 수 있
도록 노력해야 한다.

잘못된 결정 뒤의 심리 조절법

누구나 잘못된 결정을 내리는 것을 두려워하지만 실수는 피할 수 없을지 모른다. 어쩌면 잘못된 결정을 겁내는 것 자체가 일종의 잘못이다. 결정을 내리는 과정에서 지나치게 신중한 태도는 우리의 사고와 행동을 극도로 제한하며, 잘못된 결정을 내린 후 심리적으로 더 큰 부담을 가져온다.

'잘못 전문가' 캐서린 슐츠Kathyrn Schulz는 이렇게 말했다. "단순히 이미 저지른 잘못을 인정해야 할 뿐 아니라 '나는 잘못한다. 고로 존재한다'라는 마음가짐으로 인생의 모든 결정에 임해야 한다." 하버드 행동심리학에서도 이 점을 강조한다. 이미 잘못된 결정을 내렸다 해도 너무 불안해하거나 자책하지 마라. 그럴 경우 더 큰 잘못으로 이어지기 십상이다.

행동심리학의 관점에서 보면 보통 사람이 한 번도 실수하지 않거나 잘못된 결정을 내리지 않기란 불가능한 일이다. 사람은 누구나 실수하고 잘못된 결정을 한다. 자신이 실수하는 것을 용납할 수 없거나 실수를 두려워하는 사람은 갈수록 소심해지고 망설이게 된다. 이런 사람은 '문제를 회피하고 아예 결정을 내리지 않는 것'이 가장 안전한 길이라고 여기고 스스로 단단한 껍질 안에 숨는다. 그러나 이렇게 안절부절못하다보면 더 큰 잘못을 저지르게 되고 더 많은 것을 잃게 마련이다.

그렇다면 잘못된 결정을 내린 후 마음을 가다듬고 좀더 대범해지려면 어떻게 해야 할까? 가장 좋은 방법은 자신이 잘못했다는 사실을 받아들이고 실수를 허용하는 것이다. 당신의 언어표현 능력이 부족하고 발음이 부정확하다고 가정해보자. 그러나 사람들은 당신의 이런 결점 때문에 편견을 갖지는 않는다. 어눌한 말투보다 당신이 이야기하려는 내용에 더 집중하기 때문이다. 당신도 그들처럼 자신의 있는 그대로를 받아들여야 한다. 당신이 면접에서 작은 실수를 했다고 가정해보자. 면접관은 오히려 그 작은 실수 때문에 당신의 다른 재능을 발견하게 될 수도 있다. 잘못은 무조건 나쁘기만 한 것이 아니라 이처럼 긍정적인 면도 있다. 잘못의 가능성을 허용하는 것은 잘못에 대한 인식의 전환이자 내면의 대범함을 드러내는 방법이다. 잘못을 더 이상 두려워하지 않을 때 잘못을 저지를 확률이 오히려 줄어든다.

물론 잘못을 저지른다는 것은 결코 유쾌한 일은 아니다. 많은 사람이 잘못된 결정을 내린 후 자신의 행동을 후회하고 자책한다. 대범한 사람은 잘못된 결정을 내리면 자신의 부족한 점을 깨닫고 적극적으로 마음을 가다듬음으로써 예전의 잘못을 보완하고 새로운 출발을 위해 노력한다. 그러나 소심한 사람은 문제를 지나치게 심각하게 받아들인 나머지 자신의 잘못이 아직 현실적으로 어떤 문제를 일으키지도 않은 상태에서 자신이 가정한 '부정적인 결과' 때문에 무너지고 만다. 만일 당신이 이런 소심한 사람이라면 잘못된 결정을 내린 후 다음과 같은 방법에 따라 마음을 가다듬어야 한다.

1. 원인을 철저히 규명하라.

잘못된 결정을 내렸다면 그 원인을 모두 자신의 탓으로 돌려 자책의 늪에 빠져서는 안 된다. 결정을 내리던 순간을 철저히 분석해서 잘못된 결정을 내린 것이 현실적인 환경이나 기타 여러 가지 요인 때문은 아닌지 짚어봐야 한다.

2. 남과 비교하라.

잘못은 당신 혼자만의 전유물이 아니다. 우리 주변에는 비슷한 잘못, 혹은 더 심각한 잘못을 저지르는 사람도 많다. 다른 사람과 비교하다보면 어느새 스스로를 용서하게 될 것이다. 사람은 누구나 실수하기 때문이다. 위대한 심리학자나 철학자는 물론, 당신도 실수하는 것은 당연하지 않은가?

3. 스스로를 경시하라.

많은 사람이 자신을 너무 중요하게 생각하고 모든 사람이 자신을 주목한다고 생각한다. 그래서 자신이 저지른 잘못이 굉장히 큰 영향을 미칠 것이라 생각한다. 그러나 이것은 당신 혼자만의 생각일 뿐이다. 다들 자기 할 일로 바쁜데 누가 하루 종일 당신을 그토록 관심 있게 지켜본단 말인가?

4. 잘못에서 배워라.

잘못은 경험을 쌓을 기회다. 잘못을 저지르면 심적 부담을 갖게 되기는 하지만 한편으로는 수많은 소중한 경험을 얻을 수 있다. 잘못을 저질렀다면 그것이 주는 교훈을 겸허히 받아들이고 반성하며 다시는 같은 잘못을 되풀이 하지 않도록 노력하면 된다.

5. 불안해하지 마라.

기왕 잘못을 저질렀다면 더 이상 불안해하지 말고 이미 벌어진 일을 직면하라. 계속 자책하고 후회하는 것은 쓸데없는 짓이다. 불안해하고 후회할 시간에 마음을 잘 다스려 잘못을 만회할 방법을 생각하는 것이 낫다.

잘못된 결정을 내리는 것은 결코 두려워할 일이 아니다. 중요한 것은 그 잘못을 어떻게 인식하고 이해할 것인가 하는 점이다. 잘못된 결정에서 아주 작은 것이라도 배울 수 있다면 우리는 그전보다 조금은 더 성숙해지고 심리적으로 단단해질 수 있다. 의연하게 잘못을 직면할 수 있다면 불안한 마음을 내려놓고 대범함을 되찾을 수 있을 것이다.

하버드 행동심리학에서는 이렇게 강조한다. "잘못된 결정을 내릴 확률을 줄이고 싶다면 스스로 많은 잘못을 저지르도록 허용하라. 잘못을 저지르고 그에 대해 반성하는 과정에서 우리는 비로소 올바른 결정을 내리는 법을 깨우칠 수 있다." 최고 엘리트라 불리는 하버드의 학생들도, 덕망이 높은 하버드의 교수진도 잘못된 결정을 내리는 경우가 허다하다. 그러나 그들은 자신의 잘못에 대해 자책하고 불안해하기보다는 재빨리 마음을 추스르고 잘못에서 얻은 교훈을 정리하여 다시는 같은 잘못을 반복하지 않도록 노력한다. 하버드의 교수진과 학생들은 잘못을 많이 저지를수록 풍부한 경험이 쌓이고, 혁신과 진보의 가능성 또한 커진다고 믿는다. 그러니 실수하거나 잘못된 결정을 내려서는 안 된다고 자신을 다그치지 말자. 실수는 피할 수 없다. 다만 어떤 태도로 잘못된 결정을 직시하고 그에 따른 부정적 결과를 해결할지 진지하게 생각하는 것이 중요하다.

전통적인 사고를 가진 사람들이 대부분 어떤 일이든 순리적이고 원칙적으로 해야 한다는 생각에 얽매인 나머지, 부정적인 결과를 초래할 수 있는 요소를 받아들이거나 이해하려 하지 않고 무조건 백안시하는 경향이 있다. 혁신을 강조하면서도 모험은 피하려 하고, 일처리 방법을 연구하면서도 잘못을 직시하는 법은 연구하지 않는다. 잘못에 대한 인식의 부족은 심리적인 불안과 그릇된 행동 경향을 낳는다. 이런 현상은 현실에서 더 분명하게 드러난다. 사람이 어떤 일에 맞닥뜨렸을 때 그로 인한 모든 잘못된 결과를 예측하기란 불가능하다. 그렇기 때문에 늘 실수하고 잘못하기 마련이다. 중요한 결정에 직면할 경우 잘못된 선택을 할 확률이 더 높다. 그렇다고 잘못을 자랑스럽게 여길 수는 없지만 수치심을 느끼고 불안해할 필요도 없다. 잘못 또한 우리 삶에서 불가피한 부분이기 때문이다. 잘못된 결정을 내렸다 해도 대범한 자세를 잃지 말고 마음을 가다듬어야 한다.

1. 이미 잃은 것을 너무 중요하게 생각하거나 미련을 두지 마라.

잘못된 결정이 기정사실이라면 똑같은 선택의 상황이 다시 주어지지 않는다는 점을 정확하게 인정해야 한다. 하지만 낙담할 필요도 없다. 우리에게는 얼마든지 자신의 잘못된 결정을 보완하고 바로잡을 수 있는 또 다른 기회가 주어지기 때문이다. 마음의 소리에 귀를 기울이기만 한다면 바라는 바에 가까워질 기회는 충분하다.

2. 잘못된 결정을 내린 후에도 냉정함을 잃지 마라.

많은 사람이 잘못을 저지른 후 두려움과 자책감에 휩싸인다. 그러나 이렇게 심리적으로 불안정하면 이미 저지른 잘못의 부정적 효과가 걷잡을수 없이 확대될 뿐이다. 냉정을 유지한 채 의연한 태도로 문제를 대면하고 해결해나갈 수만 있다면 생각한 만큼 일이 그렇게 심각하지 않다는 사실을 알 수 있다.

3. 잘못된 결정으로 인해 나타날 결과에 대범하고 여유롭게 대응하라.

결정이 잘못됐다면 부정적인 결과가 따르는 것은 자명한 사실이다. 이때 우리가 할 일은 뒤따를 상황을 예측하고 대처할 방법을 모색하는 것이다. 그렇게 해야만 대범하고 여유롭게 문제를 해결할 수 있다.

지금 당신은 자신의 잘못된 결정에 대해 후회하고 자책하고 있을지도 모른다. 그저, 행동심리학의 관점에서 한 가지 조언을 해주고 싶었을 뿐이다. 잘못과 실패는 당신이 자신을 돌아보고 인식을 확장시키는 계기가 될 것이다. 이런 점에서 당신이 저지른 잘못이 단순히 잘못된 것이라 할 수만은 없다.

잘못된 결정을 피하려면
숨은 전제를 조심하라

　우리는 누구나 '만족스러운 결정'을 바란다. 자신이 바라는 대로 원하는 것을 선택할 수 있기를 바라는 것이다. 이런 기대에서 비롯한 심리 반응과 결정은 하나같이 과학적이고 효과적이다. 그러나 현실은 우리의 기대와는 전혀 다르다. 우리가 '이럴 것이다'라고 생각했던 결정이 정반대의 방향으로 전개되곤 한다. 이런 현상이 나타나는 것은 사람의 심리와 행동이 '무의식의 지배'를 받기 때문이다. 무의식중에 우리를 지배하는 것은 바로 '숨은 전제'들이다.

　'숨은 전제'란 무엇인가? 하버드 행동심리학에서는 숨은 전제를 개인의 판단력과 의사결정능력의 기본 조건으로 정의한다. 일반적인 상황에서 숨은 전제는 대체로 옳다. 숨은 전제가 있기 때문에 일의 효율성이 높아지고 배움과 창조에 필요한 충분한 시간을 확보할 수 있는 것이다. 그러나 숨은 전제에 커다란 오류가 존재할 때 우리의 결정에 오류가 생기고 이는 곧 잘못된 결정으로 이어진다.

　잘못된 결정은, 우리가 발견한 문제가 아니라 대부분 발견하지 못한 문제 때문에 생긴다. 숨은 전제를 찾아내지 못하면 잘못된 결정으로 이어지게 된다. 발견된 문제에 대해서는 해결책을 찾을 수 있지만 발견하지 못한 문제는 발밑에 도사리고 있는 함정과도 같다. 발견하지 못한 문제들은 모두 숨은 전제 안에 있다. 어떻게 하면 결정 안에 숨은 전제를 제때에 발견할 수 있을까? 이는 잘못된 결정을 줄이기 위해 반드시 짚고 넘어가야 할 문제다. 결정을 내리는 과정에서 눈에 보이는 사물을 전면적으로 분석하고 이해하는 것은 매우 어려운 일이다. 그러나 숨은 전제를 찾으려고 눈에 보이지 않는 사물을 전면적으로 분석하고 이해하는 일은 훨씬 더 어렵다. 그러므로 숨은 전제를 찾을 때는 아주 신중해야 한다. 숨어 있는 문제들을 발견하고 합리적인 해결 방안을 찾아냈다 해도 그 '합리성'을 '올바름'으로 착각하는 오류를 범해서는 안 된다.

어지간해서는 눈에 잘 띄지 않는 숨은 전제가 있는가 하면 어떤 논란도 허용하지 않을 만큼 단순하고 눈에 잘 띄는 숨은 전제도 있다. 예를 들어보자. 누군가 내게 이렇게 말했다. "아무 데나 함부로 침을 뱉으면 환경을 해치고 병균을 옮길 수 있으니, 이는 비도덕적인 행위다." 이 말에서 '아무 데나 함부로 침을 뱉으면 환경을 해치고 병균을 옮길 수 있다'가 전제이고 '아무 데나 침을 뱉는 것은 비도덕적인 행위다'는 결론이다. 그런데 논리추리학의 관점에서 보면 이 문장의 전제만으로는 결코 위의 결론으로 '직접적으로' 귀납될 수 없다. 이 결론을 얻기 위해서는 반드시 중간에 '환경을 해치고 병균을 옮기는 것은 비도덕적인 행위이다'라는 숨은 전제를 첨가해야 한다. 그래야 비로소 앞의 결론이 설득력을 얻는다. 그리고 문장이 이렇게 완전해진 후에야, 숨은 전제를 포함한 문장 전체를 분석한 후 선택을 내릴 것이다. '아무 데나 침을 뱉을 것인가, 아니면 휴지에 침을 뱉은 후 휴지통에 버릴 것인가?'

대부분의 경우 뇌의 '자동 추리' 과정에서 숨은 전제를 밝혀낼 수 있지만 많은 사람이 이런 자동 추리 과정을 간과한다. 자신도 모르게 여러 문제를 무시하거나 가볍게 여기고는 잘못된 결정을 내리는 원인이 여기에 있다. 따라서 잘못된 결정을 방지하는 가장 좋은 방법은 합리적인 해결책을 찾았다고 해서 그것을 올바른 답이라 단정하지 않고 그 안에 숨겨진 무수한 숨은 전제들을 찾아내는 것이다. 모든 결정에는 숨은 전제가 숨겨져 있고 중요한 결정일수록 숨은 전제들이 더 많기 때문이다. 잘못된 결정을 피하고 싶다면 숨은 전제가 가진 파급력을 주의해야 한다.

성공한 사람들을 보면 대체로 인생의 중요한 시기에 올바른 결정을 내렸는데, 좀더 깊이 들여다보면 그들이 숨은 전제를 면밀하게 검토했다는 것을 알 수 있다. 성공한 사람의 모범적 사례인 이노베이션 웍스의 리카이푸李開復 회장을 예로 들어보자. 지금 그에게 가장 큰 문제는 더 이상 선택할 것이 없거나 갈 길이 하나뿐이라는 사실이 아니다. 선택의 능력이 생긴 후 과연 어떤 선택을 할 것인가 하는 것이다. 이것 역시 중대한 고민거리다. 리카이푸는 살면서 여러 차례 중요한 선택을 했다. 만일 그가 숨은 전제의 파장을 고려하지 않았다면 오늘날의 성취는 이루지 못했을 것이다. 리카이푸는 대학 진학을 앞두고 인생의 밑그림을 뚜렷하게 그렸다. 아버지와 같은 사람이 되고 싶었던 그는 법학을 전공하기로 결정했다. 이 결정의 숨은 전제는 '아버지가 누리는 사회적 지위와 소득, 가정에서의 역할'이다. 당시 리카이푸에게 이 숨은 전제들은 가장 이루고 싶은 목표였다. 그러나 대학에 진학한 리카이푸는 자신이 법학에 아무런 흥미도 느끼지 못하며 자신이 선택한 길 역시 바라던 길이 아니었음을 깨달았고 컴퓨터공학으로 전공을 바꿨다. 이 결정의 숨은 전제는 '컴퓨터 분야의 전망이 밝고 자신이 컴퓨터에 흥미를 느낀다는 것'이다. 이런 요소들을 충분히 고민 한 후 리카이푸는 마침내 바른 선택을 할 수 있었다.

하버드 행동심리학에서는 이렇게 말한다. "어떤 숨은 전제든 당신의 삶을 인도하는 나침반이 될 수 있다." 우리가 어떤 일을 하고 어떤 행위를 하든 숨은 전제를 전혀 신경 쓰지 않는다면, 입으로는 남쪽으로 간다고 하면서 북쪽으로 마차를 모는 사람처럼 목표와는 정반대의 결정을 내리게 된다. 그러면 아무리 많은 노력을 기울인다 해도 모두 물거품이 되고 만다. 실제로 모든 일에는 숨은 전제가 있기 마련이다. 이 숨은 전제들을 모두 찾아내 통제할 수 있다면 발견되지 않은 문제들로 인한 나쁜 결과를 피할 수 있을 것이다. 반대로 숨은 전제에 주의를 기울이지 않는 사람은 사서 고생하는 격이다. 눈앞의 선택을 완벽하게 분석하지 못한 채 겉으로 드러나는 것들에만 매달리지만 사실 그것들은 잘못된 선택을 유도하는 미끼에 불과하며 그에 따른 결과는 혼란과 무질서뿐이기 때문이다.

숨은 전제에 대한 이해를 돕기 위해 하버드 행동심리학 교수는 아리스토텔레스의 '3단 논법'을 인용한다. 3단 논법은 흔히 연역추리에 사용되는데 대전제-소전제-결론의 3요소로 이루어진다. 예를 들면 '지갑이 내 주머니에 있다'-'돈이 내 지갑에 있다'-'돈은 틀림없이 내 주머니에 있을 것이다'의 형식이다. 이 3단 논법 추리에서 '지갑이 내 주머니에 있다'가 대전제, '돈이 내 지갑에 있다'가 소전제이며, '돈은 틀림없이 내 주머니에 있을 것이다'가 최종 결론이다. 사유의 과정을 살펴보면 모든 3단 논법은 대전제와 소전제, 결론의 3요소가 필요하며 그중 한 가지라도 없으면 3단 논법은 성립되지 않는다.

하지만 현실에서는 말을 하거나 글을 쓸 때 3요소 중 어느 부분을 생략하는 일이 비일비재하다. 가령 "너는 체육대 학생이니 체력과 정신력이 강해야 한다"라는 말에는 '모든 체육대 학생은 체력과 정신력이 강해야 한다'라는 대전제가 생략되어 있다. "모든 기업은 경영수익을 제고해야 한다. 국영 기업도 예외는 아니다." 이 문장에는 '국영 기업도 기업이다'라는 소전제가 생략되어 있다. 이렇듯 우리는 숨은 전제들을 정확히 이해해야 한다.

결정을 내리는 과정에서 이런 숨은 전제들을 찾아내고 이해해야만 눈먼 선택을 하는 우를 범하지 않을 수 있다.

사유의 공식에서 벗어나
비판적으로 자기 행동을 바라보라

사람들은 어떤 문제에 대해 생각할 때 과거의 경험이나 고정된 사고 방식에 따라 판단하고 선택한다. 이를 '사유의 공식'이라 한다. 객관적이고 합리적인 결정을 하기 위해서는 자신이 가지고 있는 사유의 공식을 깨고 자기 행동을 비판적으로 바라봐야 한다. 모든 결정은 변하기 때문이다.

사유의 공식은 심리학 개념으로, 어떤 심리적 움직임에 앞서는 준비상태이자, 오랫동안 형성된 습관적이고 고정적이며 양식화된 사유를 가리킨다. 이런 사유 양식은 우리의 의사결정능력에 큰 영향을 미쳐 자기도 모르는 사이 사유의 늪에 빠져 벗어날 수 없게 만든다. 우리는 대체로 자신의 결정이 아주 당연한 것이며 자신을 중심에 두고 내린 최상의 선택이라 생각한다. 바로 이 점이 문제다. 가장 올바르고 가장 합리적이라 믿는 많은 것들이 사실은 우리가 사유의 공식 속임수에 넘어간 결과이기 때문이다.

하버드 행동심리학 강의에서 피터 린치Peter Lynch 교수가 학생들에게 이런 시험 문제를 냈다. 어느 살인범이 사형 판결을 받았다. 판사가 그에게 3개의 방 중에서 하나를 선택할 수 있는 마지막 선택의 기회를 줬다. 첫 번째 방에는 칼을 든 망나니가 있고 두 번째 방에는 불길이 활활 타오르고 있으며 마지막 방에는 3년 동안 굶은 사자 몇 마리가 있다. 살인범은 그중 어느 방에 들어갈지 결정해야만 한다. 당신이 그 죄수라면 어느 방을 선택하겠는가? 이 질문을 받는다면 우리는 진지하게 고민할 것이다. 세 방 모두 위험 요소가 가득하며 어느 방에 들어가든 죽는 길밖에 없다. 망나니와 불과 사자 모두 공포를 불러일으킨다. '3년 동안 굶은 사자 몇 마리'는 듣기만 해도 모골이 송연해진다. 굶주림에 흉포해진 사자는 틀림없이 죄수를 갈기갈기 찢어놓을 것이다. 하지만 조금만 깊이 생각해보면 말이 안 된다. 사자가 3년 동안 아무 것도 먹지 않고 어떻게 살아남는단 말인가? 우리는 교수에게 속은 것이 분명하다. 혹은 스스로 사유의 공식에 속아 넘어간 것이다.

사유란 매우 기묘한 것이다. 사유는 우리의 행동을 통제한다. 열린 눈으로 세상을 바라보게 만들 수도 있고 우리의 행동을 제한하여 막다른 골목에 밀어 넣고 옴짝달싹 못하게 만들 수도 있다. 우리는 저마다 세상을 바라보는 사유의 틀, 즉 사유의 공식을 가진다. 그러나 지나치게 단순하거나 교조적인 사유의 공식은 자각하지 못하는 사이에 우리를 위기로 몰아넣는다. 사유의 틀이 너무 좁고 경직되어 있다면 완고하게 한 가지 길만 고집하게 된다. 실제로 사유의 공식이 적을수록 선택사항은 늘어난다. 조금만 열린 시선으로 문제를 생각한다면 또 다른 선택의 여지가 주어진다.

결정을 내려야 할 때 누구나 사유의 공식의 영향을 받는다. 대다수는 사유의 공식이라는 자신이 만든 덫에 걸려 허우적대고, 심지어 자신이 덫에 걸렸다는 사실조차 인지하지 못한다. 현실의 괴로움에 부딪혀 별안간 정신을 차린 후에야 자신이 큰 잘못을 저질렀다는 사실을 뒤늦게 깨닫는다. 이런 비극이 재연되는 것을 막기 위해서는 어떻게 해서든 사유의 공식에서 벗어나 객관적인 입장에서 자신의 행동을 비판적으로 바라봐야 한다.

1. 자신이 가진 사유의 공식을 되돌아봐야 한다.

출발점이 틀렸다면 종착점도 틀릴 수밖에 없다. 그러므로 자신의 사유가 좁은 틀 안에 갇혀 있다는 것을 깨달았다면 새로운 각도에서 문제를 생각해야 하며, 더 나아가 이전의 사유 틀에서 벗어나 생각의 전환을 시도해야 한다. 어떤 일도 누구도 믿지 못하는 비교적 단순한 사유의 공식을 가진 사람이 있다고 하자. 그는 누구를 만나든 어떤 일을 하든 의심에 의심을 거듭한다. 그는 자신이 가진 사유의 공식 때문에 끝도 없는 의심의 늪에 빠지고 자신의 머릿속에만 존재하는 '가상의 적'과 끊임없이 싸울 수밖에 없다.

이런 사유의 공식을 가진 사람은 진실한 벗을 사귀기 힘들며, 설령 상대가 진실하다 해도 의심의 끈을 놓을 수 없다. 친구를 사귀는 것은 물론이고 남과 일을 같이할 수도 없다. 이런 사람은 먼저 자신의 사유의 공식을 바꾸어야 한다. 남을 의심하고 부정하기에 앞서 자신의 자유의 공식을 되돌아보고 옳다고 자부했던 자신의 공식을 의심하고 완전히 다른 각도에서 생각해야 한다. 용기를 내 다음의 두 가지 단계를 실행에 옮길 수만 있다면 '모든 것을 의심해야 한다'라는 사유의 공식을 깰 수 있을 것이다. 첫 단계는 사유의 방향을 정반대로 바꿔 '의심'을 '믿음'으로 변화시키는 것이고, 두 번째 단계는 '비판'을 '낙관'으로 변화시키는 것이다. 사유의 방향을 긍정적인 방향으로 돌린다면 부정적인 사유의 굴레에서 벗어날 수 있을 것이다.

2. 리스크에 대한 두려움을 떨쳐야 한다.

모든 사람은 선택하고 결정할 때 사유의 공식에 좌우된다. 출근할 때는 늘 가던 길로 가거나 늘 타던 버스를 타고, 출장을 갈 때도 늘 묵던 호텔을 선택한다. 이렇게 사람들이 항상 같은 선택을 하는 것은 과거의 경험에 대한 믿음, 그리고 변화로 인한 번거로움과 미지의 리스크에 대한 두려움 때문이다. 그러나 사유의 공식에 갇혀서 내리는 결정이 언제나 옳은 것은 아니다. 직장을 바꾼 사람이 새 직장에 적응하기 힘들다고 느끼는 것은 그가 사유의 공식에 갇혀 있기 때문이다. 새로운 직장에서도 과거의 직장에서 했던 일처리 방식을 고수한다면 당연히 좋은 결과를 얻을 수가 없다.

우리가 늘 사유의 공식에 얽매이는 것은 리스크를 겁내기 때문이다. 사유의 공식을 깨는 과정에서는 언제나 새로운 것을 받아들이고 새로운 방법을 적용해야 하는데, 이 '새로운' 생각과 행위는 필연적으로 어느 정도의 리스크를 동반한다. 게다가 기존에 가지고 있었던 사유의 공식에서 멀어질수록 감수해야 하는 리스크도 커진다. 그러나 무언가를 결정해야 하는 수많은 순간에 사유의 공식을 깨지 못한다면 더욱 수동적인 처지로 몰릴 수 밖에 없다. 그러므로 리스크에 대한 두려움을 없애야만 갑작스러운 변화에 능동적으로 대처하고 위험을 감수하면서 사유의 공식의 굴레에서 벗어날 수 있다.

3. 자신감을 잃지 말아야 한다.

적극적이고 긍정적인 사유의 공식은 아침 몇 시에 일어나서 할지, 직장에서 무슨 일을 해야 할지 등의 일상적인 사고를 긍정적인 방향으로 이끈다. 사유의 공식이 소극적이고 부정적이라면 이를 적극적이고 긍정적인 방향으로 바로잡고 변화시켜야 한다. 사유의 공식을 깰 때 우리는 어려움과 좌절을 맛본다. 특히 자아 정체성에 회의를 느끼거나 부정당할 때는 자신감을 잃는다. 심할 경우 스스로를 의심하고 부정하기도 한다.

이럴수록 더욱 자신감을 강화하고 새로운 사유 방식을 받아들이고 적용하려 노력해야 한다. 기존의 사유 방식이 잘못됐다 하더라도 그 사실을 깨달았다면 그 자체로 이미 획기적인 변화인 셈이다. 그러므로 실망하거나 낙담하거나 위축되지 마라. 다음에 어떤 결정을 내려야 할 때 이런 변화 덕분에 당신은 분명 더 좋은 결정을 내릴 수 있을 것이다.

성급한 일반화와
경솔한 결론의 오류

정신분석학의 아버지라 불리는 프로이트는 이렇게 말했다. "내면의 비밀을 완벽히 지킬 수 있는 사람은 아무도 없다. 입이 침묵을 지킨다 해도 손가락 끝은 끊임없이 말을 하고, 모공에서조차 비밀은 새어 나온다." 이 말은 행동학의 핵심을 담고 있다. 우리의 생각을 도무지 이해할 수 없다 해도 온갖 무의식적인 행동에서 그 생각의 실마리를 읽을 수 있다. 다시 말해 우리의 행동은 생각을 따라간다. 행동은 생각의 '대변인'이다.

사람의 말은 믿을 수 없는 경우가 많다. 언어로 표현할 수 있는 것은 매우 제한적이기 때문에 내가 표현하고자 하는 생각을 남들이 온전히 이해할 수도 없다. 게다가 사람은 때로 내면의 비밀을 지키기 위해 거짓말을 하기도 한다. 하지만 행동은 거짓말을 못한다. 행동에는 그 사람의 진짜 생각이 묻어난다. 행동심리학을 조금이라도 아는 사람은 사람의 신체적 행동이 이야기하는 숨은 뜻을 읽어낼 수 있을 것이다. 결정을 내리는 것 역시 일종의 행위이기 때문에 생각의 통제를 받는다. 그렇게 때문에 사유에 오류가 생기면 행동 또한 잘못될 수 있다.

성급한 일반화와 경솔한 결론의 오류가 그 예다.

성급한 일반화란 몇몇 사물에 공통으로 존재하는 물질을 보고 비슷한 사물이 공통의 물질을 가지고 있으리라 추론하는 것이다. 특히 우리가 잘 알지 못하는 사물일수록 이런 추론을 할 가능성이 높다. 이런 추론의 오류를 '성급한 일반화의 오류'라 한다. 해외여행을 갔다가 처음 만난 네덜란드인이 예의 바른 사람이었다면 우리는 네덜란드 사람이 모두 예의 바를 것이라고 생각한다. 성급한 일반화의 오류에 대해 하버드 행동심리학 교수는 이런 이야기를 들려준다. 어떤 남자가 찰리에게 이렇게 말했다. "라스베이거스의 어느 카지노에 바보 손님이 한 명 있는데, 카드 게임 솜씨가 형편없어서 그와 맞붙는 사람은 열에 아홉이 모두 돈을 따지요." 찰리는 처음에는 이 말을 믿지 않았다. 자기에게 그런 행운이 올 거라고는 생각하지 못했기 때문이다. 하지만 남자는 자기 밑천이 너무 적어서 큰돈은 벌지 못하니 찰리의 돈으로 게임을 하고 싶다고 말했다. 자신이 이겨 찰리가 돈을 따면 그중 일부만 자신에게 분배해주면 되지 않겠냐고 찰리를 설득했다. 귀가 솔깃해진 찰리는 남자의 제안이 꽤 합리적이라 착각했다. 다만 그 바보는 손님이 카지노 측과 짜고 자기에게 사기 치는 것은 아닌지 의심한 찰리는 첫 게임에서 돈을 아주 조금만 걸었고, 게임에서 이긴 남자 덕분에 약간의 돈을 땄다. 다음날에도 같은 상황이 반복됐다. 카드 게임을 하면서 남자의 말대로 그 바보 손님의 실력이 정말로 형편없다는 것을 확인한 찰리는 그 바보 손님과 또 카드 게임을 하더라도 처음 이틀과 마찬가지로 돈을 딸 수 있으리라는 확신을 갖게 된다. '처음 이틀

동안 이겼다'라는 단면만 가지고 '앞으로도 이길 것이다'라고 전체를 추론하는 '성급한 일반화의 오류'를 저지른 것이다. 물론 이후 찰리가 돈을 딸 가능성은 있지만 반드시 그러리라고 장담할 수는 없다. 셋째 날 찰리는 오늘도 이길 것이라는 확신에 차 많은 돈을 걸었다가 몽땅 잃고 말았다. 찰리를 카지노로 불러들인 남자는, 오늘 바보 손님이 운이 좋았고 자신은 운이 나빠 돈을 잃은 것뿐이니 내일은 다시 돈을 딸 수 있을 것이라고 찰리를 설득했다. 그래서 찰리는 그 다음 날에도 큰 돈을 걸었지만 이번에는 거의 모든 재산을 날리고 말았다. 그제야 찰리는 자신이 속았다는 사실을 깨달았다. 그 바보 손님은 바보가 아니었고, 진짜 바보는 자신이었던 것이다.

행동심리학의 관점에서 볼 때 일반화는 너무나 자연스러운 사고방식으로, 사기꾼들의 좋은 먹잇감이 된다. 비단 사기가 아니라도 성급한 일반화의 오류는 우리의 삶 곳곳에서 등장하며 우리가 내리는 모든 결정에도 작용한다. 우리가 그렇게 일반화를 하는 데는 다 그만한 이유가 있다. 다만 이런 사고방식이 판에 박힌 듯 너무 빤하다는 것이 문제다. '명문대 학생은 다들 악착같아' '선생님은 학생들에게 질문하는 것을 좋아한다' '장사를 하면 돈을 벌 수 있다' '사자자리 남자는 모두 제왕의 기질을 가지고 있다' 등의 고정된 편견 때문에 우리는 비슷한 현상을 한 가지 시각으로 바라보고, 결국 잘못된 결정을 내리게 된다. 물론 성급한 일반화의 오류가 우리의 결정에 부정적인 영향을 미치는 것은 사실이지만 일반화가 허용되는 논리적 추리의 영역도 분명 존재한다. '귀납법'이 그것이다. 수많은 까마귀를 관찰한 결과 그들이 모두

검은색이었기 때문에, 우리는 '모든 까마귀는 검다'라는 결론을 내렸다. 이런 추론 역시 일반화이기는 하지만 이를 '성급한 일반화의 오류'라고 말하지는 않는다. 귀납법은 일반화 중에서도 과학적 근거를 가진 추론법으로, 결정을 내리는 과정에서 우리도 귀납법을 자주 활용한다. 그러나 사자자리 남성 몇 명만을 관찰하고 모든 사자자리 남성이 이렇다 저렇다 결론을 내리는 것은 성급한 일반화의 오류일 뿐이다.

성급한 일반화 외의 흔히 저지르는 오류 중 하나가 '경솔한 결론의 오류'다. 어떤 사안에 대해 결론을 내릴 때 그 근거가 명확하지 않거나 충분하지 않을 때 이를 '경솔한 결론'이라 부른다. 특히 고정관념을 가지고 대상을 대할 때 이런 오류를 범하기 쉽다. 예를 들어보자. 올리비아라는 아이는 어린 시절의 가정 환경으로 인해 '피자와 햄버거를 먹는 아이는 행복하고 빵과 채소를 먹는 아이는 불행하다'라는 생각을 가지고 있다. 이 생각이 고정관념으로 자리 잡은 올리비아는 채소를 많이 먹어야 한다는 부모의 말을 듣고 불행하다고 느꼈다.

하버드 행동심리학에서는 잘못된 결정을 피하려면 경솔한 결론을 내리면 안 된다고 지적한다. 결정을 내리는 과정에서 경솔한 결론은 주로 두 가지 형태로 나타난다. 첫째, 근거가 불충분한 데도 자신이 내린 결론이 옳다고 믿는다. 둘째, 아무 근거도 이유도 없는데 맹목적으로 자신이 내린 결론이 옳다고 믿는다. 경솔하게 결론을 내리면 안 되는 이유는 결론을 내리는 과정에서 우리가 가진 '잘못 감지 센서'가 내는 경고를 받아들이고 자신의 결론이 옳은지 그른지, 그 결론을 지지할 충분한 이유나 근거를 찾을 수 있는지 반성할 수 있기 때문이다.

일상생활에서 우리는 다음과 같은 상황을 만날 수 있다. 자신의 눈에 더없이 타당한 결정을 내릴 때 우리는 그 결정이 옳음을 증명할 수 있는 충분한 이유와 근거가 있다고 생각한다. 하지만 다른 사람이 의문을 제기하면 자신이 가진 이유나 근거를 제대로 밝히지 못해 남을 설득하지 못한다. 이때 우리는 자신의 결정에 문제가 있다는 생각을 하지 못한 채 남이 자신의 결정을 이해하지 못한다고 생각한다. 이런 오류가 발생하는 원인은 무엇일까?

　물론 자신의 표현능력에 한계가 있다거나 다른 사람의 이해력에 문제가 있을 수 있다는 가능성을 완전히 배제할 수는 없다. 그러나 우리의 결정에 이의를 제기하는 사람이 이해력 혹은 분석력이 뛰어난 사람이라면, 이 가능성은 0에 가깝다. 이처럼 자신의 결정을 아무도 인정해주지 않고 남을 설득시킬 만한 충분한 근거도 찾을 수 없을 때 우리의 '잘못 감지 센서'가 작동한다. '내가 경솔한 결론의 오류를 저지르고도 그 사실을 모르고 있는 것은 아닌가?' 하고 자문하는 것이다. 그러나 이 질문의 답이 'Yes'라고 해도 큰 문제가 되지는 않는다. 누구나 자기만의 생각과 원칙이 있고 잘못을 저지를 수 있기 때문이다. 중요한 것은 자신이 정말로 잘못된 결정을 내리고도 자기 생각을 고집하면서 주변 사람과 논쟁을 벌이게 된다.

　그러므로 남들이 자신의 결정을 이해해주지 않을 때는 먼저 결정이 옳다는 것을 증명할 충분한 이유와 근거를 찾아야 한다. 그리고 이 근거들을 가지고 남을 설득할 때는 굳이 상대방의 생각을 바꾸기 위해 애쓸 필요 없다. 그저 상대방이 믿는 것이 반드시 옳지는 않다는 사실을 깨닫게 해주면 충분하다. 사실 우리는 삶에서 접하는 많은 것에서 영향을 받는다. 어렸을 때부터 현학이나 종교의 영향을 받는 사람도 있고 타블로이드 신문에 실린 정보를 맹신하는 사람도 있으며 심지어 인터넷에 떠도는 루머나 항간에 떠도는 소문을 사실로 받아들이는 사람도 있다. 이런 여러 가지 요소는 모두 '경솔한 결론'의 오류를 저지르는 토대가 된다.

어떤 결정을 뒷받침할 분명한 이유나 근거를 찾지 못해 남을 설득시키지 못하고 있는가? 그렇다면 '잘못 감지 센서'를 작동하라! 어쩌면 당신도 지금 성급한 일반화의 오류나 경솔한 결론의 오류를 범하고 있을지도 모른다.

적절한 본보기를 택하고
결과를 예측하라

　하버드 교수들이 가장 많이 활용하는 교수법은 학생들에게 배움의 모델을 제시하는 것이다. 성적이 우수한 하버드대 학생이든 역사적 인물이든, 혹은 이름 모를 인물이든 배울 만한 점이 있거나 특정 사건을 겪었거나 교수가 가르치고자 하는 주제에 대해 학생의 이해를 돕고 잘못을 피하도록 지도하기에 적절한 인물이라면 누구라도 모델이 될 수 있다.

　여기서 말하는 모델을 모범이나 본보기로 이해해도 무방하다. 적절한 본보기가 있으면 결정을 내릴 때 시행착오를 줄일 수 있고 잘못된 결정을 내릴 확률도 줄어든다. 심리학의 관점에서 보면 사람은 비슷한 면을 가진 두 가지 사물을 비교하는 경향이 있다. 하나의 사물이 가진 특징을 본보기 삼아 다른 사물의 특징을 이해하는 것이다. 이런 '모델링' 과정이 객관적이고 합리적이며 정확하다면 비슷한 측면이 있는 사례를 본보기로 삼음으로써 올바른 결정을 내리는 데 도움을 받을 수 있다. 반대로 모델링이 주관적이고 억지스로울 경우 '본보기의 오류'에 빠지게 된다. 따라서 모델링을 할 때 적절한 본보기를 선택하는 것이 매우 중요하다.

우리는 일상생활에서 자신의 생각을 표현하거나 어떤 사물을 이해할 때 모델링을 활용하는 경우가 많다. 그러나 모델링은 우리가 어떤 사물을 더욱 명확하게 이해하고 파악하는 데 도움이 되기도 하지만 사고를 오류에 빠지게 만들기도 한다. 어떤 사람이 "내 어머니는 한겨울의 태양과도 같다"라고 말했다. 그는 아마도 추운 겨울에 많은 이가 따뜻한 볕을 바라고 좋아하듯, 많은 이가 어머니의 따뜻함을 좋아한다는 의미를 전달하고 싶었을 것이다. 그러나 지리적 혹은 문화적 차이가 존재하기 때문에 '한겨울의 태양'에 대해 전혀 다르게 받아들일 수 있다. 타이완 북부 지역에서는 겨울철에 해를 볼 일이 드물기 때문에 이 지역 사람은 이 비유를 '어머니를 자주 보지 못한다'라는 의미로 이해할 수 있다. 기온이 낮은 일부 고위도 지역에서는 태양이 따뜻한 느낌을 주는 존재가 아니며 쌓인 눈에 반사된 빛이 사람의 눈을 찌른다. 이처럼 태양에 대해 부정적인 인식을 가진 이들에게 '우리 어머니는 한겨울에 태양과 같다'라는 비유는 오해를 불러일으킬 수 있다.

우리는 적절한 모델을 기준 삼아 당면한 문제를 이해하는데, 이것이 바로 '모델링'이다. 미국에서는 해마다 350만 명의 고등학교 졸업생이 배출되지만, 그중에서 하버드대에 입학하는 사람은 약 1700명에 불과하다. 그렇다면 하버드의 학생 선발 기준은 대체 무엇일까? 사실 하버드의 학생 선발은 일종의 모델링이며 선발 기준 역시 특정한 모델을 따른다. 하버드대는 독자적인 선발 기준을 가지고 있는데, 그중 가장 중요한 항목은 '지금 어떤 뛰어난 능력을 가지고 있는가' 또는 '앞으로 어떤 뛰어난 능력을 가질 수 있는가'다. 이 기준을 모델로 삼으면 학생을 선발하는 과정에서 하버드의 교육철학에 맞는 결정을 내리기가 용이하다.

하버드 행동심리학에서는 올바른 모델을 선택해 시행착오를 줄이는 것이 결코 쉬운 일이 아니라고 지적한다. 자칫하면 모델링의 오류에 빠져 잘못된 결정을 내릴 수 있기 때문이다. 조금만 관심을 가지고 주변을 둘러보면 이런 상황을 쉽게 찾아볼 수 있다. 어느 심리학자가 아름다운 산길을 지나고 있었다. 주위에는 푸른 산과 맑은 물이 흐르는 수려한 풍광이 펼쳐져 있었지만 길은 좁고 험했으며 길옆으로는 깊은 도랑이 파여 있었다. 절반 가까이 걸었을 때 심리학자의 눈에 농가에서 키우는 커다란 거위 한 마리가 들어왔다. 길 한가운데 버티고 서서 목을 길게 빼고 꽥꽥거리는 거위를 피해 계속 앞으로 갈지 결정해야 했다. 망설이던 심리학자의 머릿속으로 비슷한 상황에서 개를 대하는 방법이 떠올랐다. 일반적으로 개는 위협적인 자세를 취하고 있어도 먼저 사람을 공격하는 경우가 드물기 때문에 성질을 건드리지만 않으면 위험한 일은 벌어지지 않는다. 개의 특성을 응용하기로 결정한 심리학자는 살금살금 거위 쪽으로 걸어갔다. 거위의 옆을 막 스쳐 지날 때까지만 해도 그는 거위가 먼저 공격해오는 일은 없을 것이라 믿고 있었다. 하지만 그의 예상은 빗나갔다. 그 거대한 거위는 목을 빼들고 그의 발이 쪼아댔다. 심리학자는 깜짝 놀라 저도 모르게 뒷걸음질을 치다가 그만 깊은 도랑에 빠지고 말았다. 심리학자는 잘못된 모델을 선택하여 모델링의 오류에 빠진 것이다. 개와 거위 모두 가축이라는 점에서 비슷한 면이 있는 것은 사실이지만, 거위가 개와 마찬가지로 사람을 공격하지 않을 것이라 판단해서는 안 된다. 사람이 기르는 가축이라는 점과 사람을 공격하지 않는다는 점 사이에는 실질적인 연관성이 없기 때문이다. 심리학자가 이 점을 알았더라면 잘못된 판단을 하고 결정을 내리는 일은 없었을 것이다.

이 이야기를 읽으면서 당신은 자신이 그 심리학자였다면 어떤 모델을 선택하고 어떤 모델링을 거쳐 올바른 결정을 내렸을지 생각했을 것이다. 답은 간단하다. 결과 예측을 잘하면 된다. 적절한 모델이란 대략적인 방향뿐 아니라 세부사항에서도 우리가 결정하려는 대상과 비슷한 점이 많은 사물을 의미한다. 이런 적절한 모델을 선택했다면 이제는 이 모델을 본보기로 삼아 자신의 결정에 따른 결과를 예측할 차례다. 결과 예측은 결정의 과정에서 굉장히 중요한 역할을 한다. 잘못된 모델을 선정해서 불리한 상황에 놓였더라도 결과를 정확히 예측한다면 다시 문제의 원점으로 돌아가 좀더 이성적으로 사물을 이해하고 판단할 수 있다. 반대로 적절한 모델을 선택한 경우라면 결과 예측은 자신의 판단을 확신하는 데 도움이 될 것이다. 일반적으로 결과 예측은 다음의 몇 가지 단계를 거친다.

1. 관련 자료와 정보를 수집한다.

문제를 해결하려면 대상을 정면적으로 이해하고 분석하며 관련 자료와 정보를 최대한 수집하고 정리하여 수많은 정보 속에서 진위를 가려야 한다. 그렇게 해야만 결과 예측의 정확도를 높일 수 있다.

2. 적절한 방법과 모델을 선택한다.

예측할 대상의 특성 및 수집한 자료를 토대로 문제 해결에 필요한 방법과 모델을 선택해 대조하고 분석해야 한다. 결과 예측의 정확도를 높이기 위해 여러 가지 방법과 모델을 선택해 비교하고 검증하는 것도 좋은 방법이다.

3. 구체적으로 예측한다.

자료를 충분히 모으고 올바른 방법을 선택했다면 해결 대상에 대해 구체적으로 예측해야 한다. 해결 대상과 모델의 공통점과 차이점을 정확하게 분석하는 것이 중요하다.

4. 예측 결과의 정확도를 평가한다.

예측한 결과를 의사결정과정에 적용하여 예측의 결과를 다시 분석하고 검증함으로써 예측한 내용의 정확도를 검토하고 확인해야 한다.

03

'확률과 뇌'는
최악의 조합

뇌가 잘못된 방향으로
이끌지 않도록 경계하라

누군가 내게 이런 질문을 한 적이 있다. "선생은 어떻게 결정을 내리십니까?" 그 순간 나는 어떻게 대답해야 할지 몰라 썬 마이크로시스템즈의 설립자 스콧 맥닐리Scott McNealy의 말을 인용했다. "올바른 결정을 내리는 것은 누구에게나 매우 중요합니다. 하지만 저는 '어떻게 하면 바른 결정을 내릴까' 걱정하는 데 많은 시간과 공을 들이지 않습니다. 오히려 제가 내린 모든 결정이 옳은 것일 수 있도록 만드는 데 더 많은 시간과 공을 들입니다."

내가 스콧 맥닐리의 말을 인용한 것은 그의 말이 내 생각과 완벽히 일치하기 때문이다. 우리는 아주 힘들고도 불가피한 결정을 내려야 하는 순간에 초조하고 불안한 상태에서 어떻게 해서든 '가장 올바른' 결정을 내리기를 바라지만 자신의 눈에 들어온 선택지를 제외한 나머지를 모두 틀린 답으로 인식한다. 누구나 이런 난처한 상황에 몰린 경험이 있을 것이다. 그 결과 우리는 결정의 중요성만을 강조한 나머지 결정을 내린 후에 직면하고 해결해야 할 일에 대해서는 중요하게 생각하지 않는다. 또 한 가지 중요한 것은 어떤 결정을 내리기 위해 머리로 행동을 통제할 때 자신의 뇌가 과연 믿을 만한지 의심해야 한다는 점이다. 머리가 우리의 행동을 잘못된 길로 이끌어 사유의 미로에 갇히는 경우가 많기 때문이다.

하버드대 행동심리학 교수는 '뇌의 오판'에 대해 학생들에게 이런 이야기를 한다. "인류의 진화 과정에서 뇌는 각종 판단과 결정을 해왔다. 이는 생존에 꼭 필요한 기능이다. 그러나 일부 특수한 상황에서 뇌는 인간을 잘못된 결정으로 이끌기도 한다. 우리는 이 점을 가장 경계해야 한다." 뇌가 미덥지 않을 때가 있다는 사실을 이해시키기 위해 교수는 몇 년 전 미국 뉴올리언스에서 있었던 허리케인 오판 사건에 대해 이야기했다.

당시 허리케인 카트리나의 세력이 거세지자 연방재난관리청은 방재 대책 가동을 준비하고 미국 국토안보부에 다음과 같은 내용의 보고서를 제출했다. '현재 허리케인 카트리나가 미국 방향으로 몰려오고 있다. 많은 지역에서 심각한 피해가 예상되며 특히 뉴올리언스는 해수면보다 저지대인 지역이 많으므로 각별한 주의가 필요하다.' 당시 이 보고서를 받은 사람은 국토안보부 통제센터의 매튜 브로데릭 국장이었다. 브로데릭은 테러와 밀입국 및 자연재해 등 미국 내 중대 사건에 대한 보고를 담당하고 있었지만 연방재난관리청의 보고서를 받고도 즉각 국토안보부에 보고하지 않았다. 카트리나 발생 초기의 파괴력이 크지 않았던 데다 세력이 약화되고 있었기 때문에 과거의 경험으로 미루어 이번 허리케인의 재난이 일각의 예상만큼 심각하지 않을 것이라 판단한 것이다. 이런 오판으로 인해 연방정부는 24시간에 가까운 초기 대응 시간을 놓쳤고 결국 뉴올리언스의 피해를 키우는 결과를 낳았다. 재난 이후 미국 상원에서 열린 청문회에 참석한 브로데릭은 국토안보부 장관과 대통령에게 카트리나에 대한 예보를 제때 보고할 책임이 누구에게 있느냐는 질문에 이렇게 대답했다. "이 모든 것은 저의 책임입니다. 제가 허리케인 예보를 제때 상부에 보고했다면 국토안보부 장관은 긴급재해대응 팀을 꾸리고 연방정부와 협력하여 카트리나로 인한 엄청난 재난에 대처했을 것입니다." 뉴올리언스 주민이 카트리나로 인한 엄청난 재난에 시달리고 연방정부 및 국토안보부가 즉각적으로 사태에 대응하지 못한 것은 브로데릭의 뇌가 그의 행동을 잘못된 방향으로 이끌어 판단을 그르쳤기 때문이다. 이 사건으로 미국은 국제사회에서 체면을 잃고 손가락질을 당해야 했다.

브로데릭이 오판이 특수한 경우이기는 하지만 뇌가 인간의 행동을 오도誤導하는 일은 쉽게 찾아볼 수 있다. 뛰어난 능력을 가진 많은 국가 지도자도 잘못된 판단을 내릴 수 있다. 브로데릭은 그중 한 예일 뿐이다. 실제로 브로데릭은 자신의 업무에 대한 이해도가 높고 풍부한 경험과 많은 정보를 가졌으며 맡은 일에 책임을 다하는 유능한 실무자였다. 능력과 자질 면에서 아무 문제도 없었다. 그런데도 뇌의 오도로 인해 뉴올리언스 주민을 카트리나의 재앙으로 몰고 간 것이다. 브로데릭이 뇌의 오도에 휘말린 것은 뇌의 정보 수용 및 처리 방식과 관련이 있다.

하버드대 정량사회과학연구소 개리 킹 소장은 데이터를 분석하는 과정에서 맥락과 상관없는 정보를 인용하는 바람에 잘못된 결과를 도출한 경험이 있다. 그는 빅데이터 분석 항목을 발의했는데, 미국의 소셜 네트워크 서비스에서 '일자리' '실업' '분류' 등 몇 가지 태그를 검색함으로써, 향후 몇 년간의 미국 실업률을 예측할 수 있을 것으로 기대한 것이다. 킹 교수는 검색 중 '일자리jobs'에 관한 태그 수가 빠르게 증가하는 것을 발견하고도 이 태그가 실업률과 직접적인 관계가 없을 것으로 판단했다. '스티브 잡스 사망'에 관한 소식을 고려하지 못했던 것이다. 스티브 잡스의 성姓인 잡스Jobs에 '일자리'라는 뜻도 있다는 것을 생각하기 바란다. 이 점을 간과한 결과 최종 통계 수치에 오류가 발생했다. 어떤 이는 킹 교수의 데이터 분석 항목에 오류가 발생한 것은 그가 모든 요소를 전면적으로 고려하지 않았기 때문이라고 지적했다. 또 킹 교수의 뇌가 그의 행동을 오도했기 때문이라고 정곡을 찌른 이도 있다. 킹 교수 본인도 데이터 분석 분야에서 'jobs의 이중적 함의' 사건과 유사한 일이 자주 일어난다는 것을 잘 알고 있다. 단기적으로 보면 이런 단어 리스트가 미치는 영향은 대수롭지 않을 수도 있다. 하지만 장기적으로는 재앙에 가까운 실패를 낳기도 한다. 킹 교수는 이렇게 말했다. "이 문제를 해결하려면 예정에 없던 키워드를 추가해야 하지만 그러려면 많은 시간과 인력을 투입해야 한다." 사건 발생 이후 킹 교수는 문제의 원인을 발견하고 해결책을 알아냈다. 그러나 뇌의 오도로 인한 실패는 이미 기정사실이 된 후였다.

우리가 결정을 내릴 때 오판을 하는 경우는 허다하다. 크든 작든 모든 오판은 우리의 뇌에서 시작된다. 그러므로 우리는 자신의 뇌가 어떻게 작동하는지, 어떻게 정보를 받아들이고 처리하는지 정확히 알아야 한다. 인간은 잘못된 결정을 피할 방법을 끊임없이 모색해왔다. 수많은 행동심리학자는 뇌가 행동을 오도하지 못하도록 경계하라고 말한다. 그러기 위해서는 어떤 일이든 단순명료하게 생각하고 결정해야 한다. 그 구체적인 실천 방안은 다음과 같다.

1. 모든 문제를 나열하라.

2. 최종 목표를 정하라.

3. 선택사항을 선정하라.

4. 목표 및 발생 가능한 변수를 분석하라.

5. 각자의 선택사항을 평가하라.

6. 가장 좋은 결과를 낼 수 있는 방안을 선택하라.

7. 일의 진척을 꾸준히 지켜보면서 필요에 따라 새로운 방법을 적용하라.

의사결정을 위한 이 일곱 가지 실천 방안을 명심한다면 뇌의 오도를 최소화할 수 있다. 그러나 이것은 근본적인 방안이 아니다. 근본적으로 뇌의 오도를 막기 위해서는 뇌가 어떻게 작동하고 어떻게 정보를 처리하는지, 우리가 잘못된 결정을 내렸을 때 뇌가 어떤 식으로 작동하는지 제대로 파악해야 한다.

뇌의 두 가지 정보 처리 경로

가장 올바른 결정을 내리려면 상황을 분석하고 판단하는 데 최대한 많은 시간과 에너지를 쏟아야 한다고 주장하는 이들이 있는가 하면, 자신의 직관에 따라 최대한 빨리 결정을 내리는 것이 좋다는 이들도 있다.

사실 결정을 내리는 속도라든지 상황을 전면적으로 분석할 수 있는 능력은 우리의 두뇌에 달렸다. 뇌가 어떤 방식으로 일하는지 이해하지 못하면 자신의 뇌를 통제하는 것이 아니라 뇌에 휘둘려 잘못된 행동과 결정을 하게 된다.

하버드대 행동심리학에서는 오류를 처리하는 뇌의 두 가지 경로 때문에 잘못된 행동을 하게 된다고 지적한 바 있다. 인간은 먼저 뇌의 '패턴 인식pattern recognition' 기능에 따라 눈앞의 상황을 평가하며, 그후 기억 속에 저장된 '감정적 꼬리표emotional tagging'를 근거로 해당 정보에 반응하거나 무시한다는 것이다.

인간은 진화 과정에서 생존을 위해 이 두가지 경로를 갖추게 되었는데, 이들은 대체로 우리의 행동에 믿을 만한 지침을 제공하지만 일부 특수한 상황에 직면했을 때 우리의 행동을 잘못된 길로 이끌기도 한다.

앞서 언급한 두 가지 경로를 자세히 알아보자. 첫 번째는 '패턴 인식'이다. 인식은 인간이 가진 기본적인 지적 능력으로, 인간의 모든 사유 행위에는 이 기능이 활용된다. 이 기능 덕분에 외부의 정보를 잘 받아들일 수 있지만, 앨범 속의 인물을 손가락으로 콕 집어 가리키는 것처럼 간단하고 명확하지는 않다. 수많은 기억이 혼재되어 있는 머릿속 저장고에서 비슷하거나 일치하는 영상을 찾아내는 게 아니라 더욱 복잡한 과정을 거쳐야 하기 때문이다.

가령 '형태 재인(시각 수용기를 통해 입력된 시각 정보를 장기 기억에 저장된 정보와 비교함으로써 그 형태를 인식하는 과정-옮긴이)'은 아주 단순한 행위처럼 들리지만 실제로 이를 수행하기 위해서는 뇌의 30개 이상의 부위를 동원해야 한다. 우리 뇌의 모든 부위는 각종 정보를 입력한 후 기억의 저장고에서 비슷하거나 일치하는 정보를 뒤적이며, 조건에 맞는 정보를 찾으면 과거의 경험이나 판단에 따라 일련의 가설을 세우고 이런 정보들 중에서 결론을 도출하는 등 각자 수행해야 할 기능이 있다.

일반적으로 '패턴 인식' 기능이 정상적으로 작동할 경우 우리는 명확하고도 바르게 사고할 수 있다. 그러나 모든 일이 그러하듯 여기에도 예외가 존재한다. '패턴 인식' 기능에 오류가 생겨 우리의 판단을 잘못된 길로 이끄는 것이다. 겉보기에 매우 익숙해 보이는 대상과 맞닥뜨렸을 때 우리의 뇌는 '당신은 이것을 아주 잘 알고 있어'라고 속삭이지만, 실제로는 기존에 알고 있던 것과 전혀 다른 대상인 경우가 있다. 심리학에서는 이런 상황을 '오도성 경험'이라 칭한다.

두뇌는 과거의 경험을 저장했다가 새로 입력되는 정보와 연결시키는데, 과거의 경험이 현재 상황과 완전하게 일치하지 않을 경우 두뇌의 이런 기능은 우리의 행동을 오도한다.

또 한 가지 특수한 상황이 있다. 우리가 입력된 정보를 채 받아들이기도 전에 우리의 뇌는 기존에 입력된 정보를 우선시해야 한다고 생각한다. 과거에 내렸던 판단이나 결정이 현재 상황과 일정 부분 유사할 경우에는 상황을 이해하기가 쉽다. 그러나 과거의 판단이나 결정이 현재 상황과 그리 부합하지 않거나 심지어 큰 차이가 존재한다면 '패턴 인식'에 혼란을 일으켜 우리가 받아들인 정보를 잘못 판단하게 만든다. 이를 '오도성 예단'이라 한다. 이처럼 '패턴 인식'이라는 두뇌의 기능은 오작동하기 쉽고 우리를 실망시키는 경우가 많다. 누구나 한번쯤 길을 걷다 아는 사람을 발견하고 다가가 인사를 했는데 알고 보니 사람을 잘못 본 경험이 있을 것이다. 운전을 하다가 전방 도로의 각도를 잘못 판단하거나 버스가 정류장에 서는 시각을 잘못 예측하기도 한다. 또한 투자의 기대 수익 예측이나 특정 목표 달성을 위해 내리는 결정 중에서도 수많은 오판이 존재한다.

두뇌가 정보를 처리하는 두 번째 경로는 '감정적 꼬리표 달기'다. 주어진 정보에 감정이라는 꼬리표를 붙이는 것이다. 어떤 결정이든 감정적 요소가 매우 중요한 역할을 한다. 자신의 이성과 분석 능력을 믿고 자만하다가 도무지 받아들일 수 없는 결과를 맞이하기도 한다. 하버드대 행동심리학과의 어느 교수는 많은 시간과 노력을 들여 '온 마음을 다해 고민을 한다 해도 감정에 휘둘리지 않기란 어렵다'라는 사실을 입증했다.

감정이라는 요소는 무엇을 판단하거나 결정을 내릴 때 매우 중요한 역할을 한다. 인간에게는 과거의 경험이나 생각에 여러 가지 감정적 정보를 덧붙이는 경향이 있는데, 이런 복잡한 감정적 정보는 우리가 어떤 대상을 수용할 것인지 거부할 것인지, 혹은 어떤 사안에 대해 즉각 행동을 취하거나 도피하거나 무시하도록 우리의 행동을 조종한다. 예를 들어보자. 밖에서 어떤 목소리가 들려왔을 때, 우리의 두뇌는 즉각적으로 별일 아니라고 판단하고 그 소리를 무시하자고 결정한다. 타인의 목소리에 대해 별다른 감정적 꼬리표가 없기 때문이다. 그러나 그 소리가 어린아이의 울음소리일 경우 두뇌는 전혀 다른 판단을 내린다. 어떤 일이 일어났는지, 무엇을 해야 하는지도 모르는 상태에서 일단 창문 앞으로 달려가 상황을 지켜보도록 우리의 행동을 이끄는 것이다. 우리는 어린아이가 울면 가서 안아주거나 아이를 걱정하곤 하는데, 이는 아이의 울음소리에 강한 감정적 꼬리표가 있기 때문이다.

이처럼 외부의 자극에 신속하게 반응하고 입력된 정보에 대해 경계를 강화하며 필요한 조치를 취하게 만드는 것은 감정적 꼬리표가 가진 긍정적 역할이다. 그러나 일부 특수한 상황에서 감정적 꼬리표는 '패턴 인식'과 마찬가지로 우리를 잘못된 판단과 결정으로 이끌기도 한다. 특히 감정적 꼬리표가 우리가 내린 결정과 일치하지 않을 경우 우리의 생각은 그로 인해 왜곡된다. 기업의 경영 상태가 악화될 경우 인원 감축을 통해 비용 절감을 꾀하기도 하는데, 이 때 최대한 객관적이고 공정하게 처리해야 한다. 하지만 경영진이 직원에 대한 인간적인 감정에 휩싸이면 감원을 하지 않겠다는 결정을 하게 된다. 감정적 꼬리표가 목적과 충돌할 경우 목적 달성에 필요한 결정을 내리는 데 영향을 미치는 것이다.

이때 '감정적 꼬리표'가 결정을 오도하는 장애물로 변질되는 원인은 대개 두 가지다. 하나는 앞의 사례와 같이 기업 경영진이 감원을 단행할 경우 '동료에 대한 미안함'을 느끼는 식의 부적절한 애착이고, 다른 하나는 많은 언론이 정치인의 사익 추구와 기업 고위 간부의 보너스를 집중 조명한다는 점을 염려해 올바른 결정을 내리지 못하는 것이다.

두뇌의 기본적인 활동 방식을 조금이나마 이해한다면 인간의 뇌가 우리가 생각하는 것만큼 믿음직스럽지 않다는 것을 알게 될 것이다. 오도성 경험, 오도성 예단, 부적절한 애착, 부적절한 이기심과 같은 수많은 불확실성이 판단의 오류를 일으키며 이로 인해 우리는 잘못된 결정을 내리게 된다.

잘못된 행동에 관한 원인을 추론하라

　인간은 지능이 있는 동물이다. 인간의 지능은 각종 영역에서 드러나지만 그중에서도 가장 두드러지는 것은 사물의 근본 원인을 찾는 일이다. 일상에서 벌어지는 사건들의 근본 원인에 대해 우리는 얼마나 생각하며 살까? 애인이 왜 나와 헤어지려 하는지, 남들은 다 승진하는데 어째서 나에게만 기회가 주어지지 않는지, 왜 나는 판단 오류로 자꾸만 그릇된 결정을 내리는지……. 이런 문제에 부딪힐 때마다 우리는 그 근본 원인을 찾기 위해 노력하게 된다.

　그러나 일상생활에서 일어나는 모든 사건에 대해 정확하게 정의를 내리거나 참고할 만한 자료를 찾거나 통계를 낼 수 있는 것은 아니다. 대부분의 사물이나 사건은 그 자체로 정보가 부족하기 때문에 한정된 정보만으로 원인과 결과를 분석한다는 것은 결코 쉬운 일이 아니다. 우리는 모든 사건과 사물을 더욱 종합적으로 이해하기를 원하지만, 자신이 잘 모르는 부분은 소홀히 하는 경향이 있다. 즉, 문제의 본질이 무엇인지, 왜 일어났는지 잘 모르는 경우, 이 부분을 간과함으로써 종합적인 사고가 불가능해지는 것이다. 이는 자신의 지능에 한계가 있다는 사실을 받아들이지 못하기 때문이다. 그러나 실제로는 사건에 대한 정보가 부족할 뿐이다. 이처럼 사물이나 사건의 근본 원인을 찾지 못하는 이들을 위해 하버드 행동심리학에서는 '잘못된 행동의 귀인 이론'을 제시한다. 간단히 말하면 모든 잘못된 결정에는 근본 원인이 있으므로 우리가 할 일은 바로 그 근본 원일을 찾는 것, 즉 '귀인歸因' 이다.

귀인이란 행동의 원인을 찾아내기 위해 추론하는 과정이다. 널리 알려진 '귀인 이론'은 심리학자인 프리츠 하이더Fritz Heider가 처음 제시한 이론으로, 일상생활에서 일어나는 각종 사건의 발생 원인을 찾도록 돕는다. 하이더는 사람의 모든 행동에는 두 가지의 강한 심리적 속성이 작용한다고 주장한다. 하나는 환경을 통제하려는 것이고 다른 하나는 주위 환경을 관성적으로 이해하려는 것이다. 이 두 가지 속성을 충족시키려면 환경을 인지하는 능력과 타인이 어떻게 행동할지 예측하는 능력이 필요하다. 또 하이더는 사람이 잘못을 저지르는 데는 주로 두 가지 원인이 있다고 지적한다. 하나는 자신의 성격·능력·태도·감정 등 내적 요소이고 다른 하나는 날씨·환경·외부의 압력과 같은 외적 요소다. 귀인의 과정에서 우리는 대개 다음과 같은 두 가지 원칙을 적용한다.

1. 배제의 원칙이다.

내적 요소와 외적 요소 중 어느 한 가지가 사건 전체를 설명할 수 있다고 판단되면 나머지 요소에 대한 귀인 과정은 이에 배제해버리는 것이다. 흉악한 강도 전과가 있는 범죄자가 이번에는 어느 할머니의 지갑을 빼앗아 갔다고 가정해보자. 그가 이런 범죄를 저지른 원인을 추론하는 과정에서 우리는 그의 전적을 참작하여 관습적으로 외부 귀인을 배제한 채 그의 본성이 원래 탐욕스러웠을 것이라고 결론을 내린다.

2. 공변共變의 원칙이다.

특정 원인에 따른 특정 행동 발생 여부를 고려하여 귀인을 찾는 것이다. 원인이 없으면 결과도 존재하지 않는다는 것을 전제로 결과의 원인을 찾는다. 평상시에는 매우 밝고 명랑한 학생이 시험이 임박하면 짜증을 내고 불안해한다고 가정해보자. 우리는 이 학생의 짜증과 불안이라는 '특정 현상'이 시험이라는 '특정 조건'이 주어질 때마다 나타난다는 점에 착안하여 감정 변화의 원인을 그 학생의 성격적 결함이 아닌 시험에서 찾는다.

우리가 잘못을 저지르거나 그릇된 결정을 했을 때 '귀인 이론'은 그런 행동에 대해 합리적인 설명을 제시한다. 그러나 하버드 행동심리학에서는 귀인의 과정에서 언제든 오류가 발생할 수 있다고 지적한다. 어떤 행동에 대해 행위자의 기질적인 내적 요소를 과대 추정하는 반면 상황에 의한 외적 요소를 과소 추정하는 경향이 있는데 이것이야말로 심리학에서 말하는 가장 기본적인 귀인의 오류다.

이 점에 관해 간단한 가설을 세워보자. 지금 당신은 카페에 앉아 친구를 기다리고 있다. 당신과 친구는 저녁 8시에 이곳에서 만나 아주 중요한 문제를 의논하기로 했다. 그런데 8시 30분이 지나도록 친구는 코빼기도 비치지 않는다. 당신은 이 상황을 어떻게 받아들일까?

128

A 친구가 오는 길에 차가 많이 막힌다든지 물건을 두고 와서 다시 가지러
— 갔다든지, 아무튼 분명 무슨 일이 생긴 거야. 그렇지 않고서야 이 시
간까지 안 올 리가 없어.

B 어휴, 이런 것도 친구라고! 도대체 기본이 안 돼 있어. 약속 하나 제대
— 로 지키지 않다니!

우리는 이 상황에 대해 판단하기에 앞서 자신이 가진 정보가 충분한
지, 친구가 늦는 진짜 이유를 알고 있는지 생각해봐야 한다. 물론 당
신은 지금 당장 친구 곁으로 갈 수 없고 그의 상황을 지켜볼 수도 없
기 때문에 친구가 왜 늦는지 판단할 만한 정보가 충분하지 않다. 그럼
에도 당신은 귀인을 계속할 것이다. 위에 제시한 선택지 A와 B는 실
제로는 외적 요소와 내적 요소를 가리킨다. 여러 연구 결과를 보면 이
질문을 받은 대부분이 B를 선택한다. 다시 말해 지각이라는 행동의
원인을 그의 인격이라는 내적 요소에서 찾는 것이다. 이처럼 결코 객
관적이지 않은 귀인이 실제로 얼마나 강력하고 보편적인지 알 수 있는
대목이다. 심리학자들이 이를 가리켜 '기본적 귀인 오류'라고 명명한
이유도 여기 있다.

이 밖에도 사람들은 타인의 성공을 보면서 그 원인을 상황에 의한
외적 요소에서 찾는 반면 타인의 실패에 대해서는 그의 인격 등 내적
요소에서 원인을 찾는 경향이 있다. 운동 경기에서 1등을 한 학생을
보면서 대부분의 학생은 그의 실력이 뛰어나기 때문이 아니라 그가 운

이 좋았을 뿐이라고 생각한다. 반대로 그 학생이 경기에서 지면 대다수가 그의 실력이 그것밖에 안 되기 때문이라고 생각한다. 이런 오류는 자신의 잘못된 행동이나 결정의 원인을 추론하는 과정에서도 똑같이 나타난다.

행복학 강의로 유명한 하버드대 심리학 강사인 탈 벤 샤하르의 지도교수이자, 미국 긍정심리학의 대부 마틴 셀리그만Martin Seligman 교수는 이렇게 말했다. "외부에서 원인을 찾는 데 익숙한 사람은 대체로 성격도 밝다. 잘못을 저질렀다 해도 자책하기보다 잘못의 원인을 외부 요소에서 찾기 때문에 죄책감에서 비교적 자유롭다. 반면 습관적으로 내부에서 원인을 찾는 사람은 문제의 원인이 언제나 자신에게 있다고 생각하기 때문에 자책에 시달리고 그 결과 심리적인 문제를 안고 산다." 잘못된 결정을 내렸을 때 모든 잘못의 원인이 자기 자신과는 하등 관계가 없고 외부 요소에 있다고 생각하는 사람에게 바뀌어야 하는 것 역시 자신이 아니라 외부 세계일 것이다. 그렇기 때문에 외부 요소를 자신에게 맞춰 바꿈으로써 잘못을 바로잡으려 한다. 반대로 내적 요소에서 잘못의 원인을 찾는 사람은 자신의 생각이 성숙하지 않았다거나 선택할 때 충분히 이성적이지 못했다고 판단하는 등 모든 잘못이 자신에게 있다고 생각한다. 그러므로 같은 잘못을 되풀이하지 않기 위해서는 스스로를 바꾸어야 한다고 믿는다.

올바른 귀인을 할 줄 아는 사람은 자신을 더욱 객관적으로 분석하고 반성하며, 외부 환경 역시 더욱 정확하게 이해할 수 있다. 반대로 잘못된 귀인은 우리를 주관적이고 충동적으로 만들어 잘못된 결정을 낳는다. 따라서 올바른 귀인을 하는 것이 중요하다. 잘못된 결정을 내렸다 하더라도 모든 잘못을 자신에게 돌리는 것은 어리석은 짓이다. 그렇다면 행동의 성패를 좌우하는 주된 요인에는 어떤 것이 있을까? 미국의 심리학자 버나드 웨이너Bernard Wainer는 행동의 성패를 결정짓는 요인을 다음의 여섯 가지로 분류한다.

- 능력 : 자신의 능력이 이 임무를 성공적으로 완수할 수 있는지 평가해야 한다.
- 노력 : 이 임무를 완수하기 위해 충분히 노력했는지 반성해야 한다.
- 임무의 난이도 : 자신의 경험을 바탕으로 이 임무의 난이도를 판단해야 한다.
- 운 : 어떤 임무의 성공과 실패 여부가 운에 달린 것은 아닌지 예측해야 한다.
- 자신의 상태 : 임무를 완수하는 과정에서 자신의 육체적·심리적 상태가 일의 성패에 영향을 미칠 수 있음을 경계해야 한다.
- 기타 요인 : 앞의 다섯 가지 요인 외에 임무의 순조로운 완수에 영향을 미칠 만한 다른 요인은 없는지 파악해야 한다.

이상 여섯 가지 요인에 바탕을 두고 접근한다면 자신 혹은 타인의 성공 또는 실패의 원인을 제대로 분석하는 데 도움이 될 것이다.

잘못된 결정을
정상적인 현상으로 받아들여라

보통 사람들은 잘못을 창피하게 여긴다. 그래서 자신의 잘못을 직시하고 반성하여 교훈을 얻을 생각을 못 한다. 잘못된 결정을 내린 사람들은 마치 그것이 절대 용서받을 수 없는 일이나 되는 것처럼 어떻게 해서든 빨리 덮어버리려고만 한다. 그러나 하버드 행동심리학 강의는 "잘못된 결정은 누구나 겪을 수 있는 지극히 정상적인 일"이라고 말한다.

'잘못'에 대한 얘기가 나오면, 사람들은 일반적으로 도피와 공황 심리를 보인다. 잘못을 직시하고 싶어 하지 않으며 그것을 인정하고 싶지 않은 것이다. 이에 대해 『뉴욕타임스』의 칼럼니스트 알리나 투젠드 Alina Tugend 는 "대부분 사람들은 잘못을 정상적인 현상으로 받아들이지 못한다. 잘못을 통해 교훈을 얻고자 하는 의식도 없어 결국 사소한 잘못을 큰 잘못으로 키우고 만다"라고 말한다.

알리나는 자신의 저서 『실수를 기회로 삼아라: 실수가 가져다주는 뜻밖의 선물』에서 스스로 잘못을 용감하게 직시할 수 있다고 여기는 소수의 '전문가'라 할지라도, 자세히 들여다보면 그들 역시 인간의 나약함에서 완전히 자유로울 수는 없다고 말한다. 평범한 사람들은 잘못을 저지른다 해도 그것이 대세에 영향을 미치지 않는 대수롭지 않은 일일 가능성이 높지만, 기업의 거물이나 정치 지도자의 잘못된 결정은 자칫 엄청난 결과를 초래할 수 있다. 예컨대 정치인의 경우 잘못을 저질렀을 때, 나라 전체에 큰 위기를 가져올 수도 있다.

알리나는 이런 면에서 미국 정부가 그다지 잘하고 있지 못하다고 평가한다. 미국은 위기가 발생하면 주로 대통령 자문위원회나 국회청문회를 통해 잘못된 점을 찾아내고 관련 기구를 결성하여 사건을 조사함으로써 유사 사건의 재발을 예방하는데, 이런 기구들이 생각보다 효과적으로 작동하지 못한다는 것이다. 예를 들면 수 년 전 정보기관의 소홀로 인해 9·11 테러를 막지 못한 후 국토안보부를 창설했지만, 허리케인 카트리나 발생 당시 연안지역 주민 보호라는 직능을 제대로 발휘하지 못했다는 것이다. 알리나는 자신의 저서에서 현대의 조사연구보고서를 다수 인용하면서, 수많은 개인이나 기업이 실수를 통해 교훈을 얻고자 하는 의식은 있지만 그것을 실행에 옮기기란 여간 어렵지 않다고 분석한다. 특히 이익 문제가 얽히면 잘못을 돌아보고 교훈을 얻는 것이 거의 불가능해진다는 것이다. 알리나는 책의 결론에서 "우리는 늘 자신의 잘못에 대해 천만 가지 이유를 찾는 데 시간과 정력을 쏟지만, 정작 잘못을 시인하고 그것을 정상적인 일로 받아들이지는 못한다"라고 말한다.

아마도 많은 사람이 '올바른 행동과 처신'을 자신의 장점으로 내세울지도 모른다. 바로 이러한 편견 때문에 사람들은 잘못을 '올바르지 않고 정상적이지 않은' 일로 여긴다. 이것 또한 하나의 고정관념이다. 사실 누구나 잘못을 범하고 잘못된 결정을 내릴 수 있으며 이는 지극히 정상적인 일이다. 끊임없이 잘못을 저지르고 잘못에서 교훈을 얻어야 자신을 부단히 발전시킬 수 있다. 아인슈타인은 "한 번도 잘못을 저지른 적이 없다면, 그건 한 번도 새로운 일을 시도해본 적이 없다는 것"이라는 유명한 말을 남겼다.

20세기 가장 위대한 과학자로 칭송받는 아인슈타인조차도 종종 잘못을 저질렀고 심지어 어떤 '중대한 잘못'으로 인해 평생 부끄러움을 느끼기도 했다. 일반 상대성 이론을 발표한 이듬해 아인슈타인과 네덜란드의 물리학자 빌렘 드 지터는 각자 우주의 정상 상태 문제를 연구하고 있었는데, 그 과정에서 드 지터는 중력장 방정식의 해가 동적이라는 사실을 발견했다. 즉, 우주가 끊임없이 팽창 또는 수축을 하며 항구불변의 상태가 아니라는 의미다. 그러나 아인슈타인은 정적 우주의 개념을 포기하지 않았고 심지어 자신의 이론을 위해 방정식에 '우주 상수항'을 도입했다.

하지만 그 후 러시아 물리학자 알렉산드로 프리드만과 벨기에 천문학자 조르주 르메트르가 연이어 자신들의 이론에 의거하여 우주가 동적임을 증명했는데, 이런 상황에서도 아인슈타인은 여전히 자신의 잘못을 시인하지 않았다. 그러다가 미국 천문학자 에드윈 허블이 성운 관측을 통해 지구에서 멀리 떨어져 있는 항성이 만들어내는 스펙트럼선에서 적색 편이를 발견하며 그 항성이 지구에서 멀어져가고 있음을 확인한 후에야, 아인슈타인은 자신의 우주관을 바꾸고 잘못을 인정했다. 훗날 아인슈타인은 공개 석상에서 "어느 날 문득 자신의 잘못을 발견하게 되면 갑자기 모든 일에 대해 확신을 잃게 된다. 나 자신도 잘못을 저지르지 않는다고 보증할 수 없고, 자신이 믿고 있는 바가 전부 옳다고 장담하는 것은 더욱 불가능하다"라고 말했다.

위대한 인물들도 잘못을 저지른다는 이야기를 들으면 누구나 조금은 위안이 되고 잘못을 저지르는 것이 지극히 정상적인 일임을 알게될 것이다. 스스로에게 '절대 잘못을 저지르면 안 된다'는 규칙을 강요하는 것은 자신을 괴롭히는 일일 뿐이다. 지적 허영심과 자존감이 강한 현대인들은 잘못을 저질렀을 때 더더욱 좌절하고 무안해하며 심지어 자신을 부끄럽게 여긴다. 이런 기분은 분명 외부 환경이 아닌 자신의 내면에서 비롯되는 것이다.

만약 지금 이 순간 자신이 내린 잘못된 결정 때문에 괴로워하고 있다면, 워런 버핏 같은 세계적인 부호도 종종 잘못을 저지른다는 얘기를 해주고 싶다. 다만 그들은 잘못의 가치를 잘 알고 잘못에서 더 많은 것을 배울 뿐이다. 버핏은 언젠가 주주총회에서 자신이 앞으로 필히 실천할 몇 가지 룰을 선언하면서 이런 말을 했다. "나는 2008년 가장 어리석은 투자를 했는데, 그건 실로 엄청난 잘못이었다. 그후로도 여러 차례 사소한 잘못을 저질렀고 얼핏 보기엔 대수롭지 않은 잘못들이었지만 꽤 심각한 결과를 감당해야 했다. 그 외에도 부주의와 경솔함으로 인해 몇 가지 잘못을 저질렀다. 이런 잘못들은 본래 지극히 정상적인 것이다. 잘못을 저질렀다면 스스로의 행동을 반성하고 적시에 조치를 취해 최대한 만회하면 된다. 하지만 많은 경우 나는 그저 엄지손가락을 깨물며 멍하니 있었다."

　하버드 패러독스는 우리가 '잘못된 결정'을 하는 것은 정상적인 현상이지만 그렇다고 해서 생각 없이 잘못을 저지르거나 잘못을 그냥 덮어버려서는 안 된다고 말한다. 잘못에 대한 정확한 인식은 결정을 앞두고 느끼는 심적 부담을 덜어주지만, 정말 잘못을 저질렀을 때에는 마땅히 자신의 행동을 반성해야 하며 잘못을 그냥 덮어버려서는 안 된다.

　간단한 예를 들어보자. 어린 시절 보았던 만화 영화 속의 늑대는 늘 사냥감을 쫓아다니지만 한 번도 사냥에 성공하지 못한다. 어느 날 뻐꾸기 한 마리를 쫓아 낭떠러지 끝까지 간 늑대는 뻐꾸기가 날갯짓을 하며 낭떠러지를 벗어나 하늘로 날아가자 자신도 곧바로 쫓아간다. 그러다가 아래를 내려다본 순간 자신이 허공에 있음을 깨닫게 되고 이내 낭떠러지 아래로 떨어져버리고 만다. 우리가 잘못을 저지르는 과정도 만화 속의 늑대가 사냥감을 쫓는 과정과 비슷하다. 스스로의 잘못을 의식했을 때는 낭떠러지에서 허공으로 발을 뗀 늑대처럼 이미 잘못을 저지른 결과를 감당해야 하는 때다. 그러므로 이와 같이 위급한 순간에 '내가 왜 잘못을 저질렀나' 하는 자책에 빠질 게 아니라 즉각적인 행동을 취해 자신의 잘못을 최대한 만회해야 한다.

무조건 완벽한 결정을
추구하는 것도 병이다

우리 주위에는 늘 '완벽주의자'들이 있다. 사람에 대해서든 일에 대해서든 그들은 늘 엄격하고 높은 기준을 들이대며 모든 면에서 완벽하길 바라고 이미 충분히 잘하고 있는데도 결코 만족할 줄 모른다. 멀리서 찾을 것도 없다. 당신이 바로 그런 사람일 수도 있다.

완벽을 추구하는 심리는 본래 긍정적인 것이다. 우리는 뭔가를 할 때면 좀더 완벽하게 잘할 수 있기를 바라고, 결정을 할 때도 자신이 늘 옳은 결정을 하길 바란다. 그러나 완벽을 추구하는 것도 도가 지나치면 병이 된다. 하버드의 탈 벤 샤하르 교수는 "탁월함을 추구하되 완벽주의를 버려야 행복해질 수 있다"고 강조한다. 또한 하버드 행동심리학 강의에서도 완벽주의는 잘 사용하면 무한한 원동력이 되지만, 자칫 잘못하면 사람을 나락에 빠뜨리는 양날의 칼이라고 말한다. 완벽주의자는 자기 자신에게도 매우 엄격하며 스스로 높은 기준을 설정하고 이를 실현하려 부단히 노력한다. 그런 면에서 보면 완벽주의는 긍정적 에너지를 내포한다. 테니스 팬이라면 수 년 전 프랑스 오픈에서 17연승이라는 자랑스러운 성적을 거둔 유명 테니스 선수 비너스 윌리엄스가 경기 직후 인터뷰에서 한 말을 기억할 것이다. "내 자신의 퍼포먼스에 만족하지 않는다. 나는 대체로 승부욕이 강한 편이지만 간혹 승부욕이 부족했다고 느낄 때가 있다. 나는 무슨 일을 하든 실수하는 것을 싫어하기 때문에 코트 위에서 실수를 하면 극도의 스트레스를 느낀다." 윌리엄스를 잘 아는 사람들은 그녀가 코트 위에서든 일상생활에서든 실수를 용납하지 않는 완벽주의자라는 것을 알고 있다.

혹자는 완벽을 추구하는 윌리엄스의 성격이 그녀 자신으로 하여금 높은 목표를 설정하고 부단히 노력하여 좋은 성적을 거두게 한 원동력이 되었다고 생각할 수 있다. 그러나 완벽주의가 윌리엄스에게 상당한 스트레스를 가져다준 것 또한 부인할 수 없는 사실이다. 게다가 윌리엄스가 '완벽주의'가 아닌 '평상심'을 가졌을 때, 더 우수한 성적을 거뒀을지도 모르는 일 아닌가?

하버드 행동심리학 강의는 완벽주의자들에게 매우 취약한 면이 있음을 지적한다. 그들은 잘못된 선택이든 잘못된 결정이든 뭔가 잘못을 저질렀을 때 엄청난 자책감에 시달리며 심한 경우 거식증, 우울증, 자살 충동 등을 경험한다는 것이다. 1990년대부터 완벽주의를 연구해온 캐나다의 심리학자 고든 플렛Gordon Flett 또한 완벽주의자들 대부분이 여러 가지 심리적 문제를 보이며, 심지어 정신질환에 가까운 심각한 증상을 보이는 경우도 있음을 발견했다. 심리학자들은 완벽주의자를 크게 세 가지 유형으로 구분한다.

1. '자기 지향적' 완벽주의자다. 이들은 자신에게 비교적 높은 목표를 부여하며 이를 실현하기 위해 많은 노력을 기울인다.

그런데 노력의 결과가 기대에 미치지 못할 때 이들은 스스로를 비판하면서 낙담하고 우울해한다. 전 세계를 누비며 1만 회가 넘는 공연을 하여 유명해진 캐나다의 국보급 발레리나 카렌 케인은 세계가 인정하는 성공한 인물이다. 그런데 정작 그녀 자신은 자서전에서 자신의 공연 중 12회만이 진정 만족스러운 공연이었다고 평가했다. 또한 자신의 성과에 대해서도 그녀는 "나 자신의 능력에 대해 전혀 만족하지 못하며 심지어 실망을 느낀다"고 했다. 카렌 케인은 전형적인 '자기 지향적' 완벽주의자라 할 수 있다.

2. '사회적으로 부과된' 완벽주의자다. 이 유형에 속하는 완벽주의자들은 외부의 어떤 원인으로 인해, 예를 들면 타인의 기대나 환경의 압력으로 인해 자신에게 무척이나 높은 목표를 부여한다.

이들은 불규칙한 식사 습관이나 심한 감정의 기복을 보이며 심지어 자살 충동을 느끼는 경우도 있다. 또한 이들은 새로운 사물을 받아들이는 것을 극도로 꺼린다. 이는 실패와 잘못된 결정을 두려워하고 남들에게 어리석고 완벽하지 않은 인상을 줄까 전전긍긍하기 때문이다. 타인이 불합리한 요구를 할 때, 이들은 분노를 억누르며 묵묵히 스스로 감정을 삭이는 편이다.

사회적으로 부과된 완벽주의자로는 영국의 유명 배우 알래스데어 클레이어를 언급하지 않을 수 없다. 그의 삶은 누가 봐도 완벽했다.

옥스퍼드대를 졸업한 그는 학창 시절 이미 교내의 스타였으며 나중에는 모교의 저명한 학자가 되었다. 셀 수 없이 많은 상을 받고 시집과 소설 그리고 두 장의 앨범까지 발표한 이 전설적 인물은, 중국을 다룬 12부작 TV 시리즈 「용의 심장The Heart of Dragon」에 감독, 작가, 제작자로 참여했다. 이 작품은 에미상을 수상하게 되었는데, 그는 안타깝게도 시상식에 참석하지 못했다. 작품을 완성한 후 얼마 지나지 않아 철로에 뛰어들어 자살했기 때문이다. 많은 이가 이처럼 완벽한 인생을 누려온 그가 왜 자살했는지 의아해했는데, 훗날 그의 부인은 그의 자살 이유에 대해 이렇게 설명했다. "클레이어는 늘 스트레스를 많이 받았다. 「용의 심장」을 촬영할 때 그는 많은 이의 비웃음을 견뎌야 했고 촬영할 때에도 어려움이 많아 자신의 에너지를 거의 다 소진하다시피 했다. 이런 상황에서 그는 자신의 결정이 잘못된 건 아닐까, 작품이 인정받지 못하면 어쩌나 하는 생각 때문에 극심한 스트레스에 시달렸고, 결국 작품이 빛을 보는 순간까지 버티지 못하고 자살을 택했다." 이 말을 들은 사람들은 만약 클레이어가 외적 요인으로 인해 지나치게 완벽을 추구하지 않았더라면 이런 비극이 발생하지 않았을 것이라며 안타까움을 금치 못했다.

3. '타인 지향적' 완벽주의자다. 이런 유형의 완벽주의자들은 자신에게만 엄격한 것이 아니라 남에게도 높은 기준을 적용하며 완벽을 요구한다.

이러한 병적 심리는 타인에게 부정적 영향을 미치고 인간관계를 엉망으로 만든다. 심한 경우에는 교우관계나 심지어 부부관계마저 이런 완벽주의 때문에 금이 갈 수 있다.

결정하는 과정에서 사람들은 한 치의 실수도 용납하지 않고 완벽을 추구하려는 경향이 있다. 완벽을 추구하는 심리 자체는 본래 비난받을 일이 아니다. 예컨대 우수한 교사나 훌륭한 외과 의사가 되려면 완벽할 수는 없겠지만 실수를 하지 않아야 한다. 하지만 일과 가정생활, 외모와 옷차림, 취미 등 삶의 모든 면에서 완벽을 추구하는 것은 문제가 될 수 있다. 사람들은 대개 '완벽주의자'를 부정적인 단어로 인식하지 않는다. 심지어 어떤 이들은 '완벽을 추구해야 성공할 수 있고 가장 옳은 결정을 내릴 수 있다'고 생각한다. 물론, 이는 인식의 차이이며, 일종의 병적 심리다.

어떤 이들은 완벽을 추구해야 옳은 결정을 내릴 수 있다거나 역으로 옳은 결정은 틀림없이 완벽할 것이라 생각한다. 그러나 앞에서도 언급했듯이 이 세상에 절대적으로 옳은 결정이란 존재하지 않으며 우리가 추구하는 올바름이란 것도 상대적인 것일 뿐이다. 지나치게 완벽을 추구하는 사람들은 자신의 마음가짐을 바로잡고 '불완벽함'을 받아들이려 노력해야 한다. 그래야만 오히려 잘못된 결정을 최소화할수 있을지도 모른다.

그렇다면 완벽주의자들은 어떻게 해야 자신의 마음가짐을 바로잡고 완벽주의의 괴로움에서 해방될 수 있을까?

1. 현실적인 목표를 설정한다.

합리적인 완벽주의자는 스스로에게 실행 가능한 현실적인 목표를 부여한다. 이에 반해, 지나친 완벽주의자들은 대개 달성하기 쉽지 않은 까마득히 높은 목표를 설정한다. 전자는 목표의 실현은 물론, 그 과정까지 두루 중시하는 반면, 후자는 오로지 목표의 실현만 중요시하며 한 가지 목표를 다 이루기도 전에 더 높은 새로운 목표를 설정하면서 영원히 만족할 줄 모른다.

2. 자신의 능력을 재평가한다.

사람마다 능력에 차이가 있으며, 무소불능하거나 모든 면에서 빈틈이 없는 사람은 없다. 즉 완벽은 비현실적인 개념일 뿐이다. 당신이 해야 할 일은 '불완벽함'을 받아들이고 자신의 능력 범위 내의 일에 최선을 다하는 것이다. 능력 밖의 일에 대해서는 현실을 이해하고 받아들이려 노력하자.

3. '불완벽함'을 정확히 인식한다.

완벽주의자는 있는 그대로의 자신을 받아들이지 못하고 잘못을 허용하지 않으며 자신의 결정에 결함이나 폐단이 드러나는 것을 용납하지 않는다. 그런데 사실 우리는 완벽을 추구하는 과정에서 더 많은 불완벽함에 맞닥뜨리게 된다. 이 자체가 하나의 모순이며 하버드 행동 심리학 강의는 이를 '불가피한 패러독스'라고 한다. 그러므로 우리는 모든 '불완벽함'을 정확히 인식하고 그것을 이해하고 받아들이려 노력해야 한다. '불완벽함'만이 진정한 완벽함일 수도 있고, 이러한 마인드로 결정을 내려야 잘못된 결정을 최소화할 수 있을지도 모른다.

뛰어난 천재라도
결정의 오류 확률을 산출해내지는 못한다

    어떤 이들은 자기반성 의식이 매우 강해, 자신이나 주위 사람이 잘못을 저지를 때면 두뇌가 곧바로 자기반성 모드에 들어가 잘못 속에서 어떤 규칙성을 찾아내려 한다. 이렇게 하면 미래에는 동일한 잘못을 범하지 않아 오류 확률을 낮출 수 있다고 생각할지 모르지만, 현실의 수많은 사례는 오류가 예측 불가능한 것임을 가르쳐준다. 제아무리 뛰어난 하버드의 천재라도 결정 오류의 확률을 산출해내지 못한다.

    하버드 행동심리학 강의는 물리학의 불확정성 원리를 인용하여 이 문제를 설명한다. 불확정성 원리는 독일 물리학자 베르너 하이젠베르크가 최초로 제기한 양자역학의 기본 원리로, 임의의 대등하지 않는 두 개의 물리량을 동시에 정확하게 측정하는 것이 불가능하다고 한다. 예컨대 어떤 양자의 위치와 속도를 측정하려면 먼저 그것을 관찰해야 하므로 광자를 비추게 되는데, 광자를 비추는 순간 양자의 상태가 변한다는 것이다. 물론 빛의 입자나 강도를 달리하여 양자의 위치를 최대한 정확하게 측정할 수는 있지만 여전히 미세한 변화가 불가피하여 본래의 속도는 측정할 수 없게 된다. 결정을 하는 것도 이와 마찬가지다. 그 과정에서 발생하는 오류는 불확정성 원리처럼 영원히 예측할 수 없고 피할 수도 없다. 그 안에 너무도 많은 불확정적 관계가 존재하기 때문이다.

불확정성 원리는 의사결정에 영향을 미치고 오류 확률을 증가시킨다. 이러한 사례는 현실에서 쉽게 찾아볼 수 있다. 예를 들면, 친구의 생일 파티를 위해 인터넷으로 장소를 물색하다가 가격 대비 성능이 비슷하지만 고객에게 제공하는 혜택이 약간 다른 식당 두 곳을 찾았다고 해보자. 한 식당에서는 "식당 이용 고객에게 웰빙 녹차 두 잔을 무료로 제공한다"고 하고, 다른 한 식당에서는 "비밀 선물을 제공한다"고 한다.

행동심리학에서는 구매 결정을 내릴 때 불확정성이 존재하는 경우 그것이 구매 욕구를 저하시킨다고 말한다. 불확정성으로 인해 상황을 정확히 파악할 수 없어 결정을 내리기가 어렵기 때문이다. 하지만 일부 심리학자들은 구매와 관련된 의사결정이 이미 비교적 안정적인 심리적 환경을 확보했다면 약간의 불확정성이 오히려 구매 욕구를 자극할 수 있다고 지적한다. 앞서 언급한 식당의 '비밀 선물'이나 마트의 추첨 이벤트, 스포츠 복권 등이 좋은 예다. 어떤 불확정성은 사람들에게 기대 심리(선물을 받을 수 있다는 기대)와 뜻밖의 기쁨(선물이 무엇인지 확인하면서 느끼는 기분)을 가져다 준다. 이러한 불확정성은 더 나은 결정을 내리도록 촉진한다는 점에서 어느 정도 긍정적인 작용을 한다. 물론, 불확정성의 범위가 너무 넓어지면 그 영향력도 커지고 결정과정도 훨씬 어려워지며 심지어는 잘못된 결정을 유발할 수도 있다.

오래전 하버드대의 총장이 불확정적 요인 때문에 크게 잘못된 결정을 내린 사례가 있다. 어떤 노부부가 약속도 없이 불쑥 찾아와 총장을 꼭 만나야겠다고 고집했다. 할아버지는 싸구려 양복 차림이었고 할머니는 빛바랜 무명옷을 입고 있었다. 그들의 허름한 옷차림을 본 총장 비서는 이런 시골 양반들이 하버드의 무슨 업무상 중요한 볼일이 있겠냐는 생각에 "총장님은 지금 회의 중이고 매일 바쁘시기 때문에 아마 당신들을 만날 시간이 없을 것"이라고 얼버무렸다. 그러자 노인은 아주 예의 바르게 괜찮다면서 기다리겠다고 했다.

그렇게 몇 시간이 흘렀고, 비서는 그들에게 신경도 쓰지 않으면서 눈치껏 돌아가기만을 바랐지만 그들은 매우 결연한 표정으로 계속 기다렸다. 하는 수 없이 비서는 총장에게 "총장님을 만나지 못하면 돌아가지 않을 것 같다"고 전했고 총장은 매우 귀찮아하면서 그들을 만나기로 했다.

총장을 만난 할머니는 아주 공손하게 말을 꺼냈다. "제 아들이 하버드에서 1년간 공부를 했고 이곳 캠퍼스를 몹시 좋아했는데 지난해에 자동차 사고로 그만 세상을 떠나고 말았답니다. 총장님도 그 아이를 아실 겁니다. 그래서 남편과 상의한 끝에 아들을 위해 하버드 교정에 기념이 될 만한 뭔가를 남기고 싶다는 생각을 하게 되었습니다."

총장은 이 말에 시큰둥한 반응을 보이며 냉정한 어조로 말했다. "하버드에 재학했다가 사망한 모든 학생에게 동상을 세워줄 수는 없는 일입니다. 그러다보면 캠퍼스가 공동묘지가 되지 않겠습니까?"

할머니가 매우 난처한 표정으로 답했다. "총장님, 동상을 세우려는

게 아니고 아들을 기념하는 건물을 지으려는 겁니다."

이 말에 총장은 진지하게 두 사람을 바라보았다. 그는 속으로 이 사람들이 정말 그럴 계획이 있는 건지, 아니면 실없는 소리를 하는 건지 가늠할 수가 없었다. 그들의 진지한 말투와 허름한 차림새를 놓고 한참을 망설이며 결정을 내리지 못하던 총장은 결국 손을 내저으면서 이렇게 말했다. "건물 하나 짓는데 돈이 얼마나 드는지 아십니까? 하버드의 모든 건물 하나하나가 750만 달러가 넘습니다."

이 말을 듣자 두 노인은 더 이상 말을 하지 않고 서로를 바라보면서 한숨만 쉬었다. 그러자 총장 비서가 때를 놓치지 않고 그들에게 그만 나가 달라는 제스처를 취했고, 그들이 떠나자 총장은 성가신 혹을 간신히 떼어냈다는 듯 안도의 한숨을 쉬었다. 그런데 총장실을 나오면서 할머니가 할아버지에게 말했다. "750만 달러면 건물 하나를 지을 수 있다니, 대학 하나를 세워서 아들을 기념하는 게 더 낫지 않겠어요?"

이후 스탠퍼드 부부는 하버드를 떠나 캘리포니아로 가서 그 유명한 스탠퍼드대를 설립했다는 이야기가 전해진다.

하버드대 총장은 자신의 잘못된 결정에 땅을 치고 후회했다. 그가 만약 겉모습이나 말투 등 불확정 요인의 영향을 받지 않고, 스탠퍼드 부부가 하버드를 찾아온 뜻을 정확하게 인식하고 이해했더라면 이 이야기의 결말은 달라졌을지도 모른다. 하버드 행동심리학은 모든 사물이 다변적이며 객관적 사물에 대한 우리의 예측 결과는 빗나갈 수 있다고, 즉 불확정성이 아주 높다고 말한다.

이런 불확정성은 물리학의 불확정성 원리처럼 의사결정에 지대한 영향을 미쳐 옳은 선택을 하기 어렵게 만든다. 불확정성의 영향을 최소화하기 위해서는 불확정성 분석을 할 줄 알아야 한다.

하버드 행동심리학 강의는 과거의 지식과 경험 및 사물의 변화에 대한 예측 능력을 활용하여 과학적인 방식으로 불확정성을 분석하는 구체적인 방법을 다음과 같이 제시한다.

1. 다양한 결과 예측하기

가능한 다양한 결과를 뽑아본다. 그리고 그중에서 최적의 결과를 선택한다.

2. 후회의 수치화

모든 불확정적 요인을 감안하여 결정으로 인해 발생할 수 있는 후회의 정도를 수치화하여 열거한다. 그리고 그중에서 수치가 가장 낮은 결정을 선택한다.

3. 다양한 결과에 대한 기대치 산출하기

모든 불확정적 요인을 감안하여 결정으로 인해 발생할 수 있는 결과에 대해 기대치를 산출한 후, 수치가 가장 높은 항목을 선택한다.

요컨대, 불확정성이 존재하는 의사결정과정에서 우리의 인지·예지 능력은 지극히 제한적이며 오류 확률을 산출해내는 것도 불가능하다. 결정을 할 때 우리는 모든 사물을 백 퍼센트 이해하고 장악할 수 없으며 단지 일부 불확정성을 확정적인 것으로 간주할 수 있을 뿐이다. 이 것이 바로 이른바 신뢰 내지는 특정 사물에 대한 자신감이다. 이처럼 불확정성을 단순화하는 우리의 능력은 일반적으로 꽤 믿을 만하다. 이 때문에 우리의 결정에 예기치 못한 상황이 빈번하게 발생하지는 않 는다. 하지만 의외의 상황과 오류는 언제든 발생할 수 있다. 절대 잘 못될 리 없다고 자신하는 결정이라도 확률의 차이만 있을 뿐 의외의 상황과 오류는 발생할 수 있다. 이로 미루어 볼 때, 제아무리 명석한 두뇌라도 오류의 확률을 정확히 산출해내는 것은 불가능하며 오류에 도 나름의 의미가 있다는 생각은 큰 오산이다.

하버드 심리학의 유토피아

많은 사람이 결정과 선택을 두려워한다. 잘못된 결정으로 인해 곤경에 빠지게 될까 두려워하는 것이다. 때문에 이들은 늘 노심초사하고 옳은 결정을 내리기 위해 안간힘을 다한다. 만약 하느님이 이들의 노력과 신중함에 감동을 받아 소원을 하나 들어주겠다고 하면 이들은 분명 자신의 결정이 모두 옳게 해달라고 빌 것이다.

'모든 결정이 옳다.' 매우 유혹적인 말이다. 하지만 하버드 행동심리학 강의는 이것이 하느님이나 이루어줄 수 있는 '유토피아적인 환상'이라고 말한다. 모든 결정이 옳다는 것은 잘못을 전혀 저지르지 않고 오류가 전혀 발생하지 않음을 의미한다. 정상적인 사람은 그 누구도 이런 경지에 이를 수 없다. 게다가 잘못을 범하지 않는 경지를 추구하는 것 자체가 잘못된 결정이다. '무오류를 추구하는 것' 자체가 오류라는 개념에 대한 이해를 돕기 위해, 하버드 행동심리학 교수는 다음과 같은 사례를 소개한다.

미국의 한 기업에서 일어난 일이다. 금융 위기의 영향으로 회사는 감원하기로 결정을 내려야 했고, 영국인 직원 스파이크는 감원 명단에 들어가 있었다. 늘 열심히 그리고 신중하게 업무를 처리하여 잘못을 저지른 적이 거의 없었기 때문에, 그는 이 소식을 듣고 특히나 낙담했다. 자신이 외국인이라 차별을 받아 해고되는 것인가 하는 추측이 일었다. 그래서 그는 사장을 찾아가 외국인 차별 문제를 거론했다. 미국 사회는 줄곧 모든 사람들에게 평등한 기회를 보장하고 '차별'을 근절해야 한다고 강조해왔기 때문에 사장은 이 문제를 매우 중시했다.

사장은 스파이크에게 이렇게 말했다. "오해하지 마십시오. 회사는 외국인을 차별한 것이 아닙니다. 외국인인 당신 한 사람만 감원 명단에 오른 게 아니니까요. 우리도 당신의 업무 태도가 성실하고 잘못을 저지른 적이 없다는 것을 잘 알고 있습니다. 하지만 바로 그 때문에 당신을 해고하는 겁니다. 알다시피 회사는 지금 대대적인 업무 혁신 단계에 들어섰고 우리가 필요로 하는 인재는 실수를 두려워하지 않고 과감하게 혁신하는 인재입니다. 한 번의 실수도 없이 무슨 일이든 원칙대로만 하면서 업무 성과도 지극히 평범하다는 것이 당신을 해고하는 진정한 이유입니다." 사장의 말을 들은 스파이크는 더 이상 아무 말도 할 수 없었다.

한 번도 잘못을 저지른 적이 없는 직원을 해고한다는 것은 얼핏 듣기에 너무나 불합리한 일이다. 어떤 이는 심지어 '절대 잘못을 저지르지 않는 것'이 곧 완벽함이라고 생각한다. 하지만 사실은 '절대 잘못을 저지르지 않는 것'이 바로 최대의 잘못이다. 무난함을 인생 최대의 목표로 삼지 않는 한, 영원히 잘못을 저지르지 않는다는 것은 불가능하다. 스파이크처럼 겉으로 보기에는 업무 태도가 성실하고 아무런 문제를 일으킨 적이 없는 사람은, 다른 각도에서 보자면 사장의 지시에 복종하기만 하고 그 어떤 리스크도 감당하지 않으려 하는 사람이다. 잘못을 범하지도 않지만 이렇다 할 발전도 없는 상태가 결국 자신을 망치는 것이다.

심리학은 이미 오래전부터 사람의 성장과 발전은 끊임없이 잘못을 저지르고 그 잘못을 바로잡는 과정이라는 점을 강조해왔다. 잘못을 저지르지 않고 잘못된 결정을 내리지 않겠다는 생각은 유토피아처럼 비현실적이다. 인간의 진정한 가치는 각종 불확정적 조건하에서 가장 옳은 판단과 결정을 하는 데 있고, 눈에 보이지 않는 각종 리스크와 오류는 인류의 지혜를 반영한다. 한편, 어떤 결정의 옳고 그름을 분별하기란 쉽지 않으므로 잘못될 확률이 제로인 결정을 추구하는 것 자체가 잘못이며, 이는 '잘못'에 대해 잘못 알고 있는 것이다.

고대 중국 사람들은 '하늘은 둥글고 땅은 네모나다天圓地方'고 생각했다. 당시로서는 잘못된 인식이라고 할 수 없다. 예로부터 중국은 영토가 넓었기 때문에 그 넓은 땅 위에 서서 하늘을 바라보면 마치 크고 둥근 뚜껑 같은 것이 대지를 덮고 있다는 느낌이 들 수 있었던 것이다. 하지만 이 같은 인식이 고대 그리스에서는 성립할 수 없었다. 그리스는 바다로 둘러싸여 있고 지진이 자주 발생했기 때문에 그리스인들은 '세상이 커다란 물고기고 사람들은 그 물고기의 등 위에 살며 물고기가 몸을 움찔하면 땅이 흔들린다'고 생각했다.

두 나라 사람들의 인식은 큰 차이를 보이기는 하지만 당시로서는 모두 정확한 것이었다. 물론 '하늘은 둥글고 땅은 네모나다'는 설이든 '세상이 커다란 물고기'라는 설이든 오늘날의 관점에서 보면 웃음을 자아내지만 말이다.

　다시 심리학에서 말하는 유토피아 얘기로 돌아와 보자. 저명한 심리학자 에이브러햄 매슬로는 1954년 아주 재미있는 상상을 했는데, 만약 허허벌판에 심리적으로 완벽하게 건강한 사람들로 구성된 심리학의 유토피아를 만들면 과연 어떤 모습이 될까 하는 것이었다. 매슬로는 이렇게 말했다. "이 유토피아에서는 모든 사람이 심리적으로 매우 건강하며 심지어 '완벽한 사람들'이라 할 수 있다. 상상해 보라. 만약 1000명의 심리적으로 건강한 사람들이 허허벌판으로 이주하여 그곳에서 자신들의 삶을 마음대로 꾸려간다면 어떤 문화와 사회가 만들어질까? 그들은 어떤 교육체제와 경제체제를 선택할 것이며 어떤 신앙을 갖게 될까? 나는 그것이 자유롭고 사랑이 넘치는 문화를 지닌 고도의 무정부 사회일 것이라 생각한다. 이런 문화 속에서 사람들은 무엇이든 자유롭게 선택할 기회를 누리며 개인의 선택은 더욱 존중받을 것이다. 그들은 타인의 뜻을 존중하고 관용하며 만족할 줄 알기에, 서로의 삶에 지나치게 간섭하지 않고 자신의 관점, 신앙, 인생관이나 개인적 취향을 타인에게 강요하지 않는다. 이런 유토피아에서는 어떤 결정이든 옳을 것이다."

　매슬로가 머릿속에 그린 유토피아는 그 자체가 매우 특별한 의미를 지닌다. 만약 모든 사람이 심리적으로 건강한 상태가 되면 충동이나 맹목 같은 바람직하지 않은 심리가 자연스레 사라질 것이다. 당시 시대적·사회적 배경에서 이러한 유토피아는 절망에 빠진 사람들에게 믿음을 되찾을 수 있다는 희망을 주었을 법하다. 그러나 일찍이 쇼펜하

우어는 의지의 복잡성과 통제 불가능성을 지적했고, 프로이트 또한 "모든 사람의 심리적 건강은 무의식의 블랙홀 영향을 받는다"라고 했다. 어떻게 해야 자신의 인성과 종잡을 수 없는 무의식의 블랙홀을 잘 관리할 수 있을지는 매슬로 역시 답을 찾기 어려웠을지도 모른다.

04

마음을 넓혀
두뇌를 높여라

정보량 증가와
심리학의 정규 분포

현대 사회는 정보화 사회이며 각종 정보가 홍수처럼 쏟아지는 가운데 다양한 편리를 제공한다. 세계적인 명성을 자랑하는 하버드대도 최근 정보화 교육을 도입하여 다양한 멀티미디어와 인터넷을 활용한 교육 방식으로 학생들을 더욱 풍부하고 다채로운 배움의 장으로 이끌고 있다. 하버드대 행동심리학 강의도 마찬가지다. 그렇다면 정보의 증가는 우리의 결정에 어떤 영향을 미치는가? 심리학자들은 정보가 사물의 불확정성을 해소하여 사람들이 느끼는 두려움을 감소시킨다고 말한다.

결정을 할 때도 많은 정보가 필요하다. 결정을 내리기 전의 준비과정이 두뇌에서 각종 정보를 분석하고 판단하는 단계이기 때문이다. 이는 곧 올바른 결정을 위해서는 충분한 정보와 포괄적 분석이 기초가 되어야 함을 의미한다. 즉, 정보량의 증가는 더 나은 결정을 가능케 한다.

정보가 발달한 오늘날, 우리는 정보가 무한히 증가하는 현상을 '정보 폭발information explosion'이라 부른다. 정보가 부족했던 시대에는 잠재의식 속에 도사리고 있는 미지의 사물에 대한 두려움 때문에 결정을 앞두고 우리는 당혹할 수밖에 없었다. 그런데 오늘날 무한정 넘쳐나는 정보 앞에서 우리는 다시금 망연함과 혼란을 느끼고 있다. 어떤 정보가 정말 유용한 것인지, 눈앞의 정보가 자신의 결정을 어디로 끌고 가는지 알 수가 없다. 정보 폭발의 시대에 사는 우리는 어떻게 정보를 획득하고 정리하여 분석할지, 그리고 이를 근거로 최상의 결정을 어떻게 내릴지 고민해야 한다.

정보란 무엇인가? 정보는 신호와 부호, 메시지가 담고 있는 일련의 내용으로, 각종 사물이 존재하는 객관적 사실을 반영한다. 정보는 우리로 하여금 사물을 더 잘 인식하게 하며 객관적 사물의 불확정성을 해소한다.

정보는 결정을 내리는 데 전제와 밑바탕이 되기도 한다. 그러므로 각종 정보를 정확하게 포착하고 활용하는 것은 결정과정에서 매우 중요하다. 충분한 정보 없이 옳은 결정을 내리겠다는 것은 터무니없는 생각이다. 성공한 사업가들도 모두가 충분한 정보를 확보한 후 이를 근거로 올바른 의사결정을 내려 사업을 점차 번창시켜나갔다.

패스트푸드 브랜드 KFC는 중국에서 빠른 속도로 성장하여, 모르는 사람이 없고 중국 젊은 세대에 큰 영향력을 지닌 브랜드로 자리 잡았다. 그런데 KFC가 중국 시장에 성공적으로 진출할 수 있었던 이유가 바로 정보 우위를 충분히 활용했기 때문이라는 것을 아는 이는 많지 않을 것이다. KFC의 최고경영자 데이비드 노백은 일찍이 1980년대부터 중국이라는 매력적인 시장에 눈독을 들였다. 그는 일단 임원

조너선을 중국으로 파견하여 사전 정보 조사를 하게 했다. 조너선은 베이징에서 대대적인 조사를 벌여 수많은 중요한 정보를 노백에게 전달했고, 그 정보는 KFC가 중국 시장에 성공적으로 진출하는 기반이 되었다. 그렇다면 조너선은 어떻게 정보를 수집했을까?

그는 먼저 몇 명의 동료들과 함께 베이징의 주요 도로의 시간대별 유동 인구를 측정했다. 정보의 정확성을 위해 그들은 초 단위로 시간을 측정하는 스톱워치를 사용했고 측정하는 동안 한시도 현장을 떠나지 않았다. 그다음에는 유동 인구가 많은 쇼핑몰, 관광지, 마트 등지에서 '무료 시식회'를 실시하여 KFC의 제품을 다양한 연령대와 직업군의 사람들에게 맛보게 한 후 사람들의 의견을 수렴했다. 마지막으로는 베이하이北海 공원 내에 쾌적한 환경을 갖춘 식당을 만들어 고객들에게 KFC의 우수한 서비스를 경험할 수 있는 기회를 제공했다. 다양한 고객들에게서 더 유용한 정보를 확보하고 고객들이 KFC의 제품과 서비스를 진심으로 좋아하게 만들기 위함이었다. 몇 주에 걸친 노력 끝에 조너선은 베이징의 문화, 건축 스타일, 소비 성향 등에 대한 중요한 정보를 대량 확보할 수 있었다.

조너선의 보고서를 건네받은 후, KFC는 중국 시장 진출 계획을 세우기 시작했다. 중국 시장에 맞추기 위해 자사의 식자재를 업그레이드하면서 중국인의 소비 습관에 맞는 '업그레이드 버전의 KFC' 메뉴를 내놓기도 했다. 이렇게 KFC는 베이징 첸먼에 1호점을 정식 오픈했고 개점한 지 열흘도 채 되지 않아 250만 위안(한화 약 4억 7천만 원)의 이윤을 달성했다. 또한 중국 진출 초기에는 5년 내 투자금 회수를 목표로 했으나 2년도 채 되지 않아 그 목표를 달성했다. KFC의 성공은 사전에 충분한 조사가 있었기에 가능했다. 만약 충분한 정보를 입수하지 못했더라면 그렇게 과감한 결정을 내릴 수 없었을 것이다. KFC의 중국 성공 스토리는 정보 수집이 얼마나 중요한지를 알려주는 좋은 사례다.

  하버드 행동심리학 강의는 아무리 멀리 내다보는 식견을 갖춘 의사결정자라 할지라도 결정을 내리기 전에 충분한 정보를 확보해야 제대로 된 의사결정을 할 수 있다고 말한다. 결정적인 순간마다 매번 옳은 결정을 내리는 사람들을 자세히 관찰해보면 그들에게는 뭔가 특별한 아우라가 느껴진다. 마치 정보를 획득하고 분석하여 처리하는 일에 남다른 노하우를 지니고 있는 듯하다. 그러나 사실 이런 사람들도 결국 심리학적으로 정규 분포(가우스 분포라고도 일컬어지며, 평균치를 중심으로 좌우대칭의 종 모양을 이루는 분포를 말한다. 자연과 사회 현상에서 중심이 관찰되는 분포로, 정규 분포라는 이름 또한 그런 뜻에서 지어진 것이다. 예컨대 사람의 키가 제각각이지만 같은 연령의 사람 키는 대체로 평균에 가까운 사람이 압도적으로 많아 종 모양의 분포를 보이는 것이다-옮긴이) 범위에 들어가는 사람들일 뿐이다. 그들의 결정은 대다수 성공적인 의사결정자들과 마찬가지로 대개 옳다. 그러니 우리도 어떻게든 정규 분포의 대다수에 들어가 대부분의 성공적인 의사결정자들이 그렇듯이 결정적인 순간 가장 옳은 결정을 내리면 되는 것이다. 물론, 정규 분포에 들어가려면 무엇보다 충분한 정보를 획득해야 한다.

  획득한 정보량이 클수록 결정 또한 정확하고 완벽해진다는 것은 많은 성공 사례가 입증해주고 있다. 바로 이 때문에 사람들은 모든 수단과 방법을 동원하여 상세한 계획을 세우고 충분한 정보를 확보하려 하는 것이다. 그렇다면, 어떻게 해야 유용한 정보를 확보하여 결정과정을 순조롭게 만들 수 있을까?

1. 정보를 획득할 때는 진실성, 객관성, 포괄성, 유효성 등 몇 가지 원칙에 주의를 기울여야 한다.

모든 정보에는 이로운 면과 해로운 면이 공존한다. 정보가 객관적 사물을 포괄적으로 진실하게 반영하지 않으면 자칫 결정을 오도할 가능성이 있다. 또한 정보 분석에 들어가면 주의를 집중하여 쓸모없는 정보를 제외하고 유익한 정보를 추출해야 하는데, 이 과정에서 엄청난 에너지를 소모하게 되므로 정보 획득 단계에서부터 결정의 주체와 핵심을 염두에 두고 최대한 정보의 유효성에 주의를 기울여야 한다.

2. 이용 가능한 모든 루트를 최대한 찾아내 더 유익하고 더 많은 정보를 확보해야 한다.

현대화 사회에 우리가 활용할 수 있는 루트는 점점 많아지고 있다. 예를 들면 다양한 통신기기와 인터넷이 우리에게 신속하고 편리한 서비스를 제공한다. 루트가 다양해질수록 우리는 유용한 정보를 더 많이 얻을 수 있다. 여기서 끝이 아니다. 새롭게 획득한 정보와 평소 축적해온 정보를 잘 융합해야 정보의 가치와 의의를 제대로 이해하고 정보를 효과적으로 장악하여 이용할 수 있다.

3. 올바른 결정을 위해서는 획득한 정보를 잘 처리하는 것도 중요하다.

우리가 정보를 획득한 목적이 결정을 위한 것임을 잊지 말아야한다. 빠르게 발전해가는 현대 사회에서 '문맹'이란 단어는 이제 글을 읽을 줄 모르는 사람들만 가리키는 말이 아니다. 오늘날 정보를 제대로 획득하고 이용할 줄 모르는 사람들도 '문맹'이다. 정보를 잘 획득하고 이용할 줄 모르는 사람은 더 나은 결정을 내리는 방법을 영원히 배울 수 없다.

박학다식함의
심리학적 근거

하버드대는 학생의 종합적인 자질을 매우 중요시한다. 신입생을 모집하고 교육하는 과정에서 학생들에게 다방면의 지식을 요구하며, 하나만 잘하는 인재는 하버드에서 두각을 나타내기 어렵다. 박학다식한 학생이라면 정보 획득 능력이 떨어질 리 없을 것이다. 풍부하고 해박한 식견을 갖춘 사람만이 복잡하고 잡다한 각종 정보를 잘 처리하여 올바른 결정을 내릴 수 있다.

하버드 행동심리학 강의는 한 사람의 식견이 사물에 대한 그 사람의 통찰력과 지각력, 나아가 지식 섭렵의 폭을 드러낸다고 말한다. 우리가 어려서부터 교육을 받으며 끊임없이 배우는 교과서 지식도 식견의 일부다. 자신의 식견을 사고능력이나 의사결정능력으로 승화해 실생활에 활용할 수 있다면 우리의 행동은 더욱 지혜로워질 것이고, 맹목적이고 어리석은 행동도 자연스레 줄어들 것이다. 박학다식한 사람은 의사결정과정에서도 두각을 나타낸다. 그들은 어떤 상황에서 어떤 결정을 내려야 적절할지 누구보다 잘 안다. 그들에게 결정이란 식은 죽 먹기다.

곰곰이 생각해보라. 이런 사람이 우리 주위에 적지 않다. 그중에는 학력은 그다지 높지 않지만 식견이 남다른 사람도 있다. 예컨대 한때 타이완 최고의 갑부였던 왕융칭은 초등학교도 나오지 못했고, 일본의 마쓰시타 고노스케도 초등학교 4학년까지밖에 다니지 못했으며, 빌 게이츠도 하버드를 졸업하지 못했다. 하지만 그들에게는 보통 사람들에 비해 월등히 풍부한 경험과 식견이 있었다. 바로 그런 박학다식함 덕분에 그들은 최고 의사결정자의 자리에 올라 직접 중대한 결정을 내릴 수 있었다.

박학다식한 사람들은 대량 정보 앞에서도 여유를 잃지 않을 수 있다. 하지만 평범한 사람들의 경우 어떻게 해야 많은 정보를 잘 처리할 수 있을까? 하버드 행동심리학 교수진은 대규모 연구를 통해 대량의 정보가 수용자에게 미치는 영향이 사람에 따라 다르게 나타나며, 그 차이는 특히 정보를 결정하는 과정에서 더 두드러진다는 점을 발견했다. 다시 말해 사람에 따라 대량의 정보를 처리하는 방식이 각기 다른데, 기본적으로 다음 몇 가지 유형으로 나눌 수 있다.

1. 대량의 정보에 압도되어 아무런 결정도 내리지 못한다.

어떤 정보든 선택이 필요하다. 이를테면 획득한 정보를 바탕으로 즉각 행동을 취할 것인가, 즉시 회신할 것인가, 긴급한 결정 사항으로 간주할 것인가 등이다. 그러나 심리학자들의 연구에 따르면 과다한 정보는 오히려 사람들을 갈팡질팡하게 하여 결정을 더 어렵게 만든다. 누구나 대량의 정보를 잘 처리할 수 있는 것은 아니다. 비록 결정을 잘하려면 좋은 정보를 최대한 많이 확보해야 한다고 줄곧 강조해왔지만, 때로는 과다한 정보가 '의사결정능력을 저하시키기도' 한다. 컬럼비아대 한 심리학자의 연구에 따르면, 재해보험 가입을 고민하는 사람들은 보험사에서 제공하는 정보의 양이 늘어날수록 구매 결정을 내릴 확률이 낮아진다고 한다. 선택 가능한 옵션이 2개에서 11개로 늘어났을 때 구매율이 75퍼센트에서 70퍼센트로 하락했고, 옵션이 59개로 늘어나자 구매율은 61퍼센트로 떨어졌다는 것이다.

즉, 어떤 사람들은 결정과정에서 처리해야 하는 정보가 늘어날수록 결정을 내리기 어려워한다는 것을 알 수 있다.

2. 과거의 결정을 후회한다.

대량의 정보 앞에서 갈팡질팡하면서도 어떻게든 스스로를 다그쳐 결정을 내리고 나면 참담한 결과를 맞을 때가 많다. 이때 혹자는 더 많은 정보를 끌어다가 어떻게든 긍정적인 답을 얻으려 해보지만 그 결과는 차라리 안 하느니만 못하고 후회만 커져간다. 정보가 범람하는 오늘날, 모든 결정은 과거에 비해 더 많은 정보와 얽혀 있고 정보들 간에도 서로 영향을 미치거나 모순되는 상황이 많아졌다. 그 결과, 이미 내린 결정을 후회하는 경우도 더 많아졌다. 혹시 당신도 왜 늘 만족스러운 결정을 내리지 못하는지 스스로를 한탄하고 있는가? 사실 객관적으로 보기에는 이미 꽤 괜찮은 결정이라 할지라도 당신은 여전히 만족하지 못할 것이다.

3. '질'보다는 '새로움'을 중시한다.

행동심리학자 조지 로웬스타인George Loewenstein은 "사람들은 늘 최신 정보에만 촉각을 곤두세우고 과거에 얻은 정보에는 무관심하다"라고 말한다. 이것이 의사결정과정의 '새로움의 효과'다. 심리학자들은 이미 오래전에 사람의 두뇌가 변화하는 사물에 주의를 기울이며 정지된 사물에는 흥미를 보이지 않는다는 사실을 밝혀냈다. 우리의 두뇌는 최신의 사물에 주의를 기울이게 돼 있다. 그것이 중요하든 그렇지 않든 혹은 자신의 관심사든 아니든 상관없다. 이 때문에 결정과정에서도 새로운 정보는 그 질이 어떻든 간에 비교적 큰 영향력을 발휘하게 된다.

4. 대량의 정보로 인해 잠재의식을 간과한다.

심리학자들은 의사결정의 심리학을 연구하면서 사람들이 얼떨결에 내리는 결정이 가장 옳은 결정일 때가 많다는 점을 발견했다. 즉 잠재의식에 의한 결정이 가장 훌륭한 결정일 수도 있다. 다만 결정과 관련하여 잠재의식에 영향을 미칠 수 있는 두 가지 상황이 있다. 하나는 대량의 정보로 인해 결정을 할 때 잠재의식이 아닌 의식 체계가 작동하는 상황이고, 또 하나는 잠재의식이 복잡한 결정과 관련된 정보를 간과해버리는 상황이다. 언뜻 보기에는 둘 다 별 문제 없어보이지만, 대량의 정보 앞에서 우리의 두뇌가 어느 한 쪽을 간과해버린다는 것은 실로 우려스러운 상황이다.

요컨대 대량의 정보는 올바른 결정에 도움이 되기도 하지만, 우리로 하여금 자기 자신을 잃게 만들기도 한다. 대량의 정보 앞에서 스스로를 잃지 않기 위해서는 정보를 처리하는 능력을 부단히 제고하고 자신의 식견을 끊임없이 넓히는 길뿐이다.

스스로를 믿는
의사 결정자가 돼라

올바른 의사결정을 하려면 자신감이 있어야 한다는 것은 누구나 아는 이치다. 자신감은 신속하고 과감한 결정을 내릴 수 있게 하며, 삶의 각종 고난과 실패를 딛고 일어설 용기와 힘을 부여한다. 그러나 의사결정자의 자신감이 도를 넘으면 자신도 속이고 남도 속이는 '자기기인自欺欺人'의 폐쇄적 행위가 되어버린다.

자신감은 의사결정을 촉진할 수도 있고 망칠 수도 있다. 뭔가를 결정할 때 우리는 습관이나 성격의 영향을 받고 과거의 경험에 의존하며 심지어 의사결정의 리스크를 알면서도 허위 증거를 만들어내 스스로를 속이기도 하는데, 이런 문제들은 의사결정에 심각한 영향을 미치게 된다. 의사결정과정에서 자신도 속이도 남도 속이는 자신감은 보편적으로 존재하는 잠재적 리스크 요인이다. 과거를 회상해보라. 누군가 당신에게 어떤 사건이 발생할 정확한 확률을 물어봤을 때, 혹시 지나치게 낙관적인 답을 제시하지는 않았는가? 만약 그런 적이 있다면 지나친 자신감을 조심해야 한다.

하버드 행동심리학 강의는 "지나친 자신감은 일종의 자기 폐쇄적 행위이며 우리의 분석력과 판단력에 심각한 영향을 미쳐 올바른 결정을 내릴 수 없게 만든다"라고 말한다. 과거 린든 존슨의 지나친 자신감 때문에 미국은 베트남 전쟁의 수렁에 빠졌고, 닉 리슨의 과도한 자신감이 200여 년의 역사를 이어온 베어링스은행을 파산으로 몰고 갔다. 모두 지나친 자신감이 초래한 의사결정 오류의 사례들이다. 현실에는 이런 사례들이 비일비재하고, 돌이켜보면 우리 자신도 이 같은 오류를 범한 적이 있을 것이다. 마약 중독자든 사기꾼이든 독재자든, 거짓말을 술술 늘어놓는 순간 상대는 물론 자신도 그 거짓을 진실로 받아들이게 만드는 이런저런 근거들을 찾아낸다.

자신의 거짓말에 타당성을 부여하기 위해 사람들은 심지어 허위 증거를 날조하며 자신의 이론적 근거로 삼기도 한다. 그러니 이것이 자기 폐쇄적이고 자신과 남을 기만하는 행위가 아니고 무엇이란 말인가?

하버드대의 조이 챈스Zoe Chance 교수는 "거짓말쟁이는 자신과 남을 기만하는 것을 즐길 뿐 아니라 심지어는 자신이 거짓말쟁이라는 사실을 종종 잊어버린다. 이를 위해 그들은 자신의 말이 진실이라고 스스로 믿게 만드는 다양한 허위 증거를 날조한다"라고 말한다. 챈스 교수는 사람들이 남들과 자신을 속이는 행위를 설명하기 위해 한 가지 흥미로운 실험을 진행했다. 70명의 학생들을 대상으로 두 차례의 수학테스트를 실시하는 실험이었다. 그녀는 학생들을 두 조로 나눠서 1차 테스트 시 1조의 학생들에게만 시험지 끝부분에 답을 구하는 결정적

힌트를 제공했고, 이어서 시간이 좀더 오래 걸리는 2차 테스트를 한 후 학생들의 답안을 채점했다. 실험 결과 1조 학생들은 1차 테스트에서 힌트 덕분에 높은 점수를 받았고, 그중 81퍼센트가 2차 테스트에서도 자신이 높은 점수를 받을 수 있을 것이라는 믿음을 보인 반면, 1차 테스트에서 힌트를 받지 못한 2조 학생들은 72퍼센트만이 2차 테스트에서 자신이 높은 점수를 받을 수 있을 것이라는 믿음을 보였다. 1조 학생들은 아마도 부정 행위 혹은 자신의 뛰어난 실력을 근거로 2차 테스트에서 높은 점수를 받을 수 있을 거란 자신감을 보였을 테지만, 어느 쪽이든 남들과 자신을 속이는 행위인 것은 매한가지다. 왜냐하면 2차 테스트에서는 1조 학생들의 성적이 2조에 비해 높지 않았기 때문이다. 즉 1차 테스트에서 힌트를 제공받은 학생들이 자신의 능력을 과장한 것이라 할 수 있다.

실험 종료 후, 챈스 교수는 이렇게 말했다. "이 실험을 통해 학술 연구를 조작하거나 학력을 위조하는 사람들, 남의 성과를 표절하는 사람들의 심리를 알 수 있다. 사실 그 사람들도 자신의 행위가 정당하지 못하다는 것을 잘 안다. 잘 알면서도 그들은 이런저런 이유를 끌어다 대며 자신을 설득한다. 남들과 자신을 기만하는 사람들은 자신이 성공할 수 있고 올바른 의사결정을 내릴 수 있다는 강한 믿음을 가지고 있다. 운 좋게 한번 성공하기라도 하면 그들은 자신감이 더욱 충만해지겠지만, 사실상 지나친 자신감은 그들을 더욱 폐쇄적인 상태로 몰고 갈 뿐이다."

남들과 자신을 속이는 사람들은 일반적으로 자기 숭배의 양상을 보인다. 어떤 일에 성공하면 자신의 능력 덕분이라 생각하고, 실패하면 환경이나 운의 탓으로 돌린다. 이런 자신감은 자신의 능력을 과대평가하고 리스크를 과소평가하여 잘못된 결정을 부른다. 그렇다면 사람들은 왜 지나친 자신감을 갖게 되는 것일까?

행동심리학에서는 그 원인을 다음과 같이 분석한다.

- 사람은 현실을 받아들이지 않으려 하는 경향이 있다. 자신이 임의적 사건과 운명을 통제할 수 있다고 생각한다.
- 사람은 누구나 능력이 제한적이므로 사건이 통제할 수 없는 방향으로 발전해가면 위기감을 느끼면서 자신을 기만하기 시작한다. 이렇게 되면 의사결정의 잠재적 오류도 인식할 수 없게 된다.
- 사람은 자신이 지닌 능력이나 특징이 다른 사람들에게도 있는지 유심히 관찰하는 경향이 있다. 즉, 일종의 내재적 선호를 가지고 문제를 바라보면서 이 선호를 지지하는 정보를 찾는 것이다. 때문에 자신의 선호에 위배되는 근거를 찾아 객관적으로 문제를 바라보지 못한다.
- 사람은 자신이 과거에 내린 결정을 객관적이고 공정하게 바라보지 못한다. 대부분의 경우 성공만 기억하고 실패는 망각하는 등 과거를 선택적으로 평가하는 경향이 있다.

지나친 자신감은 우리의 의사결정을 위태롭게 만들 수 있는 폐쇄적 행위다. 적당한 자신감은 필수지만 정도가 지나치면 문제가 된다. 따라서 우리는 의사결정과정에서 지나친 자신감이 가져올 수 있는 리스크를 피하기 위해 노력해야 함은 물론, 허위 증거로 남들과 자신을 속이는 일은 더더욱 삼가야 한다. 하버드 행동심리학 강의는 지나친 자신감이 매우 보편적 현상이며, 다음과 같은 변화를 시도함으로써 지나친 자신감에 의한 의사결정의 리스크를 피할 수 있다고 말한다.

1. 누구나 결정에 임할 때 지나친 자신감을 보일 수 있으며 자신도 예외가 아니라는 점을 의식적으로 스스로에게 일깨운다. 또한 자신에게 그러한 경향이 있는지 늘 주의 깊게 살핀다.

2. 자신이 지나친 자신감을 갖는다는 생각이 들면 상반된 증거를 찾아 자신의 결정이 반드시 옳지 않을 수 있음을 입증한다. 이 과정에서 다른 사람들의 조언과 의견을 구하는 것도 좋다.

3. 자신의 전문 분야를 벗어난 문제라면 더욱 신중해야 하며 더 많은 관련 정보를 수집하여 의사결정을 위한 근거로 삼아야 한다.

요컨대 우리는 스스로를 믿는 의사결정자가 되어야지, 지나친 자신감에 사로잡힌 실패자가 되어서는 안 된다. 자신감을 가지고 올바른 결정을 내리고, 결정을 내린 후에도 자신감을 유지할 수 있다면 당신은 틀림없이 성공적인 의사결정자가 될 수 있을 것이다.

정보를 잘 식별하고 검증하라

    하버드 행동심리학 강의는 학생들에게 정보의 진위를 식별하는 방법을 가르치는 데 많은 시간을 할애한다. 의사결정과정에서 각양각색의 정보를 접했을 때 어떤 정보가 유용하고 어떤 게 쓸모없는 것인지 스스로 식별해야 하기 때문이다. 하버드 사람들은 절대 남의 말만 맹목적으로 믿고 결정을 내리는 일이 없다고 할 수 있다. 그들에게는 나름의 '대저울'이 있다. 남들의 말이 반드시 옳은 것은 아니고 남들에게 옳은 것이 자신에게도 옳은 것은 아니라는 것을 잘 알고 있으므로, 남들의 견해와 대량의 정보를 덥석덥석 받아들이는 법이 없다.

    앞으로의 사회는 점점 더 경쟁이 치열해질 것이고 우리가 내리는 하나하나의 결정은 우리 삶에 더 큰 영향을 미치게 될 것이다. 정보의 홍수 속에서 우리는 자신의 정보 식별 능력을 제고해야 하며 아무 정보나 무턱대고 받아들여서는 안 된다. 이는 즉 옳은 결정을 위해서는 유용한 정보를 획득하는 능력 못지 않게 정보를 식별하는 능력이 중요하다는 것을 의미한다. 정보의 전파 방식이나 정보의 질적인 면에서 볼 때, 오늘날 대량의 정보는 좋은 것과 나쁜 것이 혼재된 상태로 전달된다. 이로 인해 진짜 유용한 정보가 범람하는 쓰레기 정보 속에 파묻혀 버리기 쉽다. 그렇다고 모든 정보를 무턱대고 받아들이면 더욱 우왕좌왕하게 되고, 심지어는 금세 지쳐 나가떨어지게 된다. 정보가 폭증하는 추세에 맞춰 정보를 식별하는 능력이 제고되지 않으면 우리는 정보의 홍수 속에서 길을 잃게 되고 옳은 결정을 내리는 것도 불가능해질 것이다.

정보에는 진위와 좋고 나쁨이 존재한다. 모든 정보가 결정에 유익한 것은 아니다. 그러므로 정보를 이용하는 과정에서 자신의 판단 능력을 제고하여 정보의 진위와 좋고 나쁨을 가려낼 수 있어야 한다. 겉으로 보이는 것만 믿고 의사결정의 오류를 초래해서는 안 된다.

이와 관련해 아주 유명한 반면교사가 있다. 고대 그리스 신화에서 트로이의 왕자 파리스는 그리스의 아름다운 왕비 헬레네를 납치하여 그리스인들의 분노를 사게 되고, 10년에 걸친 트로이 전쟁을 촉발하게 된다. 그러나 그리스군은 성벽이 튼튼하고 식량이 넉넉한 트로이 성을 쉽게 함락하지 못한다. 10년째 되던 해, 그리스의 오디세우스는 정교하게 제작된 거대한 목마 안에 군사를 숨긴 후 이를 트로이 성 밖에 두고 퇴각하는 척하는 묘책을 생각해낸다. 이미 전쟁에 지칠 대로 지친 트로이군은 그리스군이 퇴각하는 것을 보고 환호하며 적군이 남기고 간 목마를 전리품 삼아 성 안으로 끌고 들어간다. 밤이 이슥해져 긴장이 풀린 트로이군이 승리를 자축하는 틈을 타 목마 속에 숨어 있던 그리스 군사들이 목마에서 빠져나온다. 성문을 연 그리스군은 성 안팎에서 협공을 펼쳐 트로이성을 함락시킨다. 이것이 바로 그 유명한 '트로이의 목마' 이야기로, 정보의 진위를 제대로 식별하지 못하면

치명적인 재난을 부를 수도 있다는 점을 일깨워준다.

　아마 당신은 스스로 진위를 식별하는 능력이 뛰어나다고 자신하고 있을지도 모른다. 그러나 행동심리학자들은 대부분 사람이 정보의 진위를 제대로 식별하지 못하며, 이것이 의사결정에 영향을 미치기 쉽다고 말한다. 예컨대 아주 단순한 미소 하나도 그것이 진심어린 웃음인지 가짜 웃음인지 분별하기가 쉽지 않다. 사실 진짜 기쁨을 느꼈을 때 짓는 웃음과 일부러 안면 근육을 수축하여 만들어내는 웃음은 자세히 보면 다르다. 어떤 이들은 거짓말을 할 때 '가짜 미소'를 지어보이며 위기를 모면하려 한다. 또 어떤 이들은 미소로 마음속의 불안감을 해소하려 하고, 어떤 이들은 미소로 관계를 친근하게 만들거나 분위기를 띄워보려 한다. 지극히 단순한 행동인 미소 하나도 그 이면에는 이렇듯 많은 것이 숨겨져 있으니, 복잡한 대량의 정보를 무턱대고 받아들인다면 그것을 어떻게 일일이 잘 처리할 수 있겠는가?

　정보의 획득은 심혈을 기울여야 하고, 때로는 희생도 따르므로 그것을 포기하기란 쉽지 않다. 하지만 그럼에도 모든 정보를 무턱대고 받아들일 수는 없는 일이다. 우리는 정보를 식별하고 판단하는 능력을 부단히 제고하여 그 정수와 진실만을 취해야 한다. 그렇다면 어떻게 해야 대량의 정보를 잘 식별하고 검증할 수 있을까? 하버드 행동심리학 강의는 다음과 같이 조언한다.

1. 이성적 사고를 견지한다.

어떤 결정이든 이성적 사고를 견지하며 맑은 정신으로 각종 정보를 분석하고 판단해야 옳은 결정을 내릴 수 있다.

2. 의구심을 갖는다.

"진리를 추구하더라도 평생 모든 사물을 한번쯤은 회의적 시각으로 바라보아야 한다"라는 한 철학자의 말처럼, 어떤 사물이든 보편적인 의구심의 원칙에 따라 대해야 한다. 살아가면서 우리는 판단하고 결정하는 과정에서 다양한 선입견의 영향을 받게 된다. 편견과 속박에서 벗어나려면 모든 의심스러운 것들에 대해 의구심을 가져야 한다.

3. 이성적 사고로 돌아온다.

의구심의 원칙을 고수하라는 말이 의심스러운 것들을 모두 버리라는 것은 아니다. 이성적이고 객관적인 시각에서 정확히 살핀 후, 유용한 것들은 취하고 여전히 쓸모 없는 것들은 버린다.

우리는 수집한 정보에 대해 '이성을 견지하고' '보편적 의구심을 가지고 바라본' 후 다시 '이성적 사고로 돌아와' 논리적으로 추론해야 한다. 만약 이 과정에서 문제에 맞닥뜨리면 어떻게 해야 할까? 이럴 때는 문제 해결을 보류하고 더 많은 유용한 정보를 획득하여 이를 검증한 후, 궁극적으로 정보가 결정에 도움이 되도록 해야 한다.

가장 중요한 것은 역시 자신의 정보 분석 능력을 강화하고 정보에 대해 세세한 안목을 키우는 등 스스로를 근본적으로 갈고 닦는 것이다. 그렇게 해야만 정보의 홍수 앞에서도 여유를 잃지 않는 예리한 눈을 가질 수 있다.

효율의 중요성

어떤 이는 빠른 속도로 발전하는 현대 사회에서 효율적인 사람만이 성공할 수 있다고 말한다. 하버드 역시 효율을 생명으로 여긴다. 공부를 하든 일을 하든, 효율적인 사람이 성공한다. 결정을 내리는 것도 마찬가지로 효율이 중요하다. 신속하고 과감한 결정은 종종 오류를 피하고 우리 두뇌가 오도되는 상황을 최소화하는 데 도움이 된다.

혹자는 옳은 결정을 위해서는 많은 시간을 들여 생각하고 정보를 수집하고 처리해야 한다고 생각할 수 있다. 하지만 하버드 행동심리학강의는 "때로는 신속하고 과감한 결정도 훌륭한 결과를 낳을 수 있다"라고 말한다. 심리학자들이 이미 오래전에 밝혀진 바에 따르면, 사람들은 첫인상만으로 상대방의 성격을 판단하며 시간이 더 흘러도 최초의 인상이 기본적으로 변하지 않는다고 한다. 대량의 정보가 올바른 결정을 위한 밑거름이라는 건 누구나 인정하는 사실이지만, 여기엔 패러독스가 존재한다. 사람은 정보가 많을수록 그 정보에 좌우되기보다는 직관에 의존하게 된다는 것이다. 쇼핑몰에서 옷을 한 벌 눈여겨봤다고 해보자. 그 옷을 본 순간 사야겠다는 생각이 들었지만 이리저리 고민하다 포기했는데, 한참이 지난 후 결국 그 옷을 사게되었다면 최초의 직관에 의거하여 내렸던 결정이 사실은 자신을 만족시키는 결정이었던 것이다. 만약 처음부터 구매하기로 결정했더라면 많은 시간을 헛되이 낭비하지 않았을 것이다.

뭔가를 결정할 때 이리저리 고민만 하고 시간을 끌다보면 오히려 옳은 결정을 내리기가 더 어려워질 수도 있다. 소심함을 버리고 신속하게 결정을 내리는 것이 더 나은 결과를 가져올 수 있다는 얘기다.

비효율적인 고민은 오히려 우리의 두뇌를 오도하여 과거의 잘못을 다시 반복하거나 끊임없이 잘못을 되풀이하는 악순환을 야기할 수 있다.

효율을 중시하는 오늘날, 잠깐의 망설임이 결정적인 타이밍을 놓치게 만들 수 있으며 신속한 의사결정만이 당신을 승리자의 반열에 올려놓을 수 있다. 우리가 잘 아는 홍콩의 부호 리자청은 스물두 살의 젊은 나이에 자신이 아르바이트로 번 돈과 빌린 돈 5만 홍콩달러로 조그만 플라스틱 회사를 차렸다. 회사를 잘 꾸린 덕택에 그는 8년 만에 업계에서 제법 자리를 잡았지만 거기서 만족하지 않고 늘 더 나은 발전 기회를 모색했다.

얼마 후 그는 북미 지역의 플라스틱 조화 시장을 독점하고 있는 한 대기업이 홍콩을 시찰하러 와서 협력 파트너를 구할 것이라는 소식을 들었고, 곧바로 이사회를 열어 이 문제를 논의했다. 회사의 다른 임원들은 설비나 직원의 자질 면에서 보더라도 자사가 이번 기회를 잡기란 쉽지 않을 것이라며 고개를 내저었다. 하지만 리자청은 "이 회의를 연 목적은 우리 회사 부족한 점을 토론하자는 것이 아니라 어떻게 해야 우리 회사의 우위를 십분 발휘하여 이번 기회를 잡고 나아가 시장점

유율을 높일 수 있는지에 대해 토론하는 것"이라고 역설했다.

사실 리자청 자신도 당시의 회사 상황으로는 세계적인 대기업의 파트너가 되는 게 쉽지 않은 일임을 잘 알고 있었다. 하지만 상황은 긴박했고 망설일 틈이 없었다. 그는 즉각 행동에 돌입하기로 결정했다. 공장과 설비를 업그레이드하고 직원들의 훈련을 강화하는 한편, 일주일 후의 경쟁 입찰을 위해 만반의 준비를 다했다. 리자청과 회사 직원들은 야근과 교대근무를 강행하며 일주일이라는 짧은 시간 안에 이 모든 준비 작업을 마쳤다. 결과가 어땠는지는 가히 짐작할 수 있다. 리자청은 결국 이 소중한 협력 기회를 따냈고, 이는 그의 회사가 더욱 성장해나가는 데 디딤돌이 되었다.

한 개인의 행동은 다양한 결과를 낳을 수 있다. 잘못된 결정을 내리면 그에 따른 쓰디쓴 실패를 맛봐야 한다. 우유부단하면 잘못을 저지르고 쓴맛을 볼 확률이 더 높아진다. 과감하게 결정을 내리는 사람은 적어도 예측 불가능한 미래를 위해 뭔가 시도해보지만, 소심하고 우유부단한 사람은 기회가 자기 눈앞에서 지나쳐버리는 것을 보고만 있을 수밖에 없다. 다 끝난 뒤에 땅을 치고 후회해봐야 아무 소용없는 일이다.

우리 주위에는 매사에 의심이 많고 우유부단한 사람들이 적지 않다. 선택의 순간 그들은 늘 과감하게 결정하지 못한다. 결과가 좋을지 나쁠지 고민하고 개개의 선택이 유발할 수 있는 이런저런 문제를 생각하며 해결 방법을 찾느라 바쁘기 때문이다. 얼핏 보기에는 충분한 준비를 하고 있는 것 같지만, 문제는 좀처럼 결정을 내리지 못한다는 것이다.

어떤 사람이 강을 건너려고 한다. 그런데 강가에 서서 강물의 깊이와 강가의 환경을 관찰하고 심지어는 날씨의 변화까지 살피고 나서도 강을 건너는 행동을 실천에 옮기지는 못한다. 이에 반해, 또 다른 한 사람은 효율을 중시하는 사람으로 강물의 깊이나 강가의 환경에 대해 충분히 파악하진 못했더라도 자신의 직관, 과거의 경험과 문제 해결 능력에 의거하여 남보다 한발 앞서 강을 건넌다. 경쟁이 나날이 치열해지고 있는 오늘날, 기회를 선점하는 자가 승리한다. 낙오자는 가차 없이 도태될 뿐이다.

삶에서 순간의 기회를 포착하기 위해서는 즉각적으로 결단을 내리고 신속하게 의사결정을 해야 한다. 머뭇거리는 행동은 결정의 오류 확률을 증가시킬 뿐만 아니라 소중한 기회를 놓치게 만들기 때문이다. 하버드 행동심리학 강의는 저명한 투자의 대가 워런 버핏과 조지 소로스를 예로 들며 결정 과정에서 효율의 중요성에 대해 설명한다. 이익이 뒤따르는 중대한 기회 앞에서 사람들은 누구나 치열한 각축전을 벌일 수밖에 없다. 그중에서 두각을 나타내고 싶다면 효율성에 승부를 걸어야 하며 두뇌의 오도에 휘말려 같은 오류를 반복하는 상황을 초래해서는 안 된다. 워런 버핏과 조지 소로스는 바로 정확하고 신속한 의사결정을 통해 기회를 포착하여 부를 이룬 사람들이다. 그렇다면 어떻게 해야 정확하고 신속하게 의사결정을 내릴 수 있을까?

하버드 행동심리학 강의는 결정이란 매우 복잡한 사고 과정이지만 다음과 같이 간결하게 정리해 볼 수 있다고 말한다.

- 목표를 설정한다.
- 포괄적으로 정보를 수집한다.
- 이성적으로 사고한 후 결정을 내린다.
- 구체적인 실행 절차를 정한다.
- 최선을 다해 실행한다.
- 돌발 상황이 발생하면 다시 첫 번째로 돌아가고 그렇지 않으면 본래의 계획대로 계속 진행한다.

한편, 결정이 느리고 실행 효율이 낮은 이유는 대개 다음과 같다.

- 자신의 목표를 명확하게 인식하지 못하고 결정 과정에서 문제를 발견하지 못한다.
- 결정 과정 도중에 부랴부랴 정보를 수집하거나 정보가 불충분한 상태에서 결정을 한다.
- 집중력이 부족하고 산만하다.
- 실행 도중에 결정에 대해 의구심을 갖는다.
- 새로운 정보에 대한 변별력이 없다.

'그름' 속의 '옳음'을 찾아라

하버드대에는 매우 유명한 교훈이 있다. "플라톤과 아리스토텔레스를 친구로 삼고, 진리와 친구가 되어라" 진리란 무엇일까? "진리는 종종 소수의 손 안에 있다"라는 말을 들어본 적이 있을 것이다. 하버드 행동심리학 강의는 결정에서 옳고 그름이 없다고 말한다. 이것이 바로 진리다. 옳은 결정이라고 해서 모든 면에서 다 옳을 수는 없다. 어떤 관점에서 보면 옳지 않을 수도 있는 것이다. 잘못된 결정 또한 수많은 측면이 존재하며 그 속에는 옳음의 실마리가 숨겨져 있다.

우리는 '옳음과 그름' '진실과 거짓' '선과 악'에 대한 논의를 자주 접하게 된다. 토론자가 어떠한 사실이나 증거로 자신의 관점을 설명하든 상대방은 늘 모순을 들추어낼 수 있다. 다시 말해, 이와 같은 논의는 허점투성이일 수밖에 없고 모든 사람을 만족시키는 정설은 존재하지 않는다. 이런 점으로 미루어 볼 때, 어떤 사물은 '옳고 그름'을 쉽게 가늠할 수 없다. 그 자체가 복잡다단한 관계를 너무 많이 내포하고 있기 때문이다.

또한 사람은 누구나 복잡한 사고방식과 정서적 체험을 보유하고 있기 때문에 결정을 할 때 본인 스스로도 옳고 그름을 가늠하기 어려울 수 있다. 사람의 행동을 이해하기란 쉽지 않은 일이고, 사람의 심리를 간파하기란 더더욱 어려운 일이다. 다만 한 가지 확실한 것은 결정 그 자체에는 옳고 그름이 없다는 사실이다. 예컨대 어떤 사람이 안정적인 직장을 그만두고 몇 년 동안 모아온 돈을 다 털어 여행을 떠나기로 결정했다면, 그의 행동을 이해하는 사람은 많지 않을 것이고 거의 대부분의 사람이 그 결정이 잘못되었다고 여길 수 있다. 하지만 그가 여행을 하면서 식견을 넓히고 마음의 안정을 되찾았을 뿐만 아니라 배우자까지 만났다면 그의 결정은 의심할 나위 없이 옳았다고 할 수 있다.

따라서 결정한 후에는 그 결정의 옳고 그름에 대해 많은 시간을 들여 고민할 필요가 없다. 그저 결정을 받아들이고 실행에 옮기면 된다. 결정한 일이 당신이 기대했던 방향으로 나아가면 묵묵히 앞으로 밀고 나가면 된다. 만약 애초에 기대했던 방향에서 벗어난다면, 즉 '잘못'이 발생하면 그 잘못 속에서 옳은 실마리를 찾고 자신의 마음을 다잡거나 결정 사항을 수정하여 결정한 일이 더 나은 방향으로 나아가게 하면 된다. 하지만 안타깝게도 자신의 잘못을 인정할 줄 아는 사람이 많지 않다. "사람들은 별로 중요하지 않은 일에 대해서만 스스럼없이 자신의 잘못을 인정한다"라는 어느 심리학자의 말처럼, 사람들은 자신의 잘못을 인정하지 않으려는 경향이 있다. 그러니 잘못된 결정 속에서 옳은 실마리를 찾는 건 더더욱 어려운 일이다.

사람의 심리와 행동은 각종 정보와 규칙, 남들의 생각과 발언 등 외부의 영향을 받기 쉽다. 이것이 바로 군중심리다. 군중심리의 영향을 받게 되면, 우리는 자신의 인식과 판단을 조정하여 다수의 기준에 더 잘 부합하기 쉽다. 일반적으로는 다수의 의견이 옳은 경우가 많다. 그러나 앞서 "진리는 종종 소수의 손안에 있다"라고 했듯이 다수의 의견이 옳지 않은 경우도 있다. 군중심리는 독립적 사고능력과 판단능력을 약화시키고 결정의 옳고 그름을 분별할 수 없게 만든다. 군중심리에 잘 휘말리는 사람은 다수가 '옳다'고 하는 것이 진정한 옳음이고 다수가 '그르다'고 하면 반드시 그른 것이라고 생각하기 때문이다.

하버드 행동심리학 강의에서 한 교수가 "남이 하는 대로 그저 따라서 해본 적이 없는 사람이 있으면 손을 들어보라"고 학생들에게 주문하자 손을 든 학생이 10분의 1도 채 되지 않았다. 군중심리가 매우 보편적인 현상임을 알 수 있다. 군중심리에 잘 휘말리는 사람은 타인의 암시에 좌우되거나 아무 생각 없이 남의 의견을 받아들여 자신의 행동 지침으로 삼기 쉽다.

남들이 그저 결정이 '옳다'고 하면 기뻐서 어쩔 줄 모르고, '잘못되었다'고 하면 낙담하고 좌절한다. 현실에서 군중심리는 결정에 영향을 미칠 뿐 아니라, 특정인들에 의해 목적 달성을 위한 수단으로 활용되기도 한다. 이를테면 광고나 이슈의 확산과 토론 등이 그러하다. 하버드 행동심리학자가 실시한 다음 실험을 보면 군중심리를 더욱 잘 이해할 수 있다.

심리학자가 한 학생에게 처음 보는 사람 네 명과 함께 실험실로 들어오라고 주문했다. 사전에 그 학생에게 "나머지 네 명도 실험에 참가하러 온 다른 학교 학생들"이라고 말해주었다. 다섯 명이 모두 실험실에 들어오자 각각 A, B, C, D로 표시한 직선 네 개를 보여주면서 "직선 A는 직선 B, C, D 중 어느 것과 길이가 가장 비슷한가"라는 질문을 했다. 정답은 B였지만, 앞의 네 명이 모두 C라고 대답하자 마지막으로 남은 그 학생은 답이 B라고 생각했음에도 불구하고 스스로의 판단에 의심을 품고 다른 사람들과 마찬가지로 C라고 대답했다.

사실 앞의 네 명은 다른 학교 학생이 아닌 심리학자의 조교들이었다. 그 학생은 군중심리로 인해 정말로 오답을 선택했던 것이다. 그 후 여러 학생들을 대상으로 같은 실험을 반복했는데, 30퍼센트가 넘는 학생들이 군중심리로 인해 오답을 선택했다. 이 실험을 통해 우리는 군중심리가 우리의 의사결정뿐만 아니라 옳고 그름에 대한 판단에도 영향을 미친다는 것을 알 수 있다. 더욱 객관적이고 정확하게 결정의 옳고 그름을 판단하고 잘못된 결정 속에서 옳음을 찾으려면, 군중심리부터 버려야 한다. 군중심리를 없애는 방법은 다음과 같다.

1. 더 많은 지식을 습득하고 경험을 축적하여 자신을 발전시킨다.
특히 독립적으로 사고하고 스스로 판단하며 옳고 그름을 변별하는 능력을 제고하기 위해 노력해야 한다.

2. 자의식을 강화한다.
특히 자주적으로 선택하고 결정하는 능력을 강화해야 한다.

3. 자신감을 키운다.
남의 시선을 지나치게 의식하지 않고 과감하게 자신의 생각을 말하고 결정을 내릴 수 있어야 한다.

한편, '잘못'을 제대로 인식하여 '잘못된' 결정에서 '옳은' 실마리를 찾는 것도 중요하다. 앞서 말했듯이 결정에는 절대적인 '옳고 그름'이 없으므로 '잘못된' 결정이라 할지라도 반드시 '옳은' 길로 나아갈 희망은 있다. 바이두(중국 최대의 검색 포털 사이트-옮긴이)의 창시자 리옌홍이 "오류가 곧 터닝포인트"라고 했듯이 말이다.

05

복잡한 것은 단순하게,
결정을 복잡하게
만들지 마라

어린아이 같은 집중력을 가져라

심리학에 '낙숫물 효과'라는 말이 있다. 오래된 건축물을 유심히 살펴보면 처마 밑 돌계단에 작은 구멍이 한 줄 나 있는 것을 볼 수 있다. 이 구멍들은 사람이 뚫은 것이 아니라 처마 밑에서 떨어지는 빗방울이 여러 해에 걸쳐 만들어낸 것이다. '낙숫물 효과'는 빗방울이 돌을 뚫듯, 무슨 일이든 꾸준히 목표에 집중하다보면 이룰 수 있다는 것을 가르쳐준다.

결정을 할 때도 집중의 힘을 잘 이해해야 한다. 집중은 옳은 결정을 위한 필수 조건이기 때문이다. 일찍이 하버드 총장을 역임했던 에버트 로웰Abbot L.Lowell은 "교육을 받은 사람이라면 모든 사물에 대해 조금씩이라도 두루 알아야 하지만, 특히 한 분야에 정통해야 한다"라고 말했다. 누구든 자신만의 전문 분야가 있어야 한다는 얘기다. 많은 행동심리학자와 신경학자들 또한 사람의 두뇌가 연속적으로 어떤 한 가지 일에 집중할 때 최대의 효율을 발휘한다는 점을 확인했다. 이는 즉 결정을 할 때도 집중을 하면 성공할 확률이 높아짐을 의미한다.

하버드대 최초로 정년 보장을 받은 여성 심리학자 엘런 랭거Ellen Langer는 "어린아이 같은 집중력은 매우 값진 것이다. 현실에서 많은이에게 이러한 집중력이 부족하며, 이는 사람들이 뭔가를 할 때 실패하는 주된 원인이기도 하다"라고 말한다. 집중력은 심리적 건강 상태를 가늠하는 척도일 뿐 아니라 성공 여부와 옳은 결정을 내릴 수 있는지 여부를 결정짓는 관건이기도 하다. 그렇다면 당신은 어떠한가? 집중력이 부족하다고 생각하는가? 지금부터 다음과 같은 상황을 상상해보라.

현재 시각은 밤 12시, 당신의 집 초인종이 갑자기 울린다. "대체 누가 단잠을 깨우는 거야?" 하고 투덜거리면서도 당신은 어둠 속을 더듬으며 문을 연다.

초인종을 누른 사람은 한 중년 남성이었다. 그는 올해 파리 패션 위크에서 화제가 되었던 고가의 양복을 입고 손에는 커다란 다이아몬드 반지를 두 개나 끼고 있었으며, 길 저쪽에는 그가 타고 온 듯한 포르쉐가 보였다. 그는 이 시간에 당신의 밤잠을 깬 점에 대해 극구 사과하면서, 자신이 현재 매우 긴급한 '게임'을 하고 있는 중이며 그의 전처 또한 재산 쟁탈을 위해 이 게임을 하고 있는 중이기 때문에 자신이 반드시 게임에서 이겨야만 한다고 설명한다.

그는 지금 당장 길이가 70센티미터, 폭 30센티미터인 나무판자가 필요하며, 당신이 이를 제공한다면 그 사례로 10만 달러를 지불하겠다고 제안한다. 그의 말이 의심스럽기는 하지만 옷차림이나 언행으로 보아 부자가 틀림없다고 생각하면서 당신은 난감해한다. '맙소사, 어딜 가서 그런 나무판자를 찾지?' 목재 공장을 떠올려보지만 목재 공장의 사장이 누구인지, 또 공장이 어디에 있는지도 잘 모른다. 게다가 밤

12시에 목재 공장을 찾는다 해도 분명 문을 닫은 상태일 것이다. 한참을 고민하다가 당신은 그 부자에게 유감스럽다는 듯 이렇게 말한다. "죄송하지만 도움이 되어드리지 못할 것 같네요."

이튿날 출근길에 공사 현장을 지나던 당신은 마침 길이 70센티미터에 폭이 30센티미터 정도 되어 보이는 나무판자를 발견한다. 알고보니 그건 바로 방문 한 짝의 크기였고 그 순간 당신은 간밤의 결정을 후회한다. 집 안의 문짝을 뜯어 그에게 주었다면 사례금으로 10만 달러를 받을 수 있었는데, 왜 그런 천재일우의 기회를 그리도 쉽게 포기했는지 자책한다. 사실 당신은 단지 집중력이 부족했던 것뿐이다. 포기라는 결정을 내리기 전에 '문짝' 또한 '나무판자'라는 점을 떠올려 그 둘을 연결 짓지 못했던 것뿐이다.

현실에서 우리는 종종 이런 '집중력이 부족한' 행동을 보인다. 예를 들면 휴대폰을 찾으려 하는데 한참을 찾아도 눈에 띄지 않아 초조해하던 중 자신이 휴대폰을 손에 쥐고 있는 걸 발견한다든가, 심사숙고 끝에 어떤 결정을 내렸는데 얼마 지나지 않아 더 나은 선택이 있다는 점을 깨닫게 되는 경우가 그러하다. 하버드 행동심리학의 강의는 '집중력 부족'의 세 가지 유형으로 '범주의 함정에 빠지는 경우'와 '자동적 행동'과 '경직된 행동'을 분석한다.

1. 범주의 함정에 빠지는 경우

복잡한 사물을 대할 때, 우리의 두뇌는 범주화를 통해 사물을 이해하고 인식한다. 예컨대 '이 예술품은 다른 나라가 아닌 중국의 것이다'

'그는 평범한 대학생이다' '이 식물은 따뜻한 곳에서만 자랄 수 있다' 등과 같은 생각이 그러하다. 그런데 사실 이는 우리가 만들어내는 '범주의 함정'이며, 자칫 잘못하면 우리의 의사결정능력에 부정적 영향을 미치게 된다. 집중력이 약하다는 것은 남자와 여자, 노인과 아이, 성공과 실패 등 전통적 범주에 지나치게 고지식하게 의존한다는 것을 의미한다. 이러한 구분은 두뇌에 강한 인상을 남기면서 심지어는 결정의 이론적 근거로 작용하게 된다.

2. 자동적 행동

현대 심리학은 아직까지 인간이 자동적으로 얼마나 많은 복잡한 행동을 수행해낼 수 있는지에 대해 많은 연구를 축적하지 못했다. 하지만 우리는 이러한 '자동적 행동'을 자주 행한다. 예를 들어, 당신은 아마도 쇼핑몰 안을 걷다가 마네킹에게 "잠깐 비켜주세요"라고 말하거나, 통계표를 작성하다가 자신도 모르게 작년 날짜를 기입한 적이 있을 것이다. 우리의 두뇌는 특정 모드에 진입하면 주위 세계에 대한 제한적 믿음을 자동적으로 활성화하고 나머지 정보는 간과해버린다. 평범한 사람들도 무의식 상태에서 독서, 글쓰기와 같은 복잡한 행동을 수행해낼 수 있으며, 이러한 행동은 대개 자동적으로 이루어진다. 결정도 마찬가지다. 명확한 의식이 없는 상태에서 어떤 선택이나 결정을 하게 되면 대부분 사람은 습관에 의거하여 자동적으로 선택과 결정을 내린다.

예컨대 운전자들이 의례적으로 자동차의 제어 시스템을 살필 때, 겉으로 보기에는 뭔가 생각을 하고 있는 것 같아도 실제로는 두뇌를 전혀 사용하고 있지 않은 것과 마찬가지다. 즉 무턱대고 관례에 따라 일을 처리하거나 아무 생각 없이 결정을 내리면, 우리의 두뇌는 대체로 자동 장치같이 반응하게 되고 이는 결정을 그르칠 확률만 높이게 된다.

이런 '자동적 결정'은 우리가 일상생활에서 보이는 습관적 행동과 매우 유사하며, 이 또한 집중력 부족이 원인이다.

3. 경직된 행동

여기서 경직된 행동이라 함은 뭔가를 할 때 오로지 사전에 정해진 대로만 따라가는 것을 말한다. 예를 들어 요리를 할 때에도 어떤 양념을 어떤 순서로 넣어야 할지 레시피에 적힌 절차를 엄격히 따르며, 혹시라도 절차 하나를 어기면 요리 전체를 다 망친다고 생각한다. 레시피를 유일한 정답으로 받아들이는 셈이다. 사람마다 입맛이 다 다르다는 것도, 창의성을 발휘하면 뭔가 재미난 새로운 요리가 탄생할 수 있다는 것도 전혀 떠올리지 못한다. 경직된 행동은 집중력에 직접적 영향을 미친다. 융통성이라곤 전혀 없는 규칙들이 두뇌에 입력되면, 사고 체계는 마치 입을 꽉 다문 조개처럼 더 이상 유용한 정보를 받아들이지 않게 된다. 그리고 이와 같은 융통성 없는 닫힌 사고가 결정에 심각한 영향을 미쳐 잘못된 결정을 유발한다.

위의 세 가지 행동은 집중력이 부족할 때 나타나는 행동들이다. 이를 극복할 수 있다면 집중력을 제대로 발휘하여 가장 옳은 결정에 한 걸음 더 가까이 다가갈 수 있을 것이다.

하버드의 직선적 사고법 :
가설에 입각한 결정은 거부한다

포드 자동차의 전임 사장 리 아이아코카는 "우리는 종종 자신의 직관을 믿지 않을 수 없다. 왜냐하면 그건 마치 하느님이 우리에게 나아갈 길을 알려주는 것 같기 때문이다. 그러나 자신의 직관에 전적으로 의존해서도 안 된다. 왜냐하면 하느님이 늘 우리 곁에 계시는 건 아니기 때문이다"라고 말했다. 직관이란 무엇인가? 직관이란 특정 사물이 내포하는 총체성·조화성·순차성 등에 대한 신속한 통찰과 반응을 말하며, 우리로 하여금 각종 정보의 간섭을 뛰어넘어 신속하고 단순하게 가장 옳은 결정에 이를 수 있게 한다. 그러나 하버드 행동심리학 강의는 좀 다른 관점을 제시한다. 단순히 직관에 의거해 결정을 내려서는 안 된다는 것이다. 이것이 바로 복잡함을 단순화하고 직관에 의한 가설을 거부하는 하버드의 직선적 사고법이다.

의사결정과정에서 아마 당신도 이런 경험을 한 적이 있을 것이다. 아무리 기를 쓰고 머리를 쥐어짜봐도 만족스러운 방안이 떠오르지 않아 그 문제를 잠시 접어두고 주의를 딴 데로 돌리니까 갑자기 머릿속에 좋은 방안이 떠오른 경험 말이다. 이것이 바로 심리학에서 말하는 직관이다. 실제로 많은 학자가 직관의 영향력을 경험하며, 한 화학자는 자신의 경험에 대해 이렇게 기술한다. "어떤 문제에 대한 답이 도무지 떠오르지 않아 잠시 접어두고 산책에 나섰다. 큰 길을 따라 걷다가 마트를 지나던 순간(지금도 그 마트 이름까지 기억한다), 갑자기 기발한 생각이 떠올랐고 마치 어떤 목소리가 나를 부르는 것 같은 느낌을 받았다. 일은 잠시 접어두고 일에 대한 생각을 멈추니까 갑자기 문제를 해결할 수 있는 최상의 방안이 떠올랐던 것이다. 문제가 이렇게 간단하게 해결될 줄은 나 자신도 꿈에도 생각하지 못했다."

결정의 순간, 직관은 종종 이렇게 상황을 제멋대로 '휘저어놓는다' 그래서 어떤 사람들은 심지어 직관을 신봉하며 "직관에 따라야 한다"라고 목소리를 높인다. 그러나 직관의 영향을 받으면 우리의 결정은 논리성을 잃게 된다. 직관에 의한 결정은 논리적 절차를 건너뛸 뿐만 아니라 논리의 영향에서 벗어난다. 이성적 결정과 비교했을 때, 직관적 결정은 다음과 같은 특징을 보인다.

1. 지나치게 단순하다.

직관은 결정을 지나치게 단순화한다. 정상적인 논리적 추론의 과정을 건너뛰기 때문이다. 정보 수집이나 분석 등 절차는 건너뛰고 가장 핵심적인 부분, 특히 결론만 갖춘다. 직관은 논리적 분석의 디테일한 부분을 간과하고 하나의 전체로서 사물을 다루게 만든다.

2. 설명하기 어렵다.

난관에 봉착하여 도무지 답이 떠오르지 않을 때 직관으로 문제를 해결하는 과정 자체는 사실 설명하기 어려운 일이다. 수학자 가우스는 2년이 넘도록 답을 찾지 모해 전전긍긍하던 수학 난제를 불현듯 떠오른 생각으로 마침내 해결하게 되었다. 그는 "그 아이디어는 마치 번개처럼 나타나 모든 난제를 순식간에 해결했는데 사실 나조차도 무엇이 내 본래의 지식을 성공으로 이끌었는지 도무지 모르겠다"라고 회고했다.

3. 순식간에 일어난다.

직관적 결정은 일종의 돌발적 창조 활동이다. 대개 어떤 문제에 대해 골똘히 생각하다가 예기치 못한 상황에서 갑작스레 결정을 내리게 되기 때문에 돌발적 사고의 특성을 보인다. 독일의 유명한 수학자 다비트 힐베르트는 공연 관람 도중 갑자기 오랫동안 해결하지 못했던 수학 난제의 답을 떠올렸고, 소련의 화학자 드미트리 이바노비치 멘델레예프 또한 여행 가방을 들고 기차에 오르던 순간 원소 주기율에 관한 결정의 영감을 얻었다.

실제로 직관에는 일정한 방식이 없다. 이는 돌발적 창조 활동으로서, 형식과 논리의 제약을 받지 않으며, 종종 일반적 사고의 틀을 깨고 놀라운 성과를 창출해내면서 의사결정에 지름길을 열어준다. 대량의 정보를 수집하여 고민에 고민을 거듭해도 결정을 내리기 어려울 때는 계속 매달리기보다 잠시 접어두고 산책, 음악 감상, 독서 등 다른 일에 주의를 돌려보는 것이 나을 수 있다. 결정에 목매지 않을 때 오히려 참신하면서도 유용한 해결 방안이 떠오를 수 있기 때문이다.

직관적 결정은 단순하고 용이하다. 분석과 귀납에 많은 시간과 에너지를 할애하지 않아도 되므로 마음이 솔깃할 수밖에 없다. 그렇다면 의사결정을 할 때에는 직관에 따라야 하는 것일까? 하버드 행동심리학 강의는 직관이 종종 믿을 만한 게 못 되므로 직관만 믿고 결정을 내려서는 안 된다고 말한다. 의사결정자에게 직관은 양날의 칼과도 같다. 옳은 직관은 적은 노력으로 훌륭한 결정을 이끌어낼 수 있지만 잘못된 직관은 우리를 '잘못된 길'로 이끌어 엄청난 손실과 돌이킬 수 없는 오류를 초래할 수 있다. 또한, 직관은 영감과 마찬가지로 우연히 얻을 수는 있지만 얻으려고 애쓴다고 얻어지는 것이 아니다. 직관에만 의존하는 결정은 자신을 수동적인 처지에 놓이게 하며, 이는 의사결정자가 절대 범해서는 안 되는 오류다.

그러나 현실은 매우 우려스럽다. 많은 사람이 결정을 내릴 때 이성적 사고가 아닌 직관에 의존하려 하기 때문이다. 물론 의사결정이 난관에 봉착했을 때 뜻밖의 도움을 주어 신속하고 효율적인 결정을 내릴 수 있게 한다는 점에서 직관 역시 중요하다. 하지만 이 때문에 직관의 한계와 리스크를 간과해서는 안 된다. 의사결정에서 이성적 판단이 아닌 직관에만 의존하다보면 부분만 보고 전체를 판단하는 상황을 초래하여 과학적이고 합리적인 결정이 불가능해진다. 직관에만 의존하는 결정이 초래하는 리스크는 우리에게 통제 상실의 실패감을 맛

보게 한다.

직관적 결정에서는 광범위하고 체계적인 정보의 수집, 정보에 대한 분석 및 처리, 각각의 대안에 대한 면밀한 사고 등 이성적 의사결정의 필수적 절차를 찾아볼 수 없다.

직관적 결정은 많은 이들에게 실패를 가져다주고 혹독한 대가를 치르게 한다. 사람은 누구나 성공을 열망하고 자신의 결정이 기대한 목표를 달성하기를 갈망하기 때문에 기회가 눈앞에 다가오면 어떻게든 성공하고 싶다는 유혹에 사로잡히게 된다. 그리하여 무작정 직관에 의존하는 충동을 범하게 되고 결과적으로 이성적 사고가 결여된 상황에서 잘못된 판단과 결정을 내리게 되는 것이다. 이에 대해 하버드 행동심리학 강의는 이성적 의사결정과 직관적 의사결정의 '조화로운 병용'이야말로 최적의 의사결정에 이르는 방법이라고 조언한다.

제2의 자아,
복잡한 인성을 단순하게 하라

심리학에는 제1의 자아에 대응하는 개념으로 '제2의 자아'라는 개념이 있다. 제1의 자아가 삶을 표상한다면 제2의 자아는 의식, 즉 인성을 표상한다. "인성은 복잡하다"라는 말을 들어본 적이 있을 것이다. 사람들은 결정을 포함한 다양한 사건을 처리할 때 복잡한 인성의 영향을 받게 된다. 이에 하버드 행동심리학 강의는 "의사결정능력을 제고하기 위해서는 제2의 자아를 잘 이해하야 하며 복잡한 인성을 단순화해야 한다"라고 말한다.

인성이 복잡하다는 것은 부정할 수 없는 사실로, 단순한 사물을 복잡하게 만드는 건 어렵지 않지만 복잡한 사물을 단순화하는 것은 매우 어려운 일이다. 자동차 한 대를 엉망진창으로 해체하는 것은 쉽지만 고철더미를 자동차로 다시 조립하는 것은 어려운 것과 같은 이치다. 결정 또한 마찬가지다. 어려운 과정이긴 하지만 결정을 단순화하여 양자택일의 문제로 만들면 결정 자체는 아주 쉬워진다.

하버드 경영대학원 교수 로자베스 칸터Rosabeth M.Kanter는 "경제와 사회를 주도할 향후 중대한 흐름은 '단순화'일 것이다"라고 예측한다.

왜 이러한 관점이 제기된 것일까? 갖가지 정보가 폭증하는 현대사회에서 정보 자체만으로도 이미 충분히 복잡하기 때문에, 사람들의 생각과 행동이 단순화를 지향할 것이라는 예측이다. 우리는 지금까지 갈수록 복잡해지는 세상 때문에 엄청난 대가를 치러왔다. 사람의 두뇌가 일종의 정보 수신기라면 이 수신기는 계속해서 지나치게 많은 정보를 수용해왔으며, 수용한 정보들을 잘 처리하고 장악하기 위해 쉴 새 없이 정보들을 분류하고 정리해왔다.

뿐만 아니라, 이 정보들을 배후의 각종 '하위 정보'까지 읽어내야 하니 복잡하고 변화무쌍한 정보의 홍수 속에서 우리 두뇌는 점차 과부화되어 다양한 문제를 드러내고 있다.

왜 사물을 최대한 단순화해야 하는가? 복잡한 정보는 길을 잃게 만들지만 단순화된 사물은 통제하고 선택하기 쉽기 때문이다. 특히 오늘날의 정보화 시대에 각양각색의 새로운 이론과 관점들이 끊임없이 제기되고 있고, 매일같이 점점 더 복잡해지는 제도와 법칙에 적응해야 한다. 복잡함을 단순화하는 방법을 배워야 하는 시기인 것이다. 실제로 사물은 단순할수록 좋은 경우가 많다. 결정도 마찬가지다. 이와 같은 단순화의 과정은 오컴의 면도날 Ockam's Razor 법칙과 유사하다.

오컴의 면도날 법칙은 영국 철학자 오컴이 제기한 법칙으로, 그는 자신의 저서에서 "적은 것으로도 충분히 잘할 수 있는 일에 필요 이상으로 많은 것을 낭비하지 마라"고 강조한다. 쉽게 말해, 사물의 본질과 단순성을 잘 포착해야 한다는 말이다. 인위적으로 사물을 복잡하게 만들면, 더 보태진 무언가가 도움이 되기는커녕 오히려 불필요한 골칫거리를 가져올 수 있다. 오컴의 면도날 법칙을 의사결정과정에 적용하면 동일한 결과를 얻을 수 있는 두 개의 경쟁적 대안 중 단순한 쪽이 틀림없이 더 낫다는 판단에 이를 수 있다. 현실의 수많은 사례가 이 점을 입증한다.

외국의 한 비누 생산업체가 비누 상자에 비누가 들어 있지 않다는 고객들의 신고를 받았다. 이 업체는 생산 공정에서 이 같은 상황이 재발하는 것을 방지하기 위해 회의를 열어 해결 방안을 모색한 결과, 수석 엔지니어를 추가로 채용하는 한편 고가의 엑스레이 모니터를 구입하여 출하되는 제품을 일일이 체크하기로 결정했다. 한편, 또 다른 비누 생산업체도 이와 동일한 문제에 봉착했는데, 그 업체는 더 간단한 해결 방법을 생각해봤다. 강력한 공업용 선풍기를 가동해 생산라인에서 출하되는 비누 상자 중에 빈 상자를 날려 버리는 방법이었다. 같은 문제를 놓고 전혀 다른 해결 방법을 채택했지만 결과는 동일했다. 어떤 방법이 더 낫다고 생각하는가?

빠른 속도로 발전하는 현대 사회는 당연히 복잡한 일을 단순화하라고 권한다. 가장 간단한 방법으로 여러 가지 복잡한 일을 처리할 수 있는 사람이 매사에 더 많은 주도권을 확보할 수 있을 뿐만 아니라 시간도 더 벌 수 있고 효율도 더 높일 수 있다.

"똑똑한 사람은 복잡한 일을 간단하게 만들고, 우둔한 사람은 간단한 일을 복잡하게 만든다"는 말을 들어본 적이 있을 것이다. 비록 인성은 복잡하지만 이를 최대한 단순화시킬 수는 있다. 두 개의 유사한 해결 방안이 있다면 더 단순한 쪽을 선택하라. 사물에 대한 해석이 단순한 것이 복잡한 해석보다 더 정확한 경우가 많기 때문이다. 복잡한 인성과 사물을 대할 때는 오컴의 면도날을 들이대어 복잡한 것을 단순화시켜보라. 그러고 나면 결정이 사실은 아주 쉬운 일이라는 것을 깨닫게 될 것이다.

콜럼버스가 신대륙을 발견한 후 에스파냐로 돌아가자 에스파냐 여왕이 그의 위대한 업적을 치하하기 위해 성대한 연회를 베풀었다. 연회에 참석한 사람들은 콜럼버스를 숭배와 호기심에 가득 찬 눈으로 바라보며 그가 어떻게 해서 신대륙을 발견했는지 알고 싶어했다. 하지만 콜럼버스의 대답은 의외였다. "방법은 아주 간단합니다. 배를 한 방향으로만 계속 몰고 가면 됩니다." 콜럼버스의 대답에 모두들 멍하니 서로를 쳐다보았다. 콜럼버스가 신대륙을 발견한 방법이 그렇게 간단한 것일 줄은 생각지도 못했던 것이다.

우리는 종종 복잡한 '제2의 자아'나 사물 자체의 복잡성으로 인해 복잡한 정보 앞에서 갈팡질팡하고 결정을 할 때도 어디서부터 손을 대야 할지 몰라 허둥댄다. 어떻게든 포기하지 않고 어렵사리 결정을 내린다 해도 수많은 시행착오를 겪고 막대한 에너지를 허비하게 된다. 때문에 복잡한 사물을 단순화하거나 결정 자체를 단순화하는 방법을 배우는 것이 중요하다.

그렇다면 어떻게 해야 복잡한 사물을 단순화할 수 있을까? 하버드의 행동심리학 강의는 다음과 같이 제안한다.

1. 매사에 "더 간단한 해결 방법은 없을까" 생각해본다.

무슨 일을 하든 좀더 신속하고 간편한 방법이 무엇인지 먼저 생각해본다. 무턱대고 덤벼들어 헛고생만 하고 정작 아무 문제도 해결하지 못해서는 안 된다. 어떤 이들은 스스로 두뇌가 명석하다고 자신하면서 굳이 복잡한 방식으로 사물을 이해하고 문제를 해결하려한다. 심지어는 문제 해결 방식이 복잡할수록 더 좋다고 생각하는데, 그러다가 결국엔 사고가 막다른 골목에 몰리고 아무런 문제도 해결하지 못하게 된다.

2. 적절한 것이 가장 좋은 것이며 양보다는 질을 중시해야 한다.

어떤 이들은 의사결정과정에서 난관에 봉착하면 현실 상황은 전혀 고려하지 않은 채, 무조건 생각을 많이 할수록 잘못된 확률을 줄일 수 있고 사고의 폭과 깊이를 드러낼 수 있다고 믿는다. 그러나 이렇게 인위적으로 사물을 복잡하게 만드는 행동은 사족이나 다름없다. 우리가 해야 할 일은 되도록 사물을 단순화하는 것이다. 적절한 것이 가장 좋은 것이며 양보다는 질을 중시해야 매사를 효율적으로 처리하고 늘 옳은 결정을 내릴 수 있다. 복잡한 사물을 단순화하는 것, 이것이 바로 하버드 행동심리학 강의에서 말하는 의사결정의 비결이다.

결정은 쓸데없이
바빠지기 위한 것이 아니다

  매일같이 이런저런 결정 때문에 머리를 쥐어짜고 있을 때, '이 결정이 도대체 무엇을 위한 것인지' 생각해본 적이 있는가? 물론 당신의 머릿속에는 나름 기대하는 목표가 있을 것이고, 결정은 이 목표를 달성하기 위한 것이다. 그러나 결정은 종종 우리를 기대한 목표에서 오히려 멀어지게 만드는데, 어떻게 해서 이런 일이 벌어지는 것일까?

  현실에서 결정은 종종 우리를 거대한 목표에 다가서게 만들지는 않고 그저 우리를 더 바쁘게만 만든다. 이런 분주함은 별다른 성과도 내지 못하고 우리를 기대한 목표에 가까이 다가가게 해주지도 못한다. 결정을 내리는 순간을 하나의 '기점'이라고 하고 기대한 목표를 달성하는 순간을 '종점'이라고 한다면, 이 두 지점 사이에서 우리는 과연 무엇을 한 걸까?

  당신이 기대하는 목표를 목적지라 하고 그곳에 이르는 데는 다양한 길과 교통수단이 있다고 가정할 때, 가는 도중에 다양한 사건과 맞닥뜨릴 수 있다. 이 사건들이 당신을 목표에서 멀어지게 하고 분주하게 만드는 주된 원인이 된다. 하버드 행동심리학 강의는 "결정은 단순히 더 바빠지기 위한 것이 아니라 기대한 목표에 다가서기 위한 것이다. 이 과정에서 두 가지에 주의를 기울어야 하는데, 하나는 목표가 명확해야 한다는 것이고, 다른 하나는 헛되이 분주해서는 안 된다는 것이다"라고 말한다.

1. 명확한 목표는 행동을 빗나가지 않게 한다.

명확한 목표는 얼마나 중요한 역할을 할까? 어느 나라 속담에 "눈 먼 배에게는 모든 바람이 역풍이다"라는 말이 있다. 무슨 일이든 명확한 목표가 있어야 방향을 제대로 잡을 수 있고 나아가 삶의 방향을 정할 수 있다. 명확한 목표가 없는 사람은 마치 나침반 없는 배처럼 망망대해 속에서 길을 잃게 된다.

하버드 행동심리학 강의는 한 사람의 목표가 그 사람이 이룰 수 있는 성과를 결정하고, 목표가 뚜렷할수록 목표 실현의 기능성도 커진다고 말한다. 결정은 목표를 실현하기 위한 행위이고 모든 결정의 이면에는 반드시 목표가 있다. 그렇지 않을 경우 결정 자체가 무의미해진다. 하버드에서는 명확한 목표의 중요성을 더욱 효과적으로 설명하기 위해 추적 조사를 실시했다. 지능과 환경, 연령이 비슷한 젊은이들을 대상으로 조사한 결과, 그중 3퍼센트는 명확한 목표를 가지고 있으며 그들 대부분이 사회 각계각층의 엘리트 내지는 각 분야의 최고 인재로 성장했고, 60퍼센트는 비교적 명확한 목표를 가지고 있었으며 역시 각 분야에서 성공을 거두어 사회의 중상위층이 되었다. 반면 나머지 27퍼센트는 목표가 없는 사람들이었으며 대부분 직업이 불안정하고 생활도 여의치 않은 사회의 중하위층으로 전락해 있었다.

만약 위의 사례를 보고도 명확한 목표의 중요성을 잘 모르겠다면 심리학에서 말하는 '손목시계의 법칙'을 예로 들어보자. 한 사람이 한 개의 손목시계를 갖고 있다면 현재 시각을 쉽고 정확하게 확인할 수 있다. 목표가 명확하고 시계도 하나밖에 없기 때문이다. 그런데 여기에 시각이 다른 손목시계가 하나 더 주어지면 어느쪽 시계가 더 정확한지 판단하기가 어려워진다. 시계가 두 개가 되고 목표도 불명확해지기 때문이다. 결정도 마찬가지다. 결정의 전과 후에 줄곧 명확한 목표를 가지고 있어야 목표를 향해 나아가면서 궤도를 벗어나지 않을 수 있다.

2. 결정은 목표를 달성하기 위한 것이지 헛되이 분주하기 위한 것이 아니다.

우리는 종종 옳은 결정을 내린 다음에도 '여유롭게' 기대한 목표에 다가가지 못하고 결정을 내리기 전보다 더 바빠진다. 더욱 안타까운 것은 그 분주함이 헛수고일 때가 많기 때문이다. 살면서 많은 사람이 이런 헛되이 분주한 상태를 경험한다. 이를테면 빌딩의 맨 꼭대기 층에 있는 사무실에서 바삐 뛰어내려왔는데 로비에 다 와서야 중요한 서류를 두고 왔다는 사실을 깨닫고는 하는 수 없이 사무실로 다시 돌아가 서류를 챙겨 내려온 후, 버스에 타는데 그 순간 또 깜빡하고 사무실 문을 잠그지 않았다는 생각이 떠올라 숨을 헐떡이며 다시 되돌아가는 식으로 소중한 시간을 허비한다고 해보자. 이것이 헛되이 분주한 상태의 전형으로, 얼핏 보기엔 이것저것 바쁘게 일을 한 것 같지만 실은 서류를 가져오는 단 한가지 목표밖에 달성하지 못한 상태다.

2013년 중국 『생명시보』가 1500여 명의 화이트칼라 직장인들을 대상으로 실시한 심리 조사 결과에 따르면, 조사 대상의 52퍼센트가 '너무 바빠서 쉴 틈도 없다'라고 응답했고, 56퍼센트가 '지인들에게 요즘 뭐하느라 바쁘냐고 습관적으로 묻는다'라고 답했다. 그 밖에 38퍼센트가 '여가 시간이 거의 없다'라고 답했고, 32퍼센트가 '무엇 때문에 바쁜지 잘 모르겠다'라고 답했다. 이 조사는 오늘날 분주함이 일상이 되었고 어떤 이들은 목표를 달성하기 위해 분주한 반면, 어떤 이들은 별다른 성과 없이 몸만 바쁘게 움직인다는 점을 알려준다. 그렇다면 어떻게 해야 자신이 진짜 바쁜 건지 아니면 쓸데없이 바쁜 건지 알 수 있을까? 하버드 행동심리학 강의는 쓸데없이 바쁜 사람의 특징을 다음 몇 가지로 구분한다.

1. 잡다한 일이 많다.

매일같이 하는 일이 아주 많은데 대부분 목표와 무관한 일이다. 예를 들어 사무실에 들어가자마자 메신저나 블로그를 열고 인터넷 쇼핑몰을 방문하는 등의 행동은 업무에 직접적인 영향을 미치며 업무의 흐름을 끊어놓는다. 설령 이미 의사결정을 내리고 업무 목표를 설정해놨다 하더라도 자신을 늘 '바쁘게' 만드는 잡다한 일들이 업무 진척에 영향을 미치면서 당신을 목표에서 점점 멀어지게 만든다.

2. 한시도 가만히 있지 못한다.

잠시라도 가만히 있으면 무료하고 허전하며, 심지어는 공황 상태에 빠지거나 초조함을 느끼게 된다. 마음속으로는 많은 일을 해야겠다고 생각하면서도 정작 어디서부터 무엇을 해야 할지 갈피를 잡지 못한다. 그로 인해 공허감이 심화되며, 무언가 일을 찾아 하면서 마음의 안정을 되찾고자 하지만, 이와 같은 심리적 상태에서 하는 일은 대체로 쓸데없는 일들이다.

3. 우선순위를 간과한다.

일을 할 때 지나치게 완벽을 추구하며 소소한 것 하나까지도 그냥 넘어가는 법이 없다. 문제는 일의 우선순위를 제대로 인식하지 못하고 별로 중요하지 않은 일에 많은 시간을 허비한다는 것이다. 이렇게 되면 업무의 리듬이 깨질 뿐 아니라 목표에서도 점점 멀어지게 되는데, 의사결정자 자신은 애초에 결정 자체가 잘못된 게 아니었나 하는 엉뚱한 회의를 느낀다.

요컨대, 결정은 무턱대로 바빠지기 위한 것이 아니다. 그런 결정은 처음부터 잘못된 것이다. 옳은 결정은 명확한 목표를 지니며 우리가 해야 할 일은 바로 몸만 바쁘게 움직이는 상황을 가급적 줄이고 일의 우선순위를 제대로 파악하여 목표를 향해 노력하고 나아가는 것이다.

결정 공포증을 극복하는 방법

결정 공포증은 일명 '선택 공포증'이라고도 한다. '선택 공포증'이라는 심리학 용어를 들어본 적이 있을 것이다. 심지어 자신이 바로 선택 공포증 환자라며 눈살을 찌푸리는 사람도 적지 않을 것이다.

결정을 두려워하는 심리는 자신감 부족이나 책임을 회피하려는 마음에서 비롯된다. 결정 공포증이 있는 사람은 자주성이 부족하고 실수를 유난히 두려워한다. 결정에 직면했을 때 극도의 불안을 느끼면서 만족스러운 결정을 내리지 못한다. 다양한 대안 중 하나를 선택해야 하는 상황에서 그들은 당황하여 어찌할 바를 모르면서 진땀을 흘리며 한참을 고민하고도 결정을 내리지 못한다. 이런 경험이 반복되면 그들은 점점 더 선택을 두려워하게 되고, 어떻게든 결정을 피하려고만 하게 된다.

하지만 현실에서 결정을 안 하고 살 수 있는 사람은 없다. 이는 생존을 위한 기본 능력 중 하나다. 결정 공포증에 빠진 사람들은 종종 대안 A를 선택해야 할지 대안 B를 선택해야 할지 갈피를 잡을 수 없는 결정의 딜레마에 빠진다. 어느 쪽을 택하든 각각 장단점이 있다는 것이 그들을 혼란과 갈등에 빠뜨린다.

전형적인 결정의 딜레마로는 졸업 후 취직을 할 것인가 대학원에 진학할 것인가 하는 문제라든가, 직장을 그만두고 육아에 전념할 것인가 커리어를 계속 쌓아나갈 것인가 하는 문제 등이 있다. 그밖에도 세계 일주에 도전할 것인가 직장을 계속 다닐 것인가 하는 문제도 많은 사람들이 겪는 딜레마다. 이렇듯 우리는 종종 이런저런 결정의 딜레마에 빠지는데, 그 이유가 무엇인지 깊이 생각해본 적이 있는가?

하버드대는 독립적 사고능력을 고취시키는 것을 매우 중요하게 여긴다. 교수들은 대개 문제를 제기하고 학생들 스스로 답을 찾게 만든다. 그러나 전통적인 교육을 받고 자란 사람들은 대체로 이와 같은 독립적 사고능력이 부족하다. 그들은 이른바 '표준 답안'을 찾으려고만 한다. 개중에는 스스로 답을 찾으려 노력하는 이들도 있지만 어떤 이들은 아예 남에게 의존하려고만 한다. 이런 환경에서 자란 사람들은 대체로 다음과 같은 세 가지 사고방식을 가지고 있다.

1. 모든 문제를 객관식이나 OX 문제로 생각한다.

문제를 대할 때 자신의 사고를 몇 개의 선택항목에 국한시키면서 늘 '표준 답안'만 구하려 한다. 이런 사람들은 대체로 삶에는 '표준 답안'이 있다고 생각한다.

2. 반드시 정해진 시간 안에 문제를 풀어야 한다.

어떤 이들은 스스로에게 시간 제한을 두는 것을 좋아하며, 정해진 시간 안에 문제를 풀지 않으면 성적도 무효라고 생각한다. 이러한 사고방식은 결정 또한 정해진 시간 내에 내려야 한다는 심리적 압박감을 초래한다.

3. 문제 자체에 오류가 있는 건 아닌지 전혀 생각지 않는다.

문제가 발생했을 때 어떻게든 '표준 답안'을 찾으려고만 할 뿐 혹시 문제 자체가 잘못되었을 가능성에 대해서는 전혀 생각하지 않는다.

이런 사람은 결정을 할 때도 무조건 뭔가를 선택해야 한다고만 생각할 뿐, 선택 자체에 오류가 존재할 가능성에 대해서는 전혀 생각해보지 않는다.

결정 공포를 가진 사람들은 대체로 위의 세 가지 사고방식에 사로잡혀 결정을 잘 내리지 못한다. 그렇다면 어떻게 해야 결정의 딜레마에서 벗어날 수 있을까? 하버드 행동심리학 강의는 결정을 내리기 어렵다고 느낄 때 다음과 같은 몇 가지 질문을 스스로에게 던져보라고 제안한다.

1. 왜 이 결정을 내려야 하는가?

이 질문은 우리를 괴롭히는 심층적 문제를 탐색하게 하는 질문이다. 예를 들어 직장을 계속 다니면서 승진을 할 것인가 아니면 그만 두고 출산과 육아에 전념할 것인가 하는 문제를 놓고 선택을 해야 하는 이유는 무엇인가? 고액의 연봉도 받고 싶고 남편과의 사랑의 결실인 2세도 낳아서 키워보고 싶기 때문이다. 그렇다면 왜 이 문제를 놓고 갈등을 느끼는가? 고액의 연봉을 받으려면 열심히 일해야 하고 그렇게 되면 출산과 육아를 병행하기 어려워지기 때문이다. 이런 식으로 계속 질문을 해나가다 보면 당신을 갈등하게 만드는 문제가 무엇인지 좀 더 분명하게 알 수 있게 된다. 이 경우 고액의 연봉과 출산이라는 요인이 상충하고 있는 것이고, 이때 한 가지 해결 방법은 스스로 더 높은 목표를 설정하는 것이다.

2. 왜 주어진 선택항목에 국한되어야 하는가?

어떤 이들은 자신이 직면한 문제에 대해 눈에 보이는 몇 가지 선택만이 가능하다고 생각하는데, 사실 그들은 앞서 언급한 고루한 사고방식에 갇혀 있을 때가 많다. 일반적으로 어떤 문제들 이른바 '표준 답안'이란 존재하지 않으며 우리는 얼마든지 다른 대안을 확보할 수 있다.

예를 들어, 왜 꼭 승진과 퇴직 후 출산 사이에서 어느 한 쪽만을 선택해야 하는가? 두 가지 옵션을 병행하는 것은 전혀 불가능한가? 고액의 연봉을 받으려면 승진만이 유일한 길인가? 한 달에 얼마를 벌어야 고액 연봉이라 할 수 있는가? 꼭 그렇게 많은 돈을 벌어야만 하는가? 이런 식으로 질문을 이어가다 보면 기존의 대안 외의 다른 대안을 찾을 수 있을지도 모른다. 많은 경우 문제의 해결 방법에는 기존의 대안만 있는 것은 아니다. A 아니면 B의 선택만 있는 것이 아니라 더 많은 선택지가 당신을 기다리고 있다.

3. 지금 당장 결정해야 하는가?

이 질문은 시간 제한에 대한 질문으로, 현재 직면한 문제가 지금 당장 결정해야 하는 것인지 좀더 신중하게 판단하게 한다. 삶의 중대한 결정은 시간이 제한되어 있을 때 종종 올바른 선택을 하기가 더 어렵다. 최선의 결정은 때로 시간을 필요로 한다. 물론, 뭔가를 긴박하게 결정해야 할 때는 자신에게 가장 중요한 것이 무엇인지를 잘 판단한 후 그에 따라 신속하게 결정을 내려야 한다.

4. 장단점을 제대로 파악했는가?

결정 공포의 가장 두드러진 특징은 각각의 대안이 갖고 있는 장단점을 잘 파악하지 못한다는 것이다. 이들의 눈에는 각 대안의 장단점이 다 '거기서 거기'로 보인다. 결정을 할 때 모든 대안의 장단점을 명확히 파악하는 것은 매우 중요한 일이다. 주어진 대안에 대해 각각 열 가지 장점과 열 가지 단점을 열거해보자. 그러고 나서 그 내용을 비교해보면 결정이 훨씬 수월해질 수 있다.

5. 자신의 속마음과는 다른 결정을 내리지는 않았는가?

이는 결정하기에 앞서 스스로에게 반드시 물어야 하는 중요한 질문이다. 자신의 속마음을 거스르지 않는다는 것이 말은 쉬워도 막상 실천하기란 쉽지 않다. 우리는 종종 이런저런 이유 때문에 자신의 속마음과는 다른 결정을 내린다. 하지만 이런 식의 결정을 하게 만드는 각종 요인들을 최대한 바로잡아 되도록이면 마음에서 우러난 결정을 하는 것이 바람직하다.

사물의 핵심을 파악하고
작은 일을 통해 전체를 꿰뚫어보라

하버드대는 디테일을 중시하며, 하버드 사람들은 누구나 '디테일이 성패를 좌우한다'는 이치를 잘 안다. 의사결정과정에서도 디테일을 잘 장악해야 사물의 핵심을 파악하고 작은 일을 통해 전체를 꿰뚫어볼 수 있다.

하지만 현실의 의사결정과정에서 디테일을 잘 장악하는 사람은 많지 않고, 디테일의 영향력까지 꼼꼼히 따져볼 수 있는 사람은 더욱 적다.

디테일은 우리 삶에 크고 작은 영향을 미친다. 학생들이 과제나 시험에서 범하는 작은 실수는 그나마 적시에 바로잡을 수 있거나 혹은 무시할 수 있지만 사회에 나가 일을 하면서 저지르는 디테일한 부분의 실수는 그냥 넘어갈 수 없는 경우가 많다.

대부분 사람에게 일상생활과 직장생활은 자질구레하고 단조로운 작은 일들의 연속이다. 그래도 우리는 이 자질구레하고 단조로운 작은 일들 속에서 부단히 기회를 모색하고 디테일 하나하나에 심혈을 기울여야 한다. 디테일이 한 사람의 기본적 자질을 드러내고, 나아가 의사결정에 영향을 미치기 때문이다.

하버드 행동심리학 강의에서 들을 수 있는 디테일이 의사결정에 미칠 수 있는 영향력을 여실히 보여주는 매우 전형적인 사례가 있다. 어느 기업에서 기업설명회를 개최했다. 그곳은 다국적 기업이라 설명회에 참석한 지원자가 아주 많았다. 그런데 사장은 그 자리에서 바로 아주 평범해 보이는 한 젊은이를 점찍었다. 모든 관계자들이 사장이 그 젊은이를 선택한 이유를 의아해했다. 보기에는 전혀 내세울 만한 게 없는 사람이었기 때문이다. 사장은 그 이유를 이렇게 설명했다.

"비록 그는 학력도 그다지 높지 않고 이렇다 하게 내세울 만한 점도 없지만 내 마음을 움직인 귀한 자질이 한 가지 있습니다. 그건 바로 디테일을 중시하는 자세입니다. 그는 실내에 들어올 때 신발에 묻은 흙을 턴 다음 들어와 문을 잘 닫았고, 장애인을 보는 즉시 자리를 양보했으며, 사무실에 들어와서는 바로 모자를 벗었고, 나의 질문에 매우 자신 있는 태도로 대답했습니다. 이러한 모습들은 그가 아주 예의 바르고 교양 있는 사람임을 입증합니다. 다른 지원자들은 내가 일부러 바닥에 떨어뜨려놓은 신문지를 그냥 지나쳤지만 이 젊은이만은 신문지를 주워 테이블 위에 올려놓았습니다. 대화를 하면서 관찰해보니 옷차림과 헤어스타일이 단정하고 손톱도 깨끗이 다듬은 상태였습니다. 이렇게 디테일만 보아도 그가 남다르게 우수하다는 걸 알 수 있지 않습니까?

이 말을 들은 사람들은 놀라움에 입을 다물지 못하고 사장을 바라보았다. 사장의 결정은 누가 들어도 타당한 것이었다. 또한 그러한 디테일을 눈여겨볼 수 있다는 것은 사장 자신도 디테일을 매우 중시하는 사람이라는 점을 시사한다.

잘못된 결정을 하지 않으려면 디테일한 부분에서 문제가 발생하지 않도록 해야 한다. 대수롭지 않은 디테일이라 할지라도 세심한 주의를 기울여야 한다. 사물의 디테일 하나하나를 잘 장악해야만 전체를 장악하고 나아가 풍부한 경험을 축적하여 올바른 결정을 위한 초석을 탄탄히 다질 수 있기 때문이다. 사물은 아주 작은 디테일 하나하나가 모여 이루어지는 것이다. "디테일한 부분에서 그 사물에 깃든 정신을 엿볼 수 있고, 디테일에 몰두하는 인내심이 있어야 삶을 제대로 장악할 수 있다"라는 말이 있듯이, 디테일을 중시하고 의사결정과정이 모든 디테일을 잘 장악해야 궁극적으로 올바른 결정에 이를 수 있게 된다.

또 다른 사례를 보자. 어떤 젊은이가 한 외국 기업과의 협력 가능성을 타진하러 그 기업을 찾아갔다. 양측의 대화는 순조로웠지만 세부적인 부분에서 이견이 좀 있었다. 곧 저녁식사 시간이 되었고, 젊은이는 대화를 나누던 관계자에게 함께 식사하자고 제안했다.

저녁식사는 간단한 요리 몇 가지에 맥주 두 잔으로 매우 단출했다. 식사는 금방 끝났고 주문한 요리 중 만두 두 개가 남았다. 자리에서 일어나면서 젊은이가 남은 만두를 포장해달라고 하자 그 관계자는 무척 의외라는 눈빛으로 젊은이를 바라보았고, 다음 날 바로 계약을 체결하자는 전화를 걸어왔다. 젊은이는 이 결과에 매우 기뻐했고, 나중에야 만두를 포장해가던 그의 사소한 행동이 외국 기업 관계자의 마음을 움직였다는 것을 알았다. 그들의 체결하고자 하는 계약은 에너지 절약과 환경 보호 프로젝트에 관한 것이었고 젊은이의 행동은 외국 기업 관계자에게 그가 근검절약하는 사람이라는 인상을 준 것이었다. 젊은이는 협상에 성공함으로써 회사에 큰 이익을 가져다주었고 그 자신도 회사에서 인정받는 위치에 올랐다.

보기에는 사소하고 대수롭지 않은 일일지라도 디테일 하나하나에 신경을 쓰고 정성을 들이다 보면 남들에게 좋은 인상을 줄 수 있을 뿐만 아니라, 자신의 삶까지도 바꾸어놓을 수 있다. 결정이 종종 디테일에 좌우된다는 것을 누구나 한번쯤은 느껴봤을 것이다. 의사결정과정에 사소한 디테일이 최종 결정에 영향을 미치게 되는 것이다. 디테일은 건물을 짓는 벽돌 한 장, 기와 한 장과도 같다. 디테일이 없으면 삶이라는 고층 빌딩을 지어 올릴 수 없다. 그러므로 우리는 삶의 디테일 하나하나를 잘 장악해야 한다. 그래야만 자신의 기초를 탄탄히 닦고 모든 결정을 합리적으로 이끌 수 있다.

하버드 행동심리학 강의 또한 디테일을 소홀히 해서는 안 되며, 성공적인 의사결정자가 되기 위해서는 디테일의 중요성을 잘 알아야 한다고 강조한다. 디테일을 잘 장악하기 위한 방법으로 다음의 몇 가지 방법을 제안한다.

1. 인내심을 기른다.

일상생활에서든 직장생활에서든 충분한 인내심 없이는 디테일을 발견할 수 없으므로, 인내심을 기르는 데 힘써야 한다. 대충대충 넘어가면서 결정적인 디테일을 간과해서는 안 된다. 아무리 사소한 일이라도 건성건성 마무리해서는 안 되며 인내심을 가지고 눈앞의 사물을 꼼꼼히 분석해야 요령을 터득하고 잘못된 결정을 내릴 확률을 낮출 수 있다.

2. 디테일에 대한 통찰력과 판단력을 기른다.

작은 부분을 보고 전체를 꿰뚫어보는 능력을 기르되, 문제를 만났을 때 나름의 판단을 하고 비교와 취사선택을 할 줄 알아야 한다. 해야 할 일을 놓치는 일이 없도록 하고 해서는 안 되는 일은 최대한 삼가야 한다. 디테일에 대한 근본적 인식을 확립해야 하나하나의 디테일을 정확히 파악하고 처리하여 결정이 잘못되는 일을 최대한 막을 수 있다.

3. '작은 행동'을 중시해야 한다.

옛말에 "선한 일이 작다고 행하지 않아서는 안 되며, 악한 일이 적다고 행해서는 안 된다"라는 말이 있다. 이 또한 디테일에서 한 사람의 정신을 엿볼 수 있다는 관점이다. 일상생활과 직장생활에서 우리는 늘 자신의 말 한 마디와 일거수일투족에 주의를 기울여야 한다. 비록 사소한 것들이기는 하지만 이 모든 것이 자신에 대한 주위 사람들의 평가에 영향을 미치게 한다. 이런 '사소한 일'을 간과하게 되면 당신의 커리어와 의사결정은 그 '사소한' 영향에서 자유로울 수 없다.

요컨대, 디테일에 대한 무심함은 잘못된 결정을 부르는 근본적 요인 중 하나다. 하찮아 보이는 디테일이 결정적인 순간에 엄청난 파급효과를 초래할 수 있다. 결정을 할 때는 디테일에서 출발하여 각종 요인을 꼼꼼히 고려해야 작은 문제로 인해 전체를 잃지 않을 수 있다.

06

의지와 생각을
키우는 방법

자기 통제력을 키워
잘못된 결정을 최소화하라

하버드 출신인 존 F.케네디는 다음과 같은 말을 한 적이 있다. "자기 자신조차도 통제할 수 없는 사람이 어떻게 다른 일을 제대로 할 수 있을 것이며, 국민이 과연 안심하고 나라를 그에게 맡길 수 있겠는가?"

자기 통제력이란 말 그대로 스스로를 통제하는 능력이며, 다양한 감정, 욕망, 돌발적 사건, 외부의 유혹, 나아가 중대한 의사결정에 직면했을 때 스스로를 잘 다잡을 수 있도록 해주는 힘이다. 더 나아가서는 주변의 일이나 인간관계, 올바른 의사결정을 통제하는 힘을 의미하기도 한다.

자기 통제력의 핵심은 '통제', 즉 자신의 행동이나 습관, 외부의 유혹을 통제하는 능력에 있다. 전 세계를 꿈꾸는 사람이라면 우선 스스로를 이겨낼 수 있어야 한다. 쉬운 일 같지만 막상 실천은 쉽지 않다. 우리 마음속에는 늘 이성과 감정이 줄다리기를 하고 있기 때문이다. 자기 통제력을 길러야만 스스로의 감정을 이겨냄으로써 자신의 행동을 지배할 수 있고 나아가 잘못된 결정을 피할 수 있다.

자기 통제력은 인류가 지닌 가장 근본적이고 고차원적인 능력이다.

구성원 모두가 자기 통제력을 잃는다면 사회 전체가 큰 혼란에 빠질 것이다. 자기 통제력은 마치 차의 브레이크나 철도의 레일과도 같아, 문제가 생기게 되면 널리 영향을 끼쳐 사회 전체를 혼란에 빠뜨려 파멸로 이끌 수 있다.

또한 자기 통제력과 성공 사이에 밀접한 관계가 있음이 심리학 연구를 통해 입증된 바 있다. 자기 통제력이 강한 사람일수록, 자신감이 넘치고 사교능력이 뛰어나며 스스로의 감정과 외부의 유혹에 노련하게 대처함으로써 더 나은 의사결정을 내린다는 것이다.

우리는 매일 다양한 도전에 직면하고, 끊임없이 주위 사람들의 비난을 접하게 된다. 성공한 사람일수록 감당해야 하는 비판의 목소리 또한 크게 마련이다. 그럼에도 스스로를 잘 통제하면서 외부의 압력에 고 꿋꿋하게 자신의 의사를 결정하는 것이야말로 진정 용기 있는 태도라 할 수 있다. 우리는 각자 자신의 인생에서 주체가 되어야 한다.

결정을 내릴 때는 외부의 불확실성에 대처해야 할 뿐만 아니라 자아의 내면 또한 잘 통제해야 한다. 당신도 알다시피 인간이란 참으로 복잡한 감정을 지닌 동물이며 온갖 나쁜 습관과 사고방식에 길들여져 있다. 이 모든 것이 우리의 의사결정능력에 영향을 미친다.

저명한 성공 철학의 대가 나폴레옹 힐은 다음과 같이 말했다. "누군가 분노에 휩싸여 당신을 욕하고 비웃는다면, 그 이유가 타당하든 않든간에 이것만 기억하십시오. 만약 당신이 '눈에는 눈, 이에는 이'라는 생각으로 상대방에게 똑같이 되갚는다면, 당신은 이미 상대방의 페이스에 말려들어 결국 상대방에 의해 통제되는 것입니다. 반면, 만약 당신이 자기 통제에 강한 사람으로 욕설과 조롱 앞에서도 냉정과 침착함을 잃지 않고 정상적인 감정 상태와 이성을 유지할 수 있다면, 상대방은 당신의 대응 방식에 오히려 당황할 것입니다. 그러면 당신은 상대를 통제하여 성공할 가능성이 높아집니다." 자기 통제력은 내부적 문제나 외부적 영향을 극복하게 함으로써 진정한 자아를 실현할 수 있게 해 준다.

인간의 주의력, 자기 통제력, 정서 등 다양한 주제를 폭넓게 연구해 온 하버드대 폴 해머니스Paul Hammerness 교수는 특히 인간의 자기 통제력에 대해 큰 관심을 기울였다. 그는 환자가 자기 통제력 향상을 통해 자신감과 용기를 회복할 수 있도록 도움을 주고 있으며, 치료 과정의 하나로 환자들에게 심리 테스트를 실시해왔다. 그중 하나를 예로 들면 "당신의 생활은 질서가 잡혀 있습니까?"라는 질문에 대해 환자 자신이 해당하는 항목을 고르게 했다.

- 매우 질서정연하다. 나는 늘 내 방과 사무실 책상을 깔끔하게 정돈하며, 약속 시간에 늦거나 약속을 미루지 않는다. 지인들은 내 이런 모습을 보고 놀라지만 나의 상사는 이를 긍정적으로 여긴다.
- 보통이다. 나는 대체적으로 생활을 질서 있게 꾸려나가지만, 간혹 정신없이 바쁠 때면 일의 우선순위를 정하지 못해 갈등한다. 그래서 질서 있게 일을 착착 해내는 동료가 부럽다.
- 엉망이다. 할 일이 없어 멍하니 있을 때가 있는가 하면 한번에 일이 몰려 허둥댈 때가 많다. 삶의 중심을 잡지 못해 우왕좌왕하고 있다.

테스트 결과에 대해 해머니스 교수는 환자들에게 다음과 같이 설명한다. "만약 당신이 '보통' 혹은 '엉망'을 선택했다면 자기 통제력 향상을 위해 좀더 노력해야 합니다. 자기 통제력은 자신의 마음을 통제하는 능력입니다. 누구든 자신의 마음을 통제하는 법을 터득해야만 외부 세계를 잘 제어할 수 있습니다."

해머니스 교수의 이 말은 깊이 생각해볼 만한 가치가 있다. 현실에서 우리는 잘못된 결정을 내린 이들이 내부적으로 잘못된 문제를 반성하기보다는 오로지 실패의 원인을 외부로 돌리는 경우를 종종 보게 된다. 그러나 의사결정능력이 뛰어난 사람들의 공통된 특징은 우선 내부에서 그 원인을 찾는다는 것이다. 즉, 그것이 의식적인 과정이든 무의식적인 과정이든, 그들은 내적 원인부터 찾아내어 안에서부터 바깥으로 삶에 대한 통제력을 강화하고 올바른 의사결정을 이끌어내고자 한다. 그렇다면 '안에서부터 바깥으로'란 무엇을 의미하는가? 그것은 자기 통제력으로 자신의 마음을 제어하는 한편 내면의 힘을 발산하여 외부 세계를 제어하고 나아가 정확한 의사결정을 내리는 것을 의미한다. 이 때문에 해머니스 교수는 "자기 통제력을 강화해야만 궁극적으로 '권력'을 얻을 수 있다"고 주장한다.

아마 많은 이가 이런 경험을 한 적이 있을 것이다. 이성적으로는 자신을 잘 통제하려 하지만 감정에 치우치다보면 자기 통제에 거부감을 느끼는 것이다. 이때 이성적 목표를 내세워 문제를 해결하는 것은 결코 바람직한 방법이 아니다. 만약 당신이 올바른 결정을 내리기 위해 자기 통제력을 키우고자 한다면, 무엇보다 명심해야 할 것은 스스로를 압박하지 않는 것이다. 우선은 자신의 몸과 마음이 편안하게 받아들일 수 있는 결정부터 시도해보는 것이 좋다. 많은 이들이 감당하기 힘든 스트레스를 받을 때 종종 통제력을 잃는 것과 마찬가지로 스트레스는 자기 통제력의 숙적이다. 따라서 지나치게 긴장해 있거나 스트레스가 많을 때는 편안하게 긴장을 해소하여 심리적인 이완 상태를 끌어내는 것이 오히려 자기 통제력 향상에 도움이 된다.

그 밖에도 다음 몇 가지 방법을 시도해볼 수 있다.

- 실행에 옮기기 쉽고 반드시 완성한다는 생각으로 몇 가지 작은 목표를 세운다.
- 결정을 내리기 힘들 때에는 잠시 그 문제를 내려놓고 음악 감상, 독서, 산책 등 다른 데에 관심을 돌린다.
- 맑은 정신으로 외부의 유혹에 맞설 수 있도록 충분한 수면을 취한다.

'하버드 마인드'로
행동과 사고를 명확하게 하라

철학의 관점에서 볼 때, 사고는 만물의 근원이다. 사고가 한 사람의 행동을 결정하고 행동이 그 사람의 운명을 결정짓기 때문이다. 결정과정에서도 사고는 중요한 역할을 한다. 때문에 하버드 행동심리학 강의는 늘 사고의 중요성을 강조하며 올바른 결정을 위해 전문적인 사고 훈련thinking training을 통해 자신의 행동과 사고를 명확히 할 것을 권한다.

현실에서 우리는 불명확한 사고로 인해 잘못된 결정을 내린 사례를 자주 접하게 된다. 예를 들면 심리학에 '홉슨의 선택'(17세기 영국에서 목장을 운영하던 토머스 홉슨은 케임브리지 대학생들에게 돈을 받고 말을 빌려주었는데, 학생들이 말을 잘 보살피지 않을 거라 생각해 볼품없는 말들만 마구간 입구에 매어놓고 그 말들만 빌려 갈 수 있게 했다. 학생들은 결국 그 말들만 빌려 가느냐 마느냐의 선택을 할 수밖에 없었는데, '홉슨의 선택'은 이 일화에서 비롯된 말로 '다른 대안 없이 주어진 것을 갖느냐 마느냐의 선택'을 의미한다−옮긴이)이라는 개념이 있다. 다른 대안 없이 주어진 것을 받아들이느냐 마느냐 문제를 앞에 두고, 우리는 어쩔 수 없이 유일한 대안을 선택해야만 할 것 같은, 즉 스스로 결정할 필요나 여지가 없다는 착각에 빠지기 쉽다. 특히 맑은 정신으로 사고할 수 없을 때 이런 '결정의 딜레마'에 빠지기 쉽다. 그러나 사실상 이러한 딜레마는 틀에 박힌 사고방식이 만들어낸 것으로, 생각의 지평을 넓히고 더욱 명확히 사고한다면 '홉슨의 선택'은 더 이상 문제가 되지 않는다.

사고의 명확성을 높이기 위한 방법으로 전문적인 사고 훈련을 시도해볼 수 있다. 의사결정자에게 명확한 사고는 더 과학적이고 합리적인 결정을 위해 매우 중요하다. 그렇다면 올바른 결정을 내리는 데 도움이 되는 체계적 사고방식이 정말 존재할까? 이에 대해 하버드 행동심리학 강의는 "모든 의사결정은 제각기 다른 속성을 지니므로 단일한 마인드로 접근해서는 안 되지만, 다른 한편으로 모든 의사결정에는 공통된 속성이 존재하므로 이러한 공통점에서 몇 가지 방법과 절차를 도출하여 의사결정과정의 핵심을 찾는 것은 가능하다"고 말한다.

사고 훈련 1: 니즈와 목표를 명확히 한다

결정을 내리기 앞서, 자신이 기대하는 목표 결과는 무엇인지, 특히 결정에 이르게 된 최초의 니즈가 무엇이었는지를 명확히 해야 한다. 최초의 니즈를 명확히 해야 결정의 방향을 제대로 가늠하고 나아가 최상의 결과를 얻을 수 있다. "바라는 대로 이루어진다You can be what you wanna be"는 말을 들어본 적이 있을 것이다. 사고의 폭이 넓을수록 더 넓은 시야를 가질 수 있다. 나아가 자신의 니즈와 목표를 명확히 알아야 한 걸음 한 걸음 자신이 기대하는 목표를 향해 나아갈 수 있다.

모든 결정에는 한 개 이상의 선택 대상이 존재한다. 그렇지 않다면 그것은 결정이라 할 수 없다. 결정이란 복수의 대상 중 최상의 것을 선택하는 행위다. 쉽게 말해, '홉슨의 선택'에 빠지지 않는 한 어떤 결정이든 퇴로나 조정의 여지가 전혀 없을 수 없다. 따라서 결정을 내리기 앞서 모든 가능한 대안을 최대한 머릿속에 확보해야 한다. 바다에 큰 그물을 치면 설령 대어를 낚지 못하더라도 피라미든 새우든 뭔가는 얻을 수 있듯이, 대안이 많을수록 선택의 폭이 넓어진다. 물론 우리가 할 일은 그중 최상의 선택을 하는 것이다.

충분히 많은 수의 대안을 확보한 다음에 우리가 할 일은 비교 분석이다. 각각의 선택이 가져올 수 있는 최상과 최악의 결과를 면밀히 고려해야 한다. 일단 결정을 내리고 나면 예기치 못한 결과가 발생할 수 있기 때문이다. 사전에 발생 가능한 결과에 대해 명확히 인지하지 않으면 의외의 결과가 발생했을 때 허둥대면서 결정과정 전체가 혼란에 빠지게 된다. 의외의 결과가 발생할 가능성을 최소화하기 위해서는 각각의 대안을 신중하고 면밀하게 검토한 후 이성적 분석을 기반으로 최상의 전략을 짜야 한다.

각각의 대안을 잘 평가하기 위해서는 비교적 명확한 가치 판단 체계가 확립되어야 한다. 각각의 대안이 가져올 수 있는 결과에 대해 충분히 인지한 후에는 비교를 거쳐 최상의 대안을 선택해야 하는데 비교를 하려면 '잣대'가 필요하기 때문이다. 따라서 결정을 내리기에 앞서 각각의 대안에 대해 판단과 평가를 할 수 있는 가치 판단 체계를 먼저 확립해야 한다. 과학적 가치 판단 체계는, 원칙과 법률과 도덕이라는 세 요소를 기본적으로 포함하며 개인의 가치관도 함께 고려되어야 한다. 예를 들어, 진실성을 중요하게 생각하는 사람이라면 결정과정에서 진실성의 원칙에 가중치를 둘 것이고 진실성에 위배되는 대안은 망설임 없이 배제할 것이다.

사고 훈련 5: 결정을 내린다

모든 대안에 대해 면밀히 비교 분석을 한 후에는, 결정을 내릴 차례다. 이 과정은 상대적으로 쉬울 수 있다. 앞서 언급한 네 단계를 거치고 나면 자신의 니즈와 기대치, 하고 싶은 일과 반드시 해야 하는 일 등에 대한 그림을 마음속에 분명하게 그릴 수 있기 때문이다. 자, 이제 과감하게 결정을 내리자!

사고 훈련 6: 결정 후의 추적 평가

결정을 내렸다고 해서 모든 과정이 끝난 것은 아니다. 결정을 실행한 이후의 상황에 대한 추적 평가가 뒤따라야 한다. 그것이 올바른 결정이었는지, 제대로 실행에 옮겨지고 있는지, 애초에 기대했던 목표를 향해 나아가고 있는지 등, 의사결정자는 이후에도 수많은 문제를 고려하고 확인해야 한다. 의사결정자가 결정의 실행에 관심을 갖지 않고 현실의 변화에 맞춰 적시에 시정 조치를 취하지 않으면 실행 과정에서 문제가 발생하여 기대한 목표에서 점점 멀어질 수 있다.

결정 이후의 추적 평가는 실행 상황에 대해 정기적으로 재점검하는 과정으로, 결정이 올바른 방향으로 나아가기 위해 반드시 행해야 하는 중요한 과제다. 추적 평가는 자신의 결정과 현재의 실행 상황을 비교하는 방식으로 이루어지며 다음과 같은 질문을 던질 수 있다.

- 결정을 내린 후 어떤 일을 했는가?
- 실행 과정에서 해서는 안 되는 일(예를 들면 결정에 위배되는 행동)을 하지는 않았는가?
- 실행 과정이 자신이 예측한 대로 진행되었는가?
- 기대한 목표에 좀더 가까이 다가섰는가?

지금까지 설명한 사고 훈련을 통해 우리는 결정하는 전체의 과정을 더욱 명확히 이해할 수 있다. 이는 의사결정자라면 누구나 체득해야 하는 것이다. 요컨대, 성공적인 의사결정자가 되기 위해서는 자신의 행동과 사고가 더욱 명확해질 수 있도록 노력을 기울여야만 올바른 결정을 내릴 수 있다.

게으름을 극복하라

누군가 당신에게 "당신의 결정에 가장 큰 영향을 미치는 요인은 무엇입니까?"라고 묻는다면 뭐라고 대답할 것인가? 스스로 생각하는 것을 잘 못한다? 이성적인 면이 부족하다? 자기 통제력이 약하다? 물론 이러한 요인들도 의사결정에 영향을 미칠 수 있지만, 우리가 간과해서는 안 되는 요인 중 하나가 바로 인간의 게으름이다. 게으름으로 인한 의사결정의 지연이나 실패는 우리 주변에서 늘 일어난다.

추운 겨울날 잠자리에서 꾸물거리며 '기상'이라는 간단한 결정조차 내리지 못한다든가 해야 할 일이 산더미 같은데 자꾸만 내일로 미루거나 남에게 떠넘기려고 생각한다. 이처럼 게으름이 우리의 의사결정에 영향을 미치는 일은 비일비재하다. 때문에 하버드 행동심리학 강의에서는 게으름을 사람을 강하게 유혹하는 '괴물'에 비유한다. 우리는 무언가 결정을 내릴 때마다 이 '괴물'과 맞닥뜨릴 수 있다.

하버드에서 명예 학위를 받은 프랭클린은 "게으름은 쇠붙이의 녹과 같다. 노동보다 더 심신을 소모시킨다"라고 말했다. 게으름은 인간이 지닌 나쁜 근성의 하나로, 올바른 결정을 내리기 위해 반드시 근절해야 하는 습성이다. 게으름은 우리 생활 속에서 쉽게 찾아볼 수 있다. 기업에서 직원들이 일하는 모습을 관찰해보면 어떤 직원들은 늘 근면 성실하고 명확한 목표와 행동을 보여주는 반면, 어떤 직원들은 좀비처럼 상사가 지시한 업무를 제때 완성하지 못하고 심지어 출근해서도 도무지 일할 생각이 없다. 후자가 바로 게으름의 지배를 받는 사람이다.

행동심리학에서는 인간의 게으름을 행동의 게으름과 사고의 게으름으로 나눈다. 행동의 게으름은 금세 눈에 띄며 해결도 비교적 쉽다. 정해진 시간 내에 임무를 완성하지 못하거나 문제 행동이 발견될 때 적절히 시정하면 된다. 이에 반해, 사고의 게으름은 마치 만성 질환과 같이 부지불식간에 치명적인 손실을 가져올 수 있다는 점에서 더 큰 문제가 된다. 겉으로는 종일 바쁘게 움직이고 전혀 게을러 보이지 않는데 정보를 입수했음에도 문제를 찾아내지 못하고 문제가 뭔지 알면서도 즉각 해결 조치를 취하지 않는 사람, 일한 지 몇 년이 지나도 업무 수준이 그대로이고 자기계발이나 자기관리에도 도통 관심이 없는 사람, 이런 사람들이 바로 사고의 게으름에 빠진 사람들이다. 이런 사람들의 두뇌는 정상적으로 사고하지 못하고 늘 닫혀 있다. 게으름은 의사결정에 영향을 미칠 뿐만 아니라 심지어는 '결정하는 것조차 귀찮아하는' 상황을 초래할 수도 있다.

게으름은 외적 요인의 영향을 받기도 한다. 외부 환경이 게으름을 '허용'하는 분위기면 더 두드러지게 나타나고, 반대로 이를 '제약'하는 분위기면 점차 줄어든다. 한 여성이 자신의 힘으로 회사를 설립해 잘 운영해오다가 출산과 함께 회사를 남편에게 맡기게 되었다. 그후 그녀는 휴식과 여가에 더 많은 시간을 할애하면서 점차 게을러졌다. 남편이 눈코 뜰 새 없이 바쁜 시기에 도움을 요청해도 온갖 핑계를 대면서 거절했다. 강도 높은 업무에 지쳐 있다가 좀 편히 쉴 수 있게 된 기회를 포기하고 싶지 않았던 것이다. 그런데 어느 날 남편이 갑자기 사고로 세상을 떠났다. 남편을 잃은 그녀는 자신의 게으름을 극복하고 다시 회사로 돌아올 수밖에 없었다. 게다가 아이까지 있는 상태에서 육아와 회사 일을 병행하느라 더 부지런해져야만 했다. 외부 환경의 영향으로 인해, 부지런한 사람이 게을러졌다가 다시 또 부지런해진 이 사례를 통해, 우리는 게으름이 통제 가능한 것임을 알 수 있다.

하버드에서는 모든 학생이 게으름을 '숙적'으로 여긴다. 그들은 늘 성실하게 학업에 임하면서 게을러지는 것을 두려워한다. 이러한 모습은 "근면은 영예로운 성전으로 향하는 필수 덕목"이라고 한 고대 로마 황제의 유언을 떠올리게 한다.

성공한 의사결정자들은 게으름이 얼마나 무서운 존재인지 잘 안다. 그래서 게으름이 자신을 파멸시키기 전에 자신이 먼저 게으름을 파멸시킨다. 그렇다면 당신은 어떠한가? 게으름이란 결국 정해진 목표에 따라 행동하지 못하는 주관적 심리 상태를 말한다. 다음은 게으른 심리의 몇 가지 예다.

- 하고 싶은 일이 있지만 실제 행동으로 옮기지 않는다.
- 어떤 일을 하고 있을 때 더 관심을 끄는 일이 생기면 이내 한눈을 팔다가 하던 일도 그르친다.

- 마지못해 일을 하면서 조금만 더 노력하면 완성할 수 있는데도 중도에 포기한다.
- 할 일을 미루는 것이 좋지 않은 습관임을 알면서도 이미 결정한 일을 뒤로 미룬다.
- 무슨 일이든 미루고 또 미루다가 결국 아무것도 이루지 못한다.
- 할 일을 미룬 대가를 톡톡히 치르고도 늘 '지병이 도져' 갈등을 겪는다.

게으름은 우리의 생활뿐만 아니라 의사결정에도 중대한 영향을 미친다. 게으른 사람은 정보의 수집과 분석, 판단과 결정 모두 게을리한다. 그렇다면 의사결정에 영향을 미치는 게으름은 어떻게 극복해야 하는가? 하버드 행동심리학 강의는 다음과 같이 제안한다.

1. 결정의 의의를 이해한다.

우리가 내리는 모든 결정은 자신이 기대하는 목표를 이루기 위한 것이다. 즉 결정의 진정한 의의는 그것이 다른 사람이 아닌 나 자신을 위한 것이라는 데 있다.

2. 삶의 목표를 세운다.

그리고 자신의 노력이 목표에 한 걸음 더 가까이 다가서는 데 도움이 되었는지 매일 반성한다. 늘 비어 있는 잔과 같은 겸허한 마음을 가져야 부정적인 것들을 비워낼 수 있다.

3. 시간을 합리적으로 배분한다.

게으름은 일상생활이나 업무를 할 때 산만한 태도와 밀접한 관계가 있다. 시간을 합리적으로 배분하여 정해진 시간 안에 할 일을 완성하도록 하자.

4. 일단 뭔가를 열심히 해본다.

열심히 하는 것이 점차 습관이 되면 게으름은 자연히 사라진다. 열심히 뭔가를 하다 보면 우리의 행동과 의식은 하나가 되고, 이러한 경지에 이르면 게으름은 더 이상 끼어들 틈이 없어 의사결정에도 영향을 미칠 수 없게 된다.

5. 체력을 단련한다.

심리학자들은 몸이 허약하거나 아플 때 피로도 가중된다고 말한다. 체력을 단련하여 좋은 컨디션을 유지한다.

저자세가 오류를 부른다

하버드에서 '저자세'를 취하는 학생을 만날 수 없다. 그들은 성공한 자들만의 자신감이 넘친다. 남다른 학식과 재능으로 수천, 수만 대 일의 경쟁을 뚫고 들어온 인재들이니 자신감이 남다를 수밖에. 이러한 자신감은 그들을 '하늘의 총아'로 키울 뿐 아니라, 훌륭한 의사결정자로 성장하게 한다.

결정의 순간, 자신감은 필수적인 자질이다. 자신이 내린 결정이 옳다는 믿음이 있어야 하기 때문이다. 순식간에 내리는 결정이든 심사숙고 끝에 내리는 결정이든, 결정과정에서 자신감의 역할은 동일하다. 성공한 의사결정자들은 자신감에 의거하여 올바른 결정을 내린다. 자신감은 오랜 세월에 걸쳐 쌓아온 경험에서 비롯되기도 하고 어떤 사물의 옳고 그름에 대한 본능적 감각에서 비롯되기도 한다. 자신의 결정이 옳다는 확실한 믿음이 있다면, 그것이 모든 이를 만족시키지 못하거나 자신을 곤경에 빠뜨릴지라도 결정 그 자체만으로도 기쁨을 맛볼 수 있다. 더불어 결정의 딜레마에서 벗어남으로써 홀가분함도 느낄 수 있다. 이런 '고자세'로 결정에 임할 때, 잘못된 결정을 내릴 확률도 낮아진다.

하버드 행동심리학 강의에서는 결정적 순간에 올바른 결정을 내리는 사람들의 특징으로 남다른 자신감을 꼽는다. 그들은 스스로 내린 결정에 대해 저자세를 취하는 일이 없다. 결정한 바를 잘 통제하고 최대한 오류를 범하지 않을 자신이 있기 때문이다. 그렇다면 이런 자신감 넘치는 의사결정자들의 공통된 특징은 무엇일까?

1. 정확한 판단력

어떤 일을 결정하기 전에, 우리는 이 결정을 실행에 옮겨야 할 필요성에 대해 정확한 판단을 해야 한다. 이는 외과 수술을 앞두고 의사가 환자의 상태를 진단하는 것과 같다. 수술은 높은 리스크를 수반하므로 불필요한 수술은 하지 말아야 한다. 결정을 할 때도 마찬가지로, 정확히 판단하고 리스크에 대해서도 심사숙고해야 한다.

사람들이 종종 간과하는 사실이지만 성공적인 의사결정자들은 정확한 판단력을 갖추고 있다. 그들은 먼저 거시적 관점에서 큰 방향을 가늠한 후 자신의 판단에 의거하여 구체적 결정을 내린다. 방향만 제대로 가늠하면 결정이 다소 정상 궤도를 벗어날 지라도 적시에 바로잡아 제대로 갈 수 있다. 하지만 근본적으로 판단 오류를 범하면 옳은 결정이라도 성공하기 어렵다. 의학에 비유하면, 질병에 대한 진단이 정확해야 증상에 맞는 약을 처방할 수 있는 것이다.

2. 타인의 의견을 수용하는 자세

자신감이 높은 사람이 타인의 의견에 아랑곳하지 않고 자신의 판단만 중시할 것이라 생각하는 것은 편견이다. 진정 자신감이 높은 사람은 남의 의견에 귀를 기울일 줄 안다. 그것이 더 많은 유용한 정보를 획득해 올바른 결정을 내리는 데 도움이 된다는 것을 잘 알기 때문이다.

아무리 자신감에 넘치는 사람이라도 그 능력에는 한계가 있다. 겸허한 마음으로 남의 의견에 귀를 기울일 줄 알아야 타인의 장점을 받아들여 최상의 결정을 내릴 수 있다.

뭔가를 결정할 때 자신만이 옳다고 생각하며 타인의 의견을 전혀 수용하지 않는 사람이 있다. 이는 자신감이 아닌 독단이다. 제아무리 능력이 뛰어나고 식견이 넓은 사람이라 할지라도 이러한 태도는 결코 바람직하지 않다. 당신의 결정이 늘 옳을 수만은 없고 남의 생각이 늘 잘못된 것도 아니기 때문이다. 겸허하게 타인의 말을 경청해야만 융통성을 잃지 않고 여지를 둘 수 있다. 독단이 습관이 되면 주위의 동료나 친구들도 점차 당신에게 조언을 하지 않게 된다. 이런 상황이 되면, 당신의 결정이 옳아도 기뻐해주는 사람이 없고 결정이 잘못되었을 때 주위의 조롱과 비난을 면치 못하게 될 것이다.

개인의 정보 획득 능력에는 한계가 있으므로 타인의 의견을 수용하지 않는다면 더 많은 유용한 정보를 얻을 수 없다. 이럴 때 결정은 어느 한쪽으로 치우치기 쉽다. 또한, 설사 타인의 조언이 그릇된 것이어서 그의 관점에 동의할 수 없다 할지라도 조언 자체가 오류에 대한 경각심을 갖게 해주어 결정과정에서 비슷한 오류를 범하지 않도록 일깨울 수 있다. 이 역시 경청이 가져다주는 선물이라 할 수 있다.

3. 핵심과 우선순위를 파악하는 능력

우리는 살아가면서 늘 뭔가를 결정해야 하는 상황에 직면한다. 해야 할 일이 무엇이고 해서는 안 되는 일이 무엇인지 정확히 구분할 수 없다면 일사불란하게 결정을 처리할 수 없게 된다.

우리 주위에는 일의 우선순위나 핵심을 잘 파악하지 못하는 사람이 많다. 꼭 해야 하는 중요한 일이 있는데도 번거롭다는 이유로 정작 그 일은 하지 않고, 자신이 좀더 빨리, 그리고 능숙하게 처리할 수 있다는 생각에 별로 중요하지 않은 다른 일에 매달린다. 후자가 성취감을 가져다주기 때문이다. 하루 종일 이 일 저 일 하느라 분주한 듯하지만, 꼭 해야 하는 중요한 일은 못 한 채로 하루를 마무리한다. 반면, 자신감이 높은 의사결정자들은 일의 우선순위를 안다. 중대한 의사결정을 앞두고, 그들은 우선순위를 잘 가늠하며 시간을 합리적으로 배분하고 핵심을 정확히 파악한다.

적시에 적절한 결정을 내리는 것 역시 자신감의 발현이라 할 수 있다. 매일 직면하게 되는 잡다한 일들 속에서 핵심과 우선순위를 제대로 파악하지 못하고 모든 일들을 동일한 기준으로 취급하다보면, 올바른 결정을 내리는 것이 불가능해진다.

4. 결정한 바를 끝까지 실행에 옮기는 의지

어떻게 해야 결정을 잘 내릴 수 있는가에 대해서는 많은 논의가 이루어지고 있지만 정작 실행에 대해 관심을 갖는 사람은 많지 않다. 또 실제로 많은 사람이 자신의 결정을 끝까지 관철하지 못하고 중도에 포기해버린다. 결정이란 근본적으로 기대한 목표를 실현하기 위한 것으로, 정보의 수집·분석·판단·결정 등 절차도 중요하지만 무엇보다 결정 이후의 실행이 중요하다. 누구나 올바른 결정을 내릴 수 있지만, 진정 자신감이 높은 사람들만이 결정한 바를 끝까지 실행에 옮긴다.

하버드 행동심리학 교수는 다음과 같이 말한다. "이상의 전당은 현실의 초석을 다져 하나하나 쌓아 올리는 것이다. 현실에 충실하고 현실에 직면하는 사람만이 현실을 초월할 수 있다." 결정은 이상을 추구하는 첫 걸음일 뿐이다. 자신의 결정을 끝까지 관철할 자신이 없다면 영원히 기대한 목표를 실현할 수 없다. 결정을 끝까지 견지해야만 자신의 이상을 실현하여 그 결정의 본래 의도가 빛을 보게 할 수 있다.

언어의 예술과 결정 이론

우리는 매일 많은 말을 한다. 그중 특히 미래나 삶에 대한 말들은 종종 의사결정 방향에 영향을 미치게 된다. 즉, 말하는 방식이 결정 방식을 정하는 것이다.

하버드 행동심리학 강의는 언어의 예술이 결정에 미치는 영향을 상세히 설명한다. 하버드를 졸업한 대통령·과학자·사업가를 비롯하여 다양한 분야의 걸출한 인물들은 모두 언어 예술의 귀재라고 할 수 있다. 하버드의 학생들은 하버드만의 교육 방식을 통해, 하나같이 언어의 기교에 능해 언어를 통해 자신의 사고를 강화하고 인간관계를 확대하며 언어의 잠재적 기능을 십분 발휘한다. 그렇다면 언어는 어떻게 인간의 사고와 의사결정능력에 영향을 미치는 것일까?

"좋아요" "문제없습니다" "반드시 가능할 겁니다" 우리 귀에 익숙한 말들이다. 이런 낙관적이고 긍정적인 말을 매일 할 수 있는 사람이라면 삶이 순조롭고 문제가 생겨도 해결하려 노력하며 결정을 할 때도 과감한 사람일 가능성이 높다. 반대로, "안 되겠어요" "방법이 없어요" "못하겠어요"와 같은 말을 입에 달고 사는 사람이라면 심리 상태도 비관적·소극적이고 난관에 부딪혔을 때 어찌할 바를 모르며 결정을 할 때도 우유부단할 가능성이 높다.

우리는 반드시 언어의 중요성을 인식해야 한다. 자신이 하는 말이 어떤 영향력을 지니는지 알아야 자신의 언어를 바꿔보려 노력할 것이다. 당신이 하는 말은 그날의 행동과 결정 방향을 정한다. 다시 말해, 당신이 하는 말은 대체로 현실이 될 가능성이 높다. 이것은 우리 두뇌와 자율신경의 작용에 의한 것이다.

인간의 자율신경은 대뇌피질을 통해 개인의 행동을 지배한다. 뇌속에 어떤 생각이 떠오르면, 자율신경이 이 생각을 신체 각 부위에 전달하면서 행동으로 전환한다. 태어나서부터 지금까지 우리가 해온 모든 일들, 이를테면 마트에 가서 우유를 사는 사소한 일부터 해외로 유학을 가는 중대사에 이르기까지 크고 작은 모든 일이 전부 이러한 과정을 거친다.

인간의 생각을 표현하는 가장 적합한 매체가 바로 언어다. 뇌리의 언어를 현실의 행동으로 전환시킬 때 가장 중요한 것은 사고하는 시점부터 가장 적합한 언어로 그 생각을 표현해내는 것이다. 그렇게 되면 당신이 최종적으로 하는 말이 당신의 결정 심지어는 향후의 인생에 영향을 미치게 된다. 낙관적이고 긍정적인 언어만이 올바른 결정을 이끌어내고 행복한 삶을 가져다줄 수 있다. 언어는 마치 비행기의 자동 조종 장치와도 같아서, 버튼만 누르면 우리가 올바른 궤도를 따라 비행할 수 있게 해준다.

이제 우리는 언어가 생각을 표상하며 생각이 결정에 직접적인 영향을 미칠 수 있다는 점을 알게 되었다. 늘 잘못된 결정을 하고 싶지 않다면 비관적·부정적 언어를 삼가야 한다. 긍정적 언어만이 긍정적인 행동을 유발할 수 있고 결정을 정확하고 합리적인 궤도로 이끌 수 있다. 승진하고 싶을 때는 물론, 심지어 남에게 쓰레기를 버려달라고 부탁하고 싶을 때, 중대한 일이든 사소한 일이든 언어의 예술을 잘 운용할 줄 알아야 한다.

미국의 심리학자 에릭 노리스는 "설득은 모든 사회 교류의 기본"이라고 말했다. 하버드 행동심리학 강의는 언어의 예술과 의사결정 간에도 밀접한 관계가 있음을 강조한다. 언어의 예술은 타고나는 것이 아니라 살아가면서 부단히 갈고 닦는 것이다. 그렇다면 언어의 예술은 어떻게 습득해야 할까?

1. 정확한 발음을 구사한다.

대수롭지 않게 여겨서는 안 된다. 발음이 정확해야 심리적으로 위축되지 않고 자신이 말하고자 하는 바를 타인과 순조롭게 소통할 수 있다. 발음이 불분명한 사람이 열등감에 사로잡히고 나아가 우유부단해지는 사례는 적지 않다. 따라서 언어의 예술을 습득하는 과정의 첫 단계는 발음 연습이다. 일상적 연습 외에도 타인의 말하는 방식 모방, 책이나 신문 낭독, 방송 청취 등이 도움이 될 수 있다.

2. 말하는 속도에 주의를 기울인다.

너무 빠른 것도 너무 느린 것도 좋지 않다. 말을 빨리 하는 것이 시간을 절약하는 것이라 생각할 수도 있지만, 사실상 말을 빨리 하다보면 생각이 혼란스러워지고 상대방 또한 의미를 제대로 이해하지 못할 수 있다. 반대로 말을 느릿느릿 하는 것은 상대방에게 어눌하다는 느낌을 주고 심지어 반감을 일으킬 수 있다. 따라서 적절한 속도로 말하는 것은 메시지의 효과적 전달과 상대방의 정확한 이해를 위해 매우 중요하다. 또한 말하는 속도를 적절히 제어함과 동시에 자신의 생각을 잘 정리해내야 메시지의 정확한 전달과 이해가 가능해진다.

3. 말하는 내용도 중요하다.

언어는 사고를 표현하는 매체다. 구체적으로 무슨 말을 하는가는 그 사람의 사고를 반영한다는 점에서 매우 중요하다. 대화를 할 때에는 상대방이 누구인지를 충분히 고려해야 한다. 상대에 따라 말하는 방식과 내용이 달라질 수 있다. 하지만 누구와 대화를 하든 최대한 솔직하고 세심하며 신중한 태도를 취해야 한다. 말하는 목적은 생각을 교류하는, 즉 자신의 생각을 표현하고 상대의 의도를 이해하는 것이다. 근거 없이 말만 번지르르하거나 남이 말할 틈도 주지 않고 속사포처럼 말을 쏟아내는 행동을 삼가야 한다. 번지르르한 말들은 당신의 언어표현능력을 과시하는 데는 도움이 될지 모르나 진실성이 부족하고 무책임하다는 인상을 주기 쉽다. 속사포처럼 떠들어대는 방식은 듣는 이의 짜증을 부르기 쉽다. 입을 열 기회를 주지 않고 혼자 떠들어대므로 환영받지 못하는 게 당연하다. 뿐만 아니라, 뭔가 결정할 때 자신의 기분이나 입장만 생각할 뿐 전혀 객관적이거나 이성적이지 못하다는 인상을 남길 수 있다.

4. 가급적 상대에게 먼저 발언권을 준다.

이러한 태도는 당신의 겸손함을 부각시키고 상대로 하여금 존중받고 있다는 느낌을 받게 할 뿐만 아니라 당신 스스로도 상대의 표정이나 동작을 통해 그의 의도를 파악할 시간적 여유를 갖게 된다. 남의 말에 먼저 경청할 줄 아는 사람은 의사결정과정에서도 자기 생각을 전달하는 데에만 급급하지 않고 객관적으로 문제를 고려할 줄 안다. 늘 발언권을 장악하려 하고 쉴 새 없이 자기 얘기만 쏟아놓는 사람은 대화 상대에게 좋지 않은 인상을 주기 쉽다. 간혹 말을 많이 해야만 자신의 개성을 부각시키고 남에게 '말 잘하는 사람'이라는 인상을 줄 수 있다고 생각하는 이가 있는데, 한 사람만 계속 떠들어대고 다른 사람은 듣기만 하는 상황은 결코 '대화'라고 할 수가 없다.

그리고 이러한 사람은 남에게 환영을 받지 못한다. 세일즈맨이 고객의 의견이나 니즈에 귀를 기울이지 않고 자사 제품이 얼마나 좋은지 전달하는 데에만 열을 올린다면, 그 거래는 성사되기 쉽지 않을 것이다.

5. 때와 장소를 구분할 줄 알아야 한다.

공공장소에서는 남에게 방해가 되지 않도록 너무 큰 소리로 말하지 않고, 대중을 상대로 연설을 할 때는 현장에 있는 모든 사람들에게 그 내용이 잘 전달될 수 있도록 충분히 큰 목소리로 말을 해야 한다.

일찍이 한 프랑스 철학자는 "남과 대화를 할 때 나를 상대보다 더 좋게 이야기하면 친구를 적으로 만들고 상대를 나보다 더 좋게 이야기하면 적을 친구로 만든다"고 했다. 말의 영향력이 얼마나 대단할 수 있는지 일깨워주는 명언이다. 하버드 사람들은 언어의 예술에 능하다. 언어란 생각을 표상하는 것이기에 어떤 말을 하는가가 결국엔 어떤 결정을 내리는가에 영향을 미치게 된다.

통제력 상실은
잘못된 결정의 온상이다

　하버드 행동심리학 강의에서는 잘못된 결정의 확률을 낮추는 방법
으로 학생들에게 과학적·합리적으로 사고하는 방법을 가르친다. 그
러나 결정이란 결국 사람이 하는 행위이고 사람이 기계처럼 한 치의
오차 없이 항상 규칙적으로 행동하기란 불가능하다. 따라서 의사결정
과정은 주관적 요인의 영향을 받을 수밖에 없으며 하버드 행동심리학
강의도 이 점을 언급한다.

　현대 사회과학의 창시자 막스 베버는 인류의 사회적 행위를 가치 합
리적 행위, 목적 합리적 행위, 전통적 행위와 정감적 행위로 구분한
다. 그중 앞의 두 가지 행위는 이성적 행위, 뒤의 두 가지 행위는 정감
적 행위에 속한다. 결정 자체는 이성을 요하는 행위이지만 제아무리
이성적인 사람이라도 결정과정에서 결정의 비인격적 요소와 이해관계
로 인해 비이성적인 면을 보이면서 결정에 정감적 행위를 개입시키게
된다.

　인간의 정서는 변화무쌍하며 불안정하다. 그런 정서적 요소가 의
사결정과정에 미치는 영향은 실로 대단하다. 정서적으로 통제를 잃은

사람이 올바른 결단력을 상실하는 예는 비일비재하다. 불안정한 정서는 사람의 의지를 특정 방향으로 치우치게 하면서 외부환경 변화에 적절하게 대응하고 객관적·이성적으로 판단하는 능력을 상실하게 만든다. 특히 충동은 의사결정에 치명적 영향을 미친다.

충동은 무언가의 자극에 의해 스트레스가 발생한 상태다. 충동 자체는 지극히 개인적인 경험이며, 그에 따른 심리와 행위는 이성적 통제가 쉽지 않다. 그 이유는 다음과 같다.

1. 충동이 이성을 압도할 때가 있다.

객관적으로 분석해보면 의사결정에서 늘 이성이 주도하는 것은 아님을 확인할 수 있다. 현실의 수많은 사례가 인간은 정서적 요인의 영향을 받기 쉬운 복잡한 생물이라는 점을 증명한다. 인간은 누구나 충동을 경험하며 우리의 결정은 종종 정서·의지·욕망 등의 비이성적 요소와 개인의 경험, 습관 등에 좌우된다.

2. 충동적 상태에서는 자기 통제력이 약해진다.

충동은 내면적 현상이며, 그에 따른 심리와 행위는 통제하기 쉽지 않다. 생리학적으로 우리 몸은 어떤 외부 자극을 받게 되면 부신수질에서 아드레날린이라는 호르몬을 분비하게 되는데, 아드레날린은 체내의 혈액순환을 가속화하고 심장을 더 빨리 뛰게 하며 우리를 긴장된 충동 상태에 놓이게 한다. 이런 상태에서 이성적으로 올바른 결정을 한다는 것은 거의 불가능한 일이다.

충동에 휘둘린 나머지 과격한 반응을 보이지 않으려면 자신의 충동을 다스리는 법을 배워야 한다. 중세의 전쟁을 예로 들어보자. 당시의 전쟁에서는 성을 수비하는 측이 성 주위 해자에 걸쳐놓은 다리를 거둬들이고 성문을 굳게 닫으면 공격하는 측은 속수무책이 되었다. 그러나 공격군이 성 밖에서 큰 목소리로 도발할 때 수비군이 충동을 누르지 못하고 한판 붙기 위해 성문을 열면 적군의 계략에 말려들어 참패를 보기 십상이었다. 오늘날의 의사결정과정과도 마찬가지다. 충동적 상태에서 내리는 결정은 대개 좋지 않은 결과를 가져온다는 것을 수많은 사례에서 확인할 수 있다.

하버드대 일레인 카마크 교수는 "폭군의 노예가 되는 것보다 더 불행한 일은 정서의 노예가 되는 것"이라 했다. 일이 뜻대로 되지 않을 때일수록 냉정함을 유지하며 충동을 다스리는 법을 배워야 한다. 그렇지 않으면 당신의 삶은 충동에 의해 엉망이 되고 고통스러워질 것이다.

삶에는 우리로 하여금 충동을 느끼게 하는 일들이 너무 많다. 때문에 개인의 정서관리능력이 중요하다. 자신의 정서를 잘 관리하기 위해서는 우선 정서가 무엇인지 잘 알아야 한다. 정서란 객관적 사물에 대한 개인의 경험이자 주관적 감정이다. 우리가 늘 언급하는 희로애락이 정서의 대표적 예다. 정서는 몸이 당신에게는 거는 '말'과 같이, 당신이 어떤 처지에 놓여 있는지, 당신이 직면한 일을 어떻게 처리하면 좋을지 일깨워준다.

과거의 경험을 통해 우리는 결정을 내리거나 행동을 할 때 정서가 상당한 영향을 미친다는 점을 알고 있다. 좋은 정서는 낙관적이고 적극적인 삶의 태도로 전환되어 옳은 결정을 유도하는 반면, 나쁜 정서는 비관적이고 소극적인 태도로 전환되어 잘못된 결정을 초래한다.

외부의 자극으로 인해 정서가 불안정할 때는, 충동이 이성을 대신해 결정을 내리지 못하도록 자신의 정서를 다스리는 법을 배워야 한다. 다음은 충동을 다스리는 몇 가지 방법들이다.

- 주의력 전이 : 충동이 느껴질 때는 다른 일을 함으로써 다른 데로 주의를 돌린다.
- 완화시키기 : 충동이 가라앉을 때까지 숫자를 센다. 연구 결과에 따르면 대부분 사람들은 1부터 60까지 세면 마음이 가라앉게 된다고 한다. 60까지 세어보자.
- 인내심 기르기 : 적절한 목표를 세워 인내심을 키워보자. 긴장과 이완을 적절히 조절하면서 침착하게 결정에 임할 수 있게 된다.
- 감정 조절 훈련 : 감정을 조절하는 연습을 통해 긍정적 정서를 배양할 수 있다. 열정과 열린 마음이 충동을 가라앉히는 데 도움이 된다.
- 정화 : 스트레스가 쌓이고 분노가 느껴질 때는 언어나 행위를 통해 나쁜 정서를 배출하여 마음의 평온을 유지하는 방법을 배워보는 것도 좋다.
- 이완 : 영화, 음악, 수다, 등 이완에 도움이 되는 모든 방법을 동원하여 마음속 충동을 다스린다.
- 입장 바꿔 생각하기 : 성숙한 인간이라면 입장 바꿔 생각할 줄 알

아야 한다. 내 기분만 생각하고 남의 기분을 무시해서는 안 된다.

- 결과 예측하기 : 충동이 일 때는 결과에 대해 생각한다. 충동이 가져올 심각한 결과를 떠올리면 마음이 가라앉을 수 있다.

07

삶은 결코
규칙적이지 않다

인간은 거짓말을
잘 식별하지 못한다

　심리학자는 거짓말을 일종의 '협업' 행위라고 말한다. 거짓말이란 듣는 이가 믿어야 가치가 발생하기 때문이다. 선의의 거짓말은 문제가 되지 않는다. 중요한 것은 우리의 삶과 결정에 영향을 미칠 수 있는 '파괴적인' 거짓말을 식별하는 일이다.

　누구나 다양한 거짓말과 맞닥뜨리며 간혹 스스로도 거짓말을 한다. 단 거짓말을 잘 식별하지 못할 뿐이다. 때로는 선의의 거짓말도 있다. 병이 위중한 환자의 심적 부담을 덜어주기 위해 병세를 숨긴다거나 하는 행위가 그러하다. 또 때로는 어쩔 수 없이 하게 되는 거짓말도 있다. 어떤 비밀이나 공개하기 곤란한 사실을 숨기기 위해 거짓말을 하는 경우다. 한편 근본적으로 악의적인 거짓말도 있다. 거짓말의 빈도나 기간이 증가함에 따라 그로 인해 상대가 신체적·정신적 상처를 받는 경우 이는 심리학적으로 병적 행위에 속한다.

　심리학에는 '거짓말 증후군'이라 불리는 병이 있다. 전형적 증상은 자신도 모르는 사이에 거짓말을 술술 하고 남들이 그것을 믿어주는데서 만족감을 느끼는 것이다. 때로는 남에게 상처를 입히기도 한다. 주변엔 늘 이런 사람들이 있다. 사실을 날조하고 거짓을 지어내며 심지어 정치적 사기행각을 벌이기도 한다. 또한 단순히 심리적 만족을 위해 거짓말을 하는 이가 적지 않다. 이들은 늘 거짓말이 들통나는데도 지칠 줄 모르고 거짓말을 지어내기도 한다.

혹자는 거짓말이 지극히 개인적인 행위이며 누구도 이에 대해 평가하거나 심지어 비난할 권리가 없다고 주장한다. 그러나 거짓말이 타인과 사회에 해를 끼친다면 이는 곧 사회적 행위가 된다.

앞서 언급했듯이, 우리는 거짓말을 잘 식별하지 못하지만 살다보면 속고 속이는 일이 비일비재하며, 심지어 우리 자신을 속이는 일도 있다. 그렇다면, 거짓말은 정말 아무런 '쓸모'가 없는 것일까? 사실은 선의의 거짓말과 마찬가지로 긍정적 심리 암시도 '유익한 거짓말'이 될 수 있다. 우리는 긍정적 암시를 통해 더 나은 결정을 하고 의사결정과정을 더욱 순조롭게 만들 수 있다. 그렇다면 긍정적 암시는 어떻게 우리에게 유익한 작용을 하는 걸까? 다음과 같은 실험을 통해 알 수 있다.

하버드대 벤슨Benson 교수는 입덧으로 인해 메스꺼움과 구토 증상을 호소하는 임산부 20명에게 특수한 알약을 복용하게 했다. 그리고 그들에게 "이 약물은 최신 의학 연구를 통해 개발된 안전한 제품으로, 입덧 증상을 완화시키는데 도움이 된다"고 말했다. 사실 벤슨 박사는 그들에게 '거짓말'을 했다. 알약은 신약이 아닌 녹말가루로 만든 약용 가치가 전혀 없는 물질이었던 것이다. 그런데 약을 복용한 임산부 20명은 하나같이 "입덧 증상이 나아졌다"라고 답했다.

한편, 벤슨 교수는 또 다른 집단의 임산부 20명에게 구토를 유발하는 약물을 복용하게 했다. 이 약은 아이들이 독성물질을 잘못 먹었을 때 구토를 유발하기 위해 사용하는 약물로, 실험 전 임산부들에게 부작용을 일으키지 않는 선에서 복용량을 세밀히 검토한 것이었다. 벤슨 교수는 피실험자들에게 앞의 실험과 마찬가지로 "이 약을 복용하면 입덧 증상을 줄일 수 있다"고 알려주었고, 실험 결과 임산부들은 구토가 멈추었으며 컨디션이 나아졌다고 답했다.

실험 결과에 대해 벤슨 교수는 임산부들이 교수의 말을 완전히 믿지는 않지만 긍정적 심리 암시를 통해 그의 말을 믿도록 스스로에게 '거짓말'을 했기 때문에 약물이 신기한 '치료 효과'를 발휘할 수 있었다고 결론지었다.

사람들은 흔히 심리 암시가 자기 기만, 즉 스스로를 속이는 일이라고 여긴다. 그러나 어떤 심리 암시는 분명 우리가 올바른 결정을 내리는데 도움이 된다. 사람이란 본래 혼잣말을 좋아하는 요상한 동물로, 이러한 행동들이 쌓여 미래의 행동과 습관에 영향을 미치면서 인격의 일부를 형성하게 된다. 이것이 바로 자기 암시다.

자기 암시는 긍정적 암시와 부정적 암시로 나눌 수 있는데, 긍정적 암시는 말 그대로 자아와 외부 사물에 대한 긍정적 인식을 유발하는 반면, 부정적 암시는 외부 사물에 대한 일종의 고정 관념을 유발하고 편견이나 그릇된 믿음을 형성한다. "내 삶은 내가 주재한다"는 말이 있다. 이 말은 자신의 삶이 자기 암시를 통해 통제될 수 있음을 의미한다. 무언가 결정해야 하는 상황에 직면했을 때 감정에 치우치지 않는 이성적인 판단을 하고 싶다면 자신에게 긍정적 암시를 걸어보자.

긍정적 심리 암시는 결코 맹목적 자만이나 스스로를 속이는 행위가 아니다. 노력을 통해 복잡한 사물을 단순화하고 복잡한 정보를 잘 처리하여 올바른 결단을 내릴 수 있다는 믿음이다. 저명한 심리학자인 말츠Maltz가 말했듯이, "우리의 신경 체계는 아주 '아둔'하다. 기쁜 일을 보면 기쁜 반응을 보이고 슬픈 일을 보면 슬픈 반응을 보인다."

긍정적 자기 암시가 최상의 효과를 얻기 위해서는 두 가지 측면에 유의해야 한다. 첫째는 조급한 마음을 가져서는 안 된다는 것이고, 둘째는 성공과 눈앞의 이익에만 급급해서는 안 된다는 것이다. 긍정적 심리 암시는 알게 모르게 차근차근 진행되는 과정이다. 한방에 효과를 거두려 하거나 꾸준한 노력 없이 하다 말다를 반복하면 좋은 결과를 얻을 수 없다. 결정할 때마다 장기적으로 긍정적 심리 암시를 반복해야 최상의 효과를 얻을 수 있다.

한편, 긍정적 암시를 건다고 해서 자신의 '결점'을 덮어버리려 해서는 안 된다. 솔직하게 자신의 결점을 인정하고 이를 바꾸기 위한 노력을 해야 한다. 하버드 행동심리학 강의는 긍정적 심리 암시의 원칙을 다음과 같이 제시한다.

1. 미래가 아닌 현재 시제를 사용한다.

예를 들자면 "나는 올바른 결정을 내릴 것이다"가 아니라 "나는 올바른 결정을 내린다"고 스스로에게 말해보자.

2. 최대한 긍정적인 방식으로 암시를 한다.

예를 들자면 "다시는 잘못된 결정을 내리지 않을 것이다"가 아니라 "늘 올바른 결정을 내린다"와 같은 말로 머릿속에 긍정적인 이미지를 형성한다.

3. 최대한 간결한 문장을 사용한다.

강렬하고 명확하되 간결한 암시만이 최상의 효과를 유발하고 감정을 효과적으로 전달하여 강한 인상을 남길 수 있다.

요컨대, 긍정적 자기 암시를 걸 때는 스스로 그 암시를 믿게 만들어야 한다. 암시의 내용이 사실이며 올바른 결정을 내리는 데 도움이 될 것이라는 믿음이 무엇보다 중요하다.

기억이 늘 진실은 아니다

결정은 백지 상태에서 이루어지는 것이 아니다. 대부분의 경우 기억 속의 유효한 정보를 근거로 한다. 그러한 의미에서 결정은 과거의 의사결정에 대한 보완과 조정이자 개혁이다.

과거에 성공적인 결정을 했던 경험은 현재 직면한 의사결정에 도움이 되지만, 반대로 실패한 경험은 부정적 영향을 미치게 된다. 다시 말해 잘못된 결정은 기억에 의해 유도된다고 할 수 있다.

기억이 결정에 미치는 영향에 대해 논의하기에 앞서, 기억 자체에는 문제가 없는지 생각해본 적이 있는가? 대부분의 사람들은 자신의 기억에 확고한 믿음을 갖고 있으며, 세상을 인식하고 다양한 관계를 처리하며 의사결정을 내리는 최대의 근거로 삼는다. 그러나 하버드 행동심리학 강의는 우리 기억이 반드시 믿을 만한 것은 아니라고 지적한다. 누구나 과거의 어떤 일을 회상하는 과정에서 친구와 내 기억이 사뭇 다르다는 것을 깨달은 경험이 있을 것이다.

기억의 오차는 클 수도 작을 수도 있고, 이에 따른 영향도 달라진다. 유쾌했던 오후의 티타임을 샤브샤브 식사로 기억하는 정도의 착각은 큰 영향을 미칠 만큼 중요한 게 아니며 아무도 개의치 않는다.

그러나 중대한 의사결정이나 사건과 관련된 기억의 신뢰도는 생사와 직결될 정도로 중요한 문제가 될 수 있다. 미국의 한 심리학자의 통계에 따르면 경찰의 요청으로 혐의자를 지목하는 과정에서 목격자의 20~30퍼센트는 경찰이 무혐의로 단정한 사람을 지목한다고 한다.

심지어 목격자 기억의 신뢰도를 알아보기 위해 일부러 실제 혐의자를 지목 대상에 포함시키지 않은 실험 상황에서도 목격자는 '혐의자'를 지목한다고 하니, 무고한 사람이 억울하게 옥살이를 하게 될 수도 있는 판이다. 실제로 이는 종종 발생하는 일이다. 20세기에 미국에서 어떤 젊은이가 강간범과 외모가 흡사하여 범인으로 지목되었는데 아무리 부인하고 해명해도 소용이 없었다. 결국 억울한 옥살이를 하게 된 그는 5년 후 진범이 체포되고 나서야 비로소 풀려날 수 있었다.

노벨상을 수상한 도네가와 스스무利根川進 박사는 신경생물학 실험을 통해 대뇌에서 기억을 전담하는 세포를 발견하고 이 세포를 인위적으로 조작하여 거짓 기억을 만들어낼 수 있음을 확인했다.

이를 근거로 도네가와 박사는 『뉴욕타임스』에 기고한 글에서 "최신 연구 결과는 인간의 기억이 얼마나 믿을 만한 것이 못 되는지를 일깨워준다"고 했다.

인간의 기억은 영상 메모리처럼 정밀하고 생생하지 않아 오차가 발생하기 쉽다. 게다가 당신이 어떤 일을 하고 있다고 상상하는 것만으로도 훗날 자신이 정말 그 일을 했다는 거짓 기억을 만들어낼 수 있다고 하니 실로 불가사의하지 않은가? 이처럼 불가사의한 일이 실제 생활에서 종종 일어난다. 당신은 친구와 함께 영화나 콘서트를 보러 갔다고 기억하지만, 실제로는 그것이 상상 속의 일이었을 수 있다. 복잡다단한 기억의 왕국에서는 제아무리 생생한 기억이라도 실제 일어났던 일이 아닐 수 있다. 그러니 기억의 진위를 가리지 않고 의사결정의 근거로 삼는 것은 더욱 해서는 안 될 일이다.

1980년대 미국 NASA의 챌린저 호 사건을 기억하는가? 당시 이 우주왕복선은 플로리다 주의 케이프커내버럴 기지에서 발사된 후 1만여 미터 상공에서 공중 폭발했고 탑승자 전원이 사망하는 참사를 낳았다. 이 사건은 미국과 전 세계에 큰 충격을 가져다주었을 뿐 아니라, 한 인지심리학자의 연구를 이끌어내기도 했다.

이 학자가 바로 '인지심리학의 아버지'로 칭송되는 울릭 나이서Ulric Neisser다. 챌린저 호 사건 이전에 그는 '워터게이트 사건' 중 백악관 법률고문 존 딘의 증언에 대한 심층 연구를 통해 자칭 '살아 있는 녹음기'라는 존 딘의 기억에 사실상 많은 오차가 존재함을 밝혀낸 바 있다.

나이서는 챌린저 호 사건 직후 목격자 인터뷰를 통해 사건의 경위를 확인한 후 3년 뒤 같은 집단을 대상으로 다시 인터뷰를 실시하여 그 사이 목격자들의 기억에 극적인 변화가 발생했음을 확인했다. 예를 들어, 한 목격자의 경우 사건 직후에는 "다른 사람과 수다를 떨던 중 알게 되었다"고 진술했는데 3년 뒤에는 "어떤 여자아이가 밖으로 뛰쳐나오면서 '우주선이 폭발했다'고 외쳤다"고 진술했다. 이와 같은 연구 결과를 토대로 나이서는 "인간의 기억은 수시로 변할 수 있고 심지어 거짓 기억을 만들어낼 수도 있기 때문에 항상 믿을 것은 못 된다"는 결론을 내렸다.

혹자는 심리학자들의 연구가 너무 단편적이고 현실과 동떨어졌다고 생각할 수도 있다. 그렇다면 당신의 일상적 경험으로 돌아와보자. 누구나 어린 시절에 이런 게임을 해본 적이 있을 것이다. 한 사람이 어떤 동작이나 말을 다음 사람에게 전달하고 그 사람이 같은 동작이나 말을 다시 그 다음 사람에게 전달하는 게임 말이다. 그런데, 대부분의 경우 여러 사람을 거치다보면 마지막으로 전달 받은 사람이 재현하는 동작이나 말은 최초의 동작이나 말과 큰 편차를 보이게 된다.

100여 년 전부터 인간의 기억은 심리학자들의 주된 관심 분야였으며, 어떤 일에 대한 한 사람의 기억은 그 이후에 일어나는 일들에 의해 끊임없이 수정된다는 것이 많은 심리학 연구에 의해 확인되어왔다. 다시 말해, 인간의 기억은 재구성되는 성질을 지니며 어떤 일에 대한 우리의 기억은 거짓 정보를 내포하고 있을 가능성이 있다는 것이다.

거짓된 기억 정보는 인간의 인지적 경험이 보이는 경향 중 하나다. 우리는 자신의 기억이 생생하고 또렷하다고 느끼면서 그 객관적 진실성에 대해 전혀 의심치 않지만 하버드 행동심리학 강의는 기억의 진실성과 신뢰성에 대해 의문을 제기한다. 매일 수많은 정보와 뇌리에 저장되는 과정에서, 그중 상당수는 진짜와 가짜 정보의 복잡체일 수 있다는 것이다.

심리학자들은 기억의 질적, 양적 변화와 기억 환기에서 인간의 지적 경험이 미치는 영향에 대해 연구하는 과정에서 기억과 사실이 일치하지 않는 현상을 발견하고 이를 '기억 왜곡'이라 불렀다.

기억 왜곡은 매우 일상적인 현상이다. 같은 일을 경험한 사람들일지라도 그들의 기억은 큰 차이를 보일 수 있다. 때문에 오늘날의 법정은 복수의 증인과 복수의 증거를 채택함과 동시에 격리된 상태에서 각각의 증인들을 심문하여 기억 왜곡으로 인한 오판을 막고자 한다.

결정을 내리는 과정에서도 만약 단순히 기억이 제공하는 정보에만 의존한다면 이 정보가 반드시 진실이 아닐 수 있는 상황에서 사건에 대한 객관적 평가에 영향을 미칠 수밖에 없다. 이런 상황에서 객관적이고 올바른 결정이 가능하겠는가?

생각이 많은 게
늘 좋은 것은 아니다

　지금까지는 줄곧 의사결정과정에서 사고가 매우 중요하다는 점을 강조해왔다. 주도면밀한 사고 없이는 객관적이고 올바른 결정을 내리기가 어렵다. 그렇다면 사고는 무조건 많이 할수록 좋은 것인가? 답은 지나친 사고도 바람직하지 않다는 것이다. 이는 자칫 타이밍을 놓쳐 결정을 그르치게 만들 수 있다.

　어떤 문제에 대해 자꾸만 생각을 되풀이하는 사람들이 있다. 그런데 이는 오히려 간단한 문제를 복잡하게 만들고 쉬운 문제를 어렵게 만든다. 뿐만 아니라 과도한 고민은 스스로를 초조하거나 낙담하게 만들며 심지어는 병적 상태에 빠지게 한다. 생각이 많은 사람들은 있지도 않은 난관을 상상해내고, 평탄한 길도 험준한 산길로 만들어버린다. 자신의 시간과 에너지를 사고하는 데만 허비해 심지어는 사고가 마비되는 지경에 이른다. 그들은 늘 타인의 뜻이나 사물의 본질을 곡해한다. 사고에 너무 많은 시간을 허비한 나머지 늘 발전 없이 제자리걸음이고, 자꾸만 소중한 기회를 놓쳐버리고 만다. 눈 딱 감고 결정을 하려 해도 지나치게 생각이 많다보면 우유부단해져 최후의 결단을 내리지 못한다. 게다가 같은 문제를 계속해서 생각하다보면 사람의 생각은 달라지게 마련이고, 선택의 결과도 달라진다.

하버드 행동심리학 강의에는 다음과 같은 이야기가 있다. 심리학자 세 명이 대학생들을 대상으로 조사 연구를 실시했다. 그들에게 스무 편의 우수 영화 중 가장 좋아하는 세 편을 골라 보라고 주문하자 어떤 학생들은 「주먹왕 랄프」 「슈퍼 배드」 같은 애니메이션 작품을 고르고, 또 어떤 학생들은 「쉰들러 리스트」 「쇼생크 탈출」 같은 클래식한 영화를 골랐다.

이어서 다시 학생들에게 세 편 중 당장 감상할 작품 한 편, 이틀 후에 볼 작품 한 편, 닷새 후에 볼 작품 한 편을 고르라고 하자, 앞서 대부분 학생들이 세 편 중 하나로 유명한 작품인 「쉰들러 리스트」를 선택했음에도 불구하고, 44퍼센트만이 당일 볼 작품으로 이 영화를 선택했고 나머지 학생들은 「마스크」 「스피드」와 같은 대중적 영화를 선택했다. 학생들은 대부분 좋은 영화를 더 나중에 감상하려는 경향을 보였다. 두 번째와 세 번째 감상할 작품으로 각각 63퍼센트와 71퍼센트가 비교적 예술적인 영화를 선택했다. 이후, 이 심리학자들은 또 다른 집단의 대학생들을 대상으로 같은 실험을 하면서 다만 학생들이 선택하기 전에 다음과 같이 말했다. "선택한 후에 세 편의 영화를 그 자리에서 연이어 다 보아야 하니, 충분히 생각해본 뒤 자신이 가장 좋아하는 영화 세 편을 고르십시오." 학생들은 30분간 '고민'을 한 후 선택을 했는데, 이번에는 전체 학생의 14분의 1만이 「쉰들러 리스트」를 택했다. 이 실험은 사람들의 선택이 시간과 사고과정의 변화에 따라 달라질 수 있음을 보여준다. 지금 당장 과일과 케이크 중 무엇을 먹고 싶은지 물어보면 과일이라고 답하는 사람에게 곧이어 '잘 생각해보고 결정하라'고 말하면 그는 고민 끝에 케이크를 선택할지도 모른다.

만약 당신도 지나치게 생각이 많은 경향이 있는 사람이라면 틀림없이 머뭇머뭇하다가 최상의 타이밍을 놓치거나 너무 고민만 하다가 잘못된 결정을 내린 경험이 있을 것이다. 그렇다면 어떻게 해야 자신의 생각을 잘 정리하여 과도한 고민에 빠지는 것을 막을 수 있을까? 하버드 행동심리학 강의는 이런 문제에 대응할 수 있는 몇 가지 조언을 제공한다.

1. 완벽을 추구하지 않는다.

과도한 고민에 빠지는 대부분의 사람은 가장 '완벽'한 결정을 내리길 원한다. 진작 결정을 했어야 하는 일임에도 완벽을 추구하느라 내내 결단을 내리지 못한다. 사실 완벽이 비현실적인 목표라는 것은 당신이 이미 잘 알고 있다. 완벽을 포기하고 자신의 목표에 최대한 다가가려 노력하는 것이 지혜로운 선택이다.

2. 가설은 그만 세운다.

마음속에 천만 가지 생각과 가설이 있다 해도 실제 행동에 옮기지 않는 한 의미가 없다. 사실을 기반으로 행동에 옮겨야만 올바른 결정을 내릴 수 있다.

3. 적극성을 키운다.

이론에만 머물지 않고 실천에 뛰어든다. 면밀한 사고란 결코 사고의 늪에 빠져 허우적대는 것을 의미하는 것이 아니다. 반복적 사고로 당신의 재능을 허비하고 삶을 엉망으로 만들어서는 안 된다.

4. 문제를 제기하라.

의사결정과정에서 끊임없이 문제를 발견하고 제기하고 해결해야 더 적극적이고 실무적인 자세로 해결 방안을 찾을 수 있다.

5. 건전한 인간관계를 구축한다.

스스로를 완전히 객관적으로 바라보는 것은 불가능하다. 주관적 억측에 빠지기 않기 위해서는 당신에게 조언과 도움을 주고 유익한 피드백을 제공할 수 있는 사람들을 확보해야 한다.

6. 핑계를 찾지 않는다.

심사숙고도 결국 일종의 지연일 뿐, 당신의 결정을 더 이상적으로 만들어주지 않는다. 그러니 결정을 미루는 행위에 핑계를 찾지 마라. 생각만 거듭하고 있는 것보다는 어떤 결단이든 내리는 쪽이 훨씬 낫다.

7. 기록하는 습관을 형성한다.

의사결정과정에서 수시로 기록하는 좋은 습관을 형성하여 자신의 생각·결정·행동·결과를 꼼꼼하게 기록하는 것은, 전체적 국면을 장악하고 주의력을 집중하여 무의미하게 생각만 되풀이하는 행동을 막는 데 도움이 된다.

8. 계획을 세운다.

자신의 행동과 사고 시간을 제약하기 위한 의사결정 계획표를 만들어 계획에 따라 한 걸음 한 걸음 실행에 옮긴다. 계획은 자신의 행동을 명확히 하고 한 치의 오차 없이 실행하는 데 도움이 된다.

9. 생각의 틀에서 벗어난다.

어떤 결정 때문에 머뭇거리거나 아무리 생각해도 답이 떠오르지 않을 때에는 에크하르트 톨레Eckhart Tolle의 방법에 따라 그 생각에서 잠시 벗어나 마음을 편안히 가져보는 것도 좋다. 생각에서 벗어나는 것이 쉽지 않을 수도 있으나, 그러한 노력을 통해 생각 밖의 세계가 얼마나 평온하고 아름다우며 즐거움과 자연스러움으로 가득 차 있는지 깨달을 수 있다. 생각을 멈추는 것이 힘들지라도 노력은 해봐야 한다. 사고가 결정에 도움이 되지 않고 오히려 당신을 혼란에 빠지게 한다면 사고에게도 잠시 휴가를 준다고 생각하자. 어떻게 해야 할지 모르겠다면 생각을 멈추고 편안한 음악이라도 들으면서 자신의 생각에서 벗어나 음악의 세계에 빠져 보자.

10. 생각을 포기하는 법을 배운다.

결정을 앞두고 당신의 머릿속에는 각양각색의 생각들이 떠올라 머리를 들쑤시고 다닌다. 그중에는 뿌리 깊은 생각도 있을 것이고 도태되어야 하는 생각도 있을 것이다. 이러한 생각들이 당신을 좌지우지하는 사이에, 결정을 내려야 할 시간은 점차 잠식되어간다. 생각들에 끌려가다보면 소중한 타이밍을 놓치게 된다. 이때, 당신이 할 일은 일부 생각을 포기하고 더욱 핵심적인 문제에 집중하는 것이다.

결정은 스스로 내린다

　우리 주변에는 늘 스스로 뭔가를 결정하길 꺼리면서 남에게 도움을 청하거나 남이 대신 결정해주기만을 바라는 사람들이 있다. 할 수만 있다면 그들은 미련 없이 결정의 권리를 남에게 넘긴다. 이런 유형의 사람들은 책임감이 부족한 것이 특징이며 잘못된 결정을 내릴까봐 두려워하고 또 그 결정이 초래할 수 있는 심각한 결과에 대해 책임지는 것을 두려워한다.

　책임감이 부족한 사람은 자신에게 위험을 가져올 수 있는 일체의 결정을 회피하려 한다. 매사에 조심스럽고 신중하며, 행여나 작은 실수 하나가 자신에게 골치 아픈 문젯거리를 안길까 두려워한다. 이런 사람은 대체로 옳은 결정을 내리기 어렵다. 책임감은 한 사람이 이룰 수 있는 성공의 크기를 좌우하기도 한다. 남다른 성공을 거둔 이들은 대개 책임감이 강하다. 심지어 자신이 좋아하지 않는, 또 자신에게 적합하지 않은 일을 하면서도 남다른 성과를 창출해낸다. 수 년 전 미국의 심리학자 엘슨Elson이 전 세계 각 분야에서 걸출한 성공을 거둔 100인을 대상으로 설문조사를 실시한 결과, 61명의 응답자가 자신이 좋아하지 않는 분야에서 성공을 거두었다는 사실을 알 수 있었다. 그렇다면 무엇이 그들을 성공으로 이끈 것일까? 응답자들과의 대화나 서신을 통해 엘슨 박사는 성공의 열쇠가 강한 책임감에 있다는 사실을 발견했다.

하버드대 교문 위에는 "이 문으로 들어와 지혜를 키우고, 나가서는 국가와 인류를 위해 봉사하라Enter to grow wisdom, Depart to serve better thy country and thy kind"는 글귀가 새겨져 있다. 이것이 바로 하버드가 학생들에게 일깨우고자 하는 사회적 책임감이다.

책임감이란 자신과 자연 그리고 국가·사회·단체·가정·타인을 포함한 인류 사회에 대해 자발적으로 긍정적이고 유익한 역할을 하는 정신이다. 많은 사람이 비교적 모호하게 인식하고 있는 책임감이라는 개념에 대해 좀더 정확히 살펴보자.

'책임감'과 '책임'의 차이

책임은 한 사람의 본분에 속하는 일이며 때로는 이를 더 잘 완수하기 위해 어느 정도의 외부 압력을 필요로 한다. 따라서 책임은 상대적으로 수동성을 띤다. 한편 책임감은 본분에 속하는 일을 잘 완수하는 것을 기본으로 하되, '본분 외의 일'에도 최선을 다하는 우수한 품성을 가리킨다. 책임감을 일종의 '품성'으로 보는 것은 매우 타당하다. '품성'이란 개인의 행위나 태도가 드러내는 사상, 인품, 인식 등을 아울러 이르는 말이며 거기에는 표정, 정서나 기분 등 훨씬 넓은 범위의 것이 포함된다. 책임감은 책임보다 큰 개념이며, 인간의 품성을 구성하는 매우 중요한 요소다. 심리학적 개념으로서의 책임감은 일반적 감정과 달리 사회적·도덕적 심리의 범주에 속하며 도덕적 자질을 구성하는 중요한 요소다. 개인의 책임감은 주로 교육, 자기 수양, 사회문화적 배경, 이데올로기 등의 영향을 받는다.

책임감의 긍정적 역할

책임감이 강한 사람은 어떤 일을 하는 과정에서 자신의 이익뿐만 아니라 타인, 국가와 사회의 이익도 중요하게 생각한다. 자신의 이익이 타인, 국가와 사회의 이익과 상충한다면 후자를 우선시한다. 결정 과정에서도, 책임감은 이기적 선택보다는 이타적 선택을 하게 만든다.

책임감이 강한 사람은 책임감으로 인해 무언가를 위해 각고의 노력을 기울이고자 하는 원동력을 얻는다. 그 원동력은 수많은 의미 있는 일이 자신을 기다리고 있고, 이 일들을 잘 처리해야 자신의 가치와 존재 의미를 느끼고 타인의 신뢰와 존중을 얻을 수 있다는 믿음에서 비롯된다.

책임감은 당신을 열심히 공부하게 하고, 활동적으로 일하게 하며, 혼신의 힘을 다해 회사를 경영하게 만들 뿐 아니라, 여유를 잃지 않고 중대한 의사결정에 임할 수 있게 해준다.

책임감 부족으로 나타나는 외형적 특징

책임감이 부족한 사람은 사회생활을 하면서 다양한 문제를 드러낸다. 예를 들면, 법률과 도덕에 어긋나는 행동을 한다거나, 직장에서 맡은 임무를 제대로 완성하지 못하고 남에게 책임을 전가한다거나, 기업을 경영하면서 소비자의 권익을 무시하는 등 자신에게 이롭지만 남에게는 해를 끼치는 행동을 서슴지 않는다. 학교에서는 학칙을 무시하고 조퇴와 결석을 일삼으며, 가정에서는 노인 부양 등 가족 돌봄의 의무를 다하지 않는다.

책임감이 부족한 사람은 심리적으로도 소외를 경험하고 심지어 성격이 기형적으로 변해가면서 주변 사람들과 사회에서 배척되어간다. 이러한 상태에서는 타락하거나 의기소침해지기 쉬우니, 옳은 결정에서 멀어지는 것은 더 말할 것도 없다.

앞서 언급했듯이, 책임감은 개인의 자질을 구성하는 핵심 요소의 하나이자 인류의 도덕적 규범의 근본이다. 책임감이라는 초석이 있어야 그 위에 도덕 체계를 확립할 수 있다. 따라서 책임감이 없다는 것은 기본적 도덕적 규범도 없음을 의미한다.

행동심리학의 관점에서 보자면, 책임감이 부족한 사람은 대체로 편한 것만 꾀하고 일하기 싫어하는 특성을 보이며 자신의 노력으로 삶의 목표를 이루고자 하는 의지가 부족하다. 뿐만 아니라, 자기중심적인 성향이 강하여 공정하고 객관적인 시각으로 문제를 바라보지 못한다. 이런 사람이 내리는 결정은 대체로 자기중심적인 성향이 강하며, 결정 자체가 이기적이므로 옳고 그름은 논할 것도 없다.

책임감을 키우는 방법

인간의 잠재력 개발에 관한 한 연구에 따르면, 사람은 위급한 상황에 맞닥뜨렸을 때 체내에서 신비한 호르몬을 분비하여 평소보다 뛰어난 능력을 발휘할 수 있게 된다고 한다.

상황이 위급하면 위급할수록 더 큰 능력이 뿜어져 나오며, 평소에는 이러한 능력이 잠재된 상태로 모습을 드러내지 않는다. 연구 결과에 따르면, 인간의 잠재력을 이끌어내는 방법에는 여러 가지가 있는데 책임감을 일깨우는 상황을 유발하는 것도 그중 하나다. 책임감이 매우 강한 사람이 자신의 가족이나 친구가 위험에 빠진 상황에 맞닥뜨리게 되면 초인적인 잠재력을 발휘하여 평소에는 절대 불가능했던 일을 해낸다는 것이다.

일상생활과 직장생활에서도 마찬가지다. 한 사람의 의사결정능력이 어떤가보다는, 그가 보유하고 있는 능력을 어떻게 최대한 이끌어내는가가 의사결정의 성공 여부를 판가름하는 관건이 된다. 책임감이 강한 사람은 자신이 보유한 분석·판단·결정능력을 십분 발휘하여 자신이 직면하는 모든 결정을 올바른 궤도에 올려놓을 수 있다. 그렇다면, 평범한 사람들은 어떻게 해야 책임감을 키울 수 있을까?

1. 자신의 위치를 분명히 인식해야 한다.

자신이 어떠한 위치에 있으며, 어떠한 역할을 맡고 있는지, 어떤 일을 해야 하고, 어떤 일을 하고 싶은지……. 이런 문제들에 대해 충분히 생각해본 뒤 결정을 내린다. 자신의 책임을 잘 완수하기 위해서는 해야 할 일을 먼저 제대로 완성하는 것이 물론 중요하다.

2. 작은 일 하나하나에 최선을 다한다.

사소한 결정이라고 대충 넘어가서는 안 된다. 책임감이 강한 사람에게는 매사가 큰일이다. 결정 하나하나에 신중하게 임해야 책임감을 구현할 수 있다.

3. 핑계를 대지 않는다.

결정을 내려야 할 때 절대 회피해서는 안 된다. 올바른 결정이든 잘못된 결정이든 그것은 당신의 결정이니 결과에 대해서는 핑계를 대지 않고 기꺼이 모든 리스크를 감수해야 한다.

반사실적 사고는
위험하면서도 가치 있다

삶을 들여다보면 아주 재미난 심리 현상이 있다. 출근길에 지각하다 상사에게 들키면 '아침에 조금만 더 일찍 일어나 식사를 하고 조금만 더 일찍 버스를 탔더라면 지각하지 않았을 텐데'라고 생각하고, 시험 결과 성적이 나쁘게 나오면 '평소에 게임하는 시간을 좀 줄이고 공부를 좀 더 했더라면 지금보다 좋은 성적을 받을 수 있었을 것'이라고 생각한다. 이런 생각은 이미 일어난 사건이 아닌 가상의 대안적 사건을 대상으로 하며 심리학자들은 이를 반사실적 사고counterfactual thinking라고 부른다.

예컨대, 집을 나서면서 우산을 깜빡했는데 도중에 큰비가 내려 물에 빠진 생쥐가 되면 '집을 나서기 전에 날씨를 확인하고 우산을 챙겼으면 비를 맞지 않았을 것'이라고 생각한다. 여기서 '비를 맞은 것'은 기정의 사실이고 '날씨를 확인하고 우산을 챙기는 것'은 사실과 다른 생각이다. 이것이 바로 반사실적 사고다.

하버드 행동심리학 강의는 반사실적 사고를 '과거에 이미 일어난 사건을 부정하고 또 다른 가능한 가설을 재구축하는 사고 활동'이라고

274

정의한다. 반사실적 사고는 반복적으로 회상하는 가설적 사고 과정이고, 그 초점은 이미 발생한 사건이 아닌 가상의 대안적 사건이며, 재판단과 대안적 의사결정 이후의 상황에 대한 시뮬레이션을 골자로 한다.

일반적으로 반사실적 사고는 "만약 ~했더라면, ~했을 것이다"와 같은 조건문의 형태를 띤다. 예를 들자면 "만약 그렇게 결정했더라면 오늘날 곤경에 빠지지 않았을 것이다"와 같은 식이다. 이처럼 반사실적 사고는 가상의 전제(만약 그렇게 결정했더라면)와 가상의 결론(오늘날 곤경에 빠지지 않았을 것이다)으로 구성된다.

의사결정과정에서, 반사실적 사고는 변증법적으로 사물을 파악하여 사고가 어느 한쪽으로 치우치지 않도록 도와준다. 뿐만 아니라, 의사결정 이후의 검증에도 유용하다.

현대 심리학은 반사실적 사고를 두 가지 유형으로 나눈다. 하나는 상향적 반사실적 사고이고, 또 하나는 하향적 반사실적 사고다. 상향적 반사실적 사고는 과거에 이미 발생한 사건에 대해 특정 조건을 상상해내어 현실에 '반항'하는 사고다. 비록 심리적 가설에 불과하지만 가상의 결과는 현실에 비해 훨씬 낫다. 예를 들어, '시험 전에 복습을 더 많이 했더라면 좋은 성적을 받을 수 있었을 것'이라고 생각하는 것이 상향적 반사실적 사고에 해당된다. 반면 하향적 반사실적 사고는 가설 속의 결과가 현실에 비해 훨씬 나쁘다. 예를 들어. '시험 전에 복습을 하지 않았더라면, 낙제할 뻔했다'고 생각하는 것이 하향적 반사실적 사고에 해당된다. 행동심리학자들이 스포츠 경기의 메달 수상자들을 대상으로 심리조사 연구를 실시한 결과, 은메달 수상자의 기쁨

정도가 동메달 수상자보다 못하다는 사실을 발견했다. 은메달 수상자는 '평소에 좀더 열심히 훈련에 임했더라면 금메달을 딸 수 있었을 것'이라는 상향적 반사실적 사고의 영향을 받고, 동메달 수상자는 '조금만 더 못했어도 메달을 따지 못했을 것'이라는 하향적 반사실적 사고의 영향을 받았기 때문이다. 의사결정과정에서도 사람들은 부정적 사건을 경험하면 상향적 가설을 세워 좀더 나은 결정을 할 수 있었을 것이라 상상하고, 긍정적 사건을 경험하면 하향적 가설을 세워 조금만 더 못했어도 잘못된 결정을 내렸을 뻔했다고 상상한다.

그렇다면 반사실적 사고는 의사결정에 어떤 영향을 미칠까? 앞서 언급했듯이, 반사실적 사고는 "만약 ~했더라면 ~했을 것이다"와 같은 조건문의 형태를 띤다. 비록 결론과 전제 모두 머릿속 가설에 불과하지만, 우리 머릿속에서는 시뮬레이션이 진행되면서 어떻게 해야 성공할 수 있고 어떻게 해야 실패를 막을 수 있는지 생각하게 된다. 이러한 시뮬레이션 사고가 우리로 하여금 문제의 근본 원인을 인식하게 하며, 적절한 조치를 취해 궁극적으로 이상적인 결과를 얻을 수 있게 해준다.

어떤 일에 다른 결과가 일어날 수 있다는 가능성을 인식하게 되면, 사람들은 기존의 행위를 견지하거나 바꿔야겠다는 생각을 갖게 된다. 또한 훗날 유사한 사건에 맞닥뜨렸을 때 충분한 자신감을 가지고 대응할 수 있게 된다. 의사결정과정에서 반사실적 사고는 우리로 하여금 서로 다른 결정이 가져올 서로 다른 결과를 떠올리게 하며, 더 좋은 결과든 더 나쁜 결과든 이는 자신의 결정을 더욱 명확히 인식하고 자신의 행동을 돌아보는 데 도움이 된다. 이는 또한 미래의 의사결정과정에서 바람직한 행동은 유지하고 잘못된 행동은 삼가게 한다.

이처럼 반사실적 사고가 우리의 의사결정에 유용한 것이라면, 반사실적 사고는 어떻게 훈련해야 할까? 하버드 행동심리학 강의는 다음과 같은 몇 가지 방법을 소개한다.

1. 시험적인 비교분석

당면한 결정 과제를 하나의 시험적 임무라 생각하고 결정을 내리기에 앞서 자신이 예측하는 결과를 기록해둔다. 결정 이후, 실제 결과와 비교하여 자신의 행동과 결정이 옳았는지 가늠한다.

2. 자신의 사고 분석하기

이 방법은 현실 상황에 대한 연구이며, 의사결정과정에서 현실의 특정 사건, 자신의 생각과 느낌 등을 능동적으로 사고하고 회상함으로써 자신의 인식을 기반으로 다양한 반사실적 사고를 시도하는 방법이다.

3. 타인의 예 분석하기

평소 다른 사람의 이야기를 통해 그들의 결정이 가져온 긍정적 결과나 부정적 결과를 분석하고 사고해볼 수 있다. 자신을 이야기 속 주인공이라 생각하고 그 결정에 대해 반사실적 사고를 시도해보는 것도 가능하다. 이 방법은 꽤 유용하고 남들은 결정을 내릴 때 어떤 생각과 기분을 경험하는지 이해하는 데도 도움이 되지만, 자칫 지나친 감정이입을 유발하여 주관적이거나 단편적인 사고를 낳을 수 있다.

이상의 세 가지 방법은 모두 반사실적 사고 훈련에 도움이 되지만 각각의 방법에는 나름의 장단점이 있고 궁극적으로 얻게 되는 결론도 상이할 수 있다. 반사실적 사고가 당신에게 어떤 영향을 미치든, 당신의 궁극적 목적은 이를 통해 의사결정과정을 이해하고 실수를 최소화하는 것이었음을 잊어서는 안 된다.

한편, 반사실적 사고과정에서 우리는 이미 발생한 사건의 전제에 뭔가를 보태거나 빼기 마련인데, 심리학자들은 시뮬레이션 내용의 특성에 따라 반사실적 사고를 다시 다음과 같은 세 가지 유형으로 나눈다.

1. 추가된 행위를 집어넣기

실제로는 일어나지 않은 어떤 사건이나 취하지 않은 행동을 전제로 반사실적 사고를 시도한다. 예를 들면 '만약 집을 나서면서 우산을 챙겼더라면, 비를 맞지 않았을 것이다'에서 집을 나서면서 우산을 챙기는 행위가 추후에 추가된, 즉 실제로는 취하지 않은 행동이다.

2. 실제 행위를 빼고 생각하기

가산식과는 정반대로, 실제 일어난 사건이나 행동을 삭제한 후 상황을 재구성한다. 예를 들면 '차를 잘못 타지 않았더라면, 지금 벌써 목적지에 도착했을 것이다'와 같은 식이다.

3. 대체적 전제 세우기

이 유형은 그다지 보편적이지 않은 유형으로, 반사실적 사고과정에서 가설이 대체적 전제 역할을 하면서 다른 결과를 낳을 수 있게 된다. 예를 들면 '만약 평소에 게으름을 피울 것이 아니라 훈련에 더 열중했더라면, 이번 시합의 챔피언은 나였을 것이다'와 같은 식이다.

냉정은 잃어도
총제적 관점은 잃어서는 안 된다

하버드대는 총제적 관점overall viewpoint을 키우는 것을 중요시한다. 전체를 보는 눈이 있어야 성공적인 의사결정자로 성장할 수 있기 때문이다. 회사를 경영하는 일이든 팀을 이끌고 등산을 가는 일이든 어떤 일을 잘 해내기 위해서는 사람들을 고무시키는 비전을 제시할 수 있어야 그에 상응하는 구체적 전략을 수립할 수 있다. 이 두 가지의 핵심은 바로 총체적 관점에 있다.

총체적 관점이란 사물의 전체 국면을 꿰뚫어보는 눈이다. 총제적 관점을 보유한 기사棋士는 바둑 한 판의 전체 흐름을 마음속에 그릴 수 있다. "사물의 전체 내지는 발전의 전 과정을 장악하지 않는 사람은 그 사물을 구성하는 일부 또한 장악할 수 없다"는 말이 있듯이, 의사결정과정에서도 총체적 관점이 중요하다.

전체를 파악하지 않으면 일부 또한 제대로 파악할 수 없다. 장기적인 문제를 고려하지 않으면 당면한 문제 또한 제대로 판단할 수 없다. 중장기 계획 없이는 단기 계획을 세울 수 없다. 바로 이 때문에 하버드 행동심리학 강의에서는 "냉정은 잃어도 총체적 관점은 잃어서는 안 된다"고 말한다.

역사적으로도 총체적 관점을 가진 사람이 꽤 있다. 아인슈타인도 그중 하나다. 아인슈타인은 결코 국부적 문제에 얽매어 전체를 보는 눈을 잃은 적이 없다. 그러나 그는 사소한 일상에는 무심한 사람이었다. 양말을 안 신고 다니기 일쑤였고, 책상 위도 늘 엉망이었다. 백악관 연회에 참석한 그에게 누군가가 왜 양말을 신지 않았는지 묻자 "매일같이 바빠 죽겠는데 양말을 찾아 신을 시간이 있으면 차라리 그 시간에 상대성 이론을 더 연구하겠다"고 답했다.

아인슈타인은 거시적 관점에서 문제를 사고할 줄 아는 사람이었다. 우리는 이런 사람을 '총체적 사고자'라 부를 수 있다. 어떤 외국인 친구 하나도 아인슈타인과 마찬가리고 사소한 일상에는 무관심하지만 일할 때는 놀라운 속도로 업무 모드에 돌입한다. 그는 한 인터넷 광고업체의 크리에이티브 디렉터로 일하며 국제 무대에서 셀 수 없이 많은 상을 받았다. 업무상 그를 만나는 사람들은 아마도 그가 평소에 털털하고 일상적인 일에 무신경한 사람이라는 것은 상상도 못할 것이다. 이 친구 역시 사소한 일상에는 무심하지만 일단 자신의 업무에 임할 때는 총체적 관점에 입각하여 장기적 안목으로 문제와 흐름을 분석하고 과감하고 신속하게 결정을 내릴 줄 아는 사람이라 할 수 있다.

영국의 저명한 심리학자 로완 베인Rowan Bayne은 총체적 사고자들에 대해 "얼핏 보기엔 차림새가 단정치 않아 보일지 모르지만 알고 보면 놀라운 창의력의 소유자들"이라고 기술했다. 로완 베인의 인격 테스트 결과, 연구 대상의 25퍼센트가 총체적 사고자로 분류되었고 나머지 75퍼센트는 국부적 사고자로 분류되었다.

전자는 기본적으로 예민한 '직관'의 소유자들이다. 추측에 의존하는 경우가 많고 어떤 문제를 바라보고 사고하는 방식이 개괄적인 특성을 보인다. 반면 후자는 예민한 '감수성'의 소유자들로 사물의 디테일에 관심이 많으며 문제를 바라보는 방식이 단편적인 특성을 보인다. 한 사람의 사고방식이 개인의 지적 수준이나 다른 역량과 관계되는 것은 아니며, 총체적 사고방식과 국부적 사고방식 둘 다 소중한 사고방식으로서 의사결정에 긍정적 영향을 미칠 수 있다.

하버드 행동심리학 강의는 총체적 관점의 중요성을 강조하면서도 국부적 사고 또한 소홀히 해서는 안 된다고 말한다. 총제적 사고자의 과감한 의사결정과 멀리 내다보는 탁월한 식견도 중요하지만, 국부적 사고자의 묵묵한 노력도 간과해서는 안 된다. 이 상반된 두 가지 사고방식은 상호보완적인 기능을 할 수 있다. 총체적 사고자는 모험과 창조에 강하고 국부적 사고자는 문제 발견과 실행에 강하다.

총체적 사고와 국부적 사고는 각각 나름의 장점이 있다. 무언가 착실하게 해나가고자 한다면 국부적 사고가 더 적합하다. 예컨대 입사한 지 얼마 되지 않은 신입 사원이나 직급이 낮은 사람들은 국부적 사고로 자신의 업무능력을 보여주고 상사에게 좋은 인상을 남겨야 한다. 그러나 직급이 높아질수록 총체적 사고능력이 더 중요해진다. 전반적 흐름에 대한 분석과 장기적인 안목을 바탕으로 중대한 의사결정을 내릴 수 있어야 한다.

물론, 국부적 사고를 하는 사람이 임원이나 심지어 최고 의사결정자의 자리에 오르는 사례도 적지 않다. 그들은 경영권 행사나 중대 의사 결정과정에서 뚜렷한 '미시적 사고'의 특성을 보이며, 남이 대신할 수 없는 디테일한 부분에 자신의 정력을 쏟는다. 이런 사람들은 업무 효율이 높지 않지만, 대신 소소한 문제들을 사전에 방지할 수 있다. 반면 극단적인 총체적 사고를 하는 사람은 소소한 문제에서 종종 난관에 부딪히고 업무상 디테일한 문제를 제대로 처리하지 못해 능력을 제대로 인정받지 못하기도 한다.

올바른 결정을 위해서는 총체적 사고와 국부적 사고 둘 다 필요하다. 중요한 것은 자신이 부족한 면을 키우는 것이다. 당신이 총체적 사고자라면 장부 처리, 컴퓨터 프로그래밍 등에 익숙해지고 이런 일들과 관련하여 올바른 결정을 내릴 수 있어야 한다. 반면, 국부적 사고자라면 직장의 피라미드 속에서 총체적 사고능력을 길러야 한다. 사실, 의사결정과정에서 총체적 사고와 국부적 사고능력을 두루 갖춘 사람은 극소수에 불과하다. 당신도 그런 '전능의 인재'가 되고 싶은가? 필자가 해주고 싶은 말은 대부분의 사람에게 이 정도 '결함'은 지극히 정상적이라는 것이다. 그럼에도 총체적 사고와 국부적 사고에 두루 능한 사람이 되고 싶다면 완벽을 추구해야 한다. 그렇다면 어떻게 해야 자아 완성을 할 수 있을까? 하버드 행동심리학 강의가 제시하는 답은 '자각 의식'이다. 무언가를 결정할 때 자신이 총체적 사고자인지 국부적 사고자인지 분명히 인식하고 이에 상응하는 보완을 해야 총체적 사고와 국부적 사고능력을 제고할 수 있다는 것이다.

앞서 디테일을 중시하는 것이 국부적 사고자의 특징 중 하나라고 했는데, 그렇다면 총체적 사고자의 특징은 또 어떤 것들이 있을까?

- 전체 국면을 장악하고 '앞'을 향해 내다보며, 거기서 전략과 안목으로 문제를 분석한다.
- 문제의 핵심을 포착한 후 역량을 집중하여 해결한다.
- 고정불변의 틀을 고수하지 않고 사물의 발전과 내재적 관계를 통찰하며 단편적 사고를 하지 않는다.
- 디테일을 통해 전체를 보고, 현상을 통해 본질을 본다.
- 뚜렷한 목표를 가지고 큰 흐름과 큰 방향을 향해 나아간다.

08

대담하게 판단하고
신속하게 결정하라

최악의 결정이
인생의 '끝'은 아니다

"결정하는 게 겁나! 잘못 결정하는 건 더 끔찍하고!"

살면서 우리는 이런 말을 자주 듣는다. 많은 이가 잘못된 결정을 하면 세상이 끝나기라도 한 것처럼 자책을 하며 좌절감에 빠진다. 하지만 잘못된 결정은 당신이 상상하는 것만큼 끔찍하지도, 당신의 인생을 '끝장'내지도 않는다. 하버드 심리학 강의는 결정의 '끝장론'을 믿지 않는다. 실수 없는 인생이 없는 것처럼, 어떤 최악의 결정도 당신의 인생을 송두리째 망가트리지 않는다.

화학 전공자라면 슈탈의 '플로지스톤설phlogiston theory'을 잘 알 것이다. 17세기 말, 슈탈은 모든 연소성 물질은 플로지스톤을 가지고 있다는 플로지스톤설을 제기했다. 그는 또한 플로지스톤은 독립적으로 존재할 수도, 다른 원소와 결합할 수 있는 물질이라고 설명했다. 플로지스톤설은 100여 년간 화학계의 주류를 이뤘고, 불에 대한 연금술사들의 다양한 오해를 바로잡았다. 하지만 현대 화학 이론에 근거하면 이는 잘못된 학설이다. 20세기 중엽, 영국의 화학자 파팅턴은 "슈탈의 플로지톤설은 여러 사실을 종합해 논리적으로 정리한 잘못된 학설이지만 인류에게 새로운 실험, 발견을 하게 했다"고 평가했다. 엥겔스 또한 "화학은 플로지스톤설 덕분에 연금술에서 벗어날 수 있었다. 이는 물질에 대한 연금술의 환상을 바꿔놓았다"라고 평가했다.

플로지스톤설의 발전과 쇠퇴를 통해 우리는 잘못된 학설이 주류를 이룬다 해도 큰 재앙이 닥치지 않았다는 것을 알 수 있다. 물론 잘못된 학설은 과학적이지도, 종합적이지도 않다. 하지만 이는 다양한 논의를 이끌어낸다. 또한 끊임없는 실험·수정·검증을 통해 우리는 더 많은 과학적 사실과 방법을 찾게 되고, 결국 정확한 이론을 정립하게 된다.

스티븐 호킹은 "이 세상에 우연히 일어난 기적 같은 일이란 없다. 개인의 인지활동과 행위는 모두 자신이 결정한 것이다"라고 말했다. 잘한 결정을 통해 우리는 큰 성공과 뜻밖의 행운을 누릴 수 있을 뿐 아니라 목표를 실천하고, 자신의 가치를 더욱 드러낼 수 있다. 물론 잘못된 결정은 '나비 효과'처럼 문제를 만들어내기도 한다. 하지만 영화에서처럼 한 사람의 인생을 망칠 정도는 아니다.

살다보면 제한된 시간 내에 결정을 내려야 하는 일을 자주 겪는다. 진학은 물론 취업·결혼·출산·이직·퇴직까지 모두 우리의 결정을 필요로 한다. 많은 이는 자신의 결정이 완벽한 것이기를 바란다. 잘못된 결정으로 인생이 어려워지거나, 망가지지 않았으면 하는 것이다. 이는 모두 부정적 심리에서 기인한다. 긍정적인 사람이라면 실수를 하더라도, 잘못된 결정을 하더라도 의연하게 대처한다. 하지만 부정적인 사람은 실수를 확대 해석하고 점점 자신을 신뢰하지 못하게 된다. 부정적인 사람은 늘 자신을 의심하고 불안한 심리 상태를 보인다. 또한 결정하는 것, 특히 잘못된 결정이 초래할 결과를 더욱 두려워한다.

그렇다면 왜 많은 이가 결정의 순간 부정적인 생각을 하는 것일까? 하버드 심리학 강의는 그 이유를 세 가지로 정리했다.

첫째, 과거의 많은 실패 경험으로 자신이 실수할 것이라고 생각한다. 둘째, 외부 환경의 영향으로 결정을 내릴 때 자기 통제가 불가하다. 셋째, 개인적 이유다. 즉, 개인의 신체 및 심리 상태 때문에 자신의 목표에 도달할 수 없게 된다.

우리는 이러한 부정적 심리를 통제할 수 있어야 한다. 많은 사안을 결정하는 능력을 키워야 하고, 혹여 잘못된 결정을 하더라도 절망할 것이 아니라 자신의 마인드를 통제할 수 있어야 한다.

1. 마음을 가다듬고, 현실과 마주하라.

잘한 결정이든 잘못된 결정이든, 모두 현실에서 벌어지는 일이다. 현실과 동떨어진 결정이라면 아무런 의미가 없다. 따라서 잘못된 결정이 초래할 최악의 상황을 방지하기 위해 우리는 마음을 가다듬고 현실을 직시해야한다. 극단적인 낙관주의 혹은 비관주의는 지양하고, 객관적으로 현 상황을 분석 및 판단해야 한다. 잘못된 결정으로 인해 좋지 않은 상황과 마주했을 때에도 더 긍정적인 태도로 이를 직시하고 관련 문제를 풀어가야 한다.

2. 신속하고 과감하게 결정하라.

어떤 이들은 잘못된 결정이 초래할 결과가 두려워 결정을 내리기 전 안절부절못하곤 한다. 앞서 살펴본 바와 같이 정확한 결정을 위해서는 빠른 결단력이 필요하다. 말하자면 신속한 의사결정은 훌륭한 결정을 위한 비결인 셈이다. 결정을 내리기 전에 당신은 다양한 결과에 대해 고려해볼수 있다. 하지만 이미 결정을 내린 상태라면 침착하게 자신이 내린 결정을 믿고 노력하는 것이 최선이다. 그것이 최악의 결정이라 할지라도 말이다.

3. 도움을 구하고, 협력하라.

중국 속담 중에 '세 개의 나무 기둥이 있어야 튼튼한 울타리가 될 수 있고, 셋이 모여야 일을 완수할 수 있다'라는 말이 있다.

중요한 결정을 내릴 때, 당신은 타인의 도움을 구할 수 있다. 이는 책임을 회피하는 것이 아니라, 더 나은 분석과 결정을 위한 행동이다. 타인의 도움을 받아 당신은 더 나은 결정을 할 수 있고, 더 이상 결정을 두려워하지 않을 수 있다.

4. 경험을 통해 배우라.

현명한 사람이라면, 실수를 번복하지 않도록 노력할 것이다. 결정도 마찬가지다. 잘한 결정이든 그렇지 않든 그것에 대해 깊이 생각해야 한다. 즉, 배울 점은 배우고 부족한 점은 개선해야 한다는 것이다. 설령 잘못된 결정이 당신을 위기에 빠뜨린다 하더라도, 이 때문에 자신감을 잃고 좌절해서는 안 된다. 당신은 이러한 과정 속에서 무엇이 옳은 것인지 틀린 것인지를 배울 수 있고, 이는 향후 의사결정을 할 때 같은 실수를 번복하지 않게 도와줄 것이다.

결정은 결정이고,
실수는 실수다

　낭만주의 시인 롱펠로는 "성공이든 실패든 모두 당신의 결정에 달려 있다"라고 말했다. 이는 결정에 대한 가장 정확한 해석이라고 볼 수 있다. 한 사람의 성공과 실패는 자신의 결정과 연관되기 때문이다. 또한 결정은 일시적으로 이루어지나 그 영향은 지속성을 띤다.

　많은 이가 안타까워하는 것은 잘잘못을 가릴 수 있는 혜안을 갖지 못해 많은 실수를 범한다는 것이다. 이유야 어떻든 간에 우리는 많은 이들이 성공과 정반대되는 결정을 하는 것을 목격하고, 심지어 본인 역시 그러한 결정을 내린 경험이 있을 것이다. 하버드 행동심리학 교수는 "결정은 결정일 뿐이다. 결정은 순식간에 이루어지나, 그 영향은 결코 일시적이지 않다. 잘한 결정이든 잘못한 결정이든 모두 오랜 시간 영향력을 갖는다"라고 말한다. 따라서 우리는 결정을 내릴 때 선견지명을 갖고, 그 결정이 자신에게 어떠한 영향을 미칠 것인지 생각해봐야 한다.

　결정은 미래에 대한 예측을 기반으로 한다. 따라서 최상의 결정을 위해서 미래를 내다보는 통찰력을 가져야 한다. 오늘날은 시간을 잘 활용하고, 미래를 내다볼 수 있는 사람이 성공할 수 있는 시대다. 예견능력이란 말 그대로 멀리 내다볼 줄 아는 능력이다. 예견능력을 가진 사람은 결정을 내리기 전에 앞으로 일어날 상황을 충분히 예측하고, 이에 근거해 가장 효과적인 대책을 내놓는다.

나폴레옹은 "내가 위기 속에서도 침착할 수 있는 것은 모든 일을 할 때 이미 앞으로 벌어질 일에 대해 생각했기 때문이다"라고 말한 바 있다. 나폴레옹은 그의 예견능력 덕분에 무수한 실수를 피했고 전쟁에서 많은 승리를 거둘 수 있었다.

예견은 결정능력에도 큰 영향을 준다. 즉, 충분한 예견능력이 있으면 더욱 정확하고 합리적인 결정을 할 수 있지만, 예견능력이 떨어질수록(심지어 예견능력이 전혀 없다면), 어둠 속에서 길을 걷는 사람처럼 더 쉽게 실수하고, 그 영향 또한 심각해진다.

탁월한 예견능력에 대해 얘기하자면 맨 먼저 손정의를 꼽을 수 있을 것이다. IT 업계에서 그는 빌 게이츠와 함께 천재적 인물로 불린다. 둘의 차이점이라면, 빌 게이츠가 기술력으로 IT 업계를 장악했다면, 손정의는 탁월한 투자 감각으로 인터넷 산업의 대표적 인물이 되었다.

일본의 유명 작가 이노우에 아쓰오는 그의 저서 『일본의 제일 부자 손정의』에서 "손정의가 세계적인 부자가 될 수 있었던 이유는 그의 비즈니스 능력과 열정뿐 아니라 남다른 선견지명이 있었기 때문이다"라고 말한 바 있다. 손정의는 결정이 가져오는 지속적인 영향력에 대해 충분히 인식하고 있으며, 중요한 결정을 내릴 때에는 앞으로 벌어질 최악의 상황에 대해 충분히 고려한다. 또한 이 과정에서 가장 정확한 방향과 중요 포인트를 포착한다. 손정의의 예견능력에 대해 그의 파트너는 "손정의의 사업적 능력은 무한하지 않지만 그의 예견능력은 최고다"라고 평가했다.

손정의의 인생에서 중요한 결정 역시 모두 다양한 결과에 대한 충분한 예측을 근거로 이루어졌다. 20대에 창업을 결정하고, 30대에 1억 달러의 시드 머니seed money를 보유한 것, 40대에 자신의 산업군을 정하고 업계 1위가 되기 위해 고군분투한 것, 50대에 자신의 사업을 성공시키고 회사 매출액이 100억 달러를 돌파한 것, 마지막으로 60대에 모든 업무를 내려놓고 가족과 함께 노년을 보내기로 한 것 등의 중요 결정은 모두 그가 심사숙고해 내린 결정이다. 손정의는 탁월한 예견능력을 통해 실수를 피했고, 언제나 '옳은' 결정을 내렸다. 이 때문에 동료들은 그를 '선지자'라고 칭한다. 하지만 이 세상에 선지자란 없다. 손정의와 같은 탁월한 예견능력을 가진 결정자들이 존재할 뿐이다.

우리가 방황하고, 남의 의견에 쉽게 동요하고, 잘못된 결정에 이끌려 가는 가장 큰 이유는 선견지명이 없고, 나아가야 할 방향을 제대로 파악하지 못하기 때문이다. 안타까운 것은 극소수의 사람만이 자신의 잘못된 선택에 대해 심층적으로 분석하려 한다는 것이다. 사실, 오늘날의 성공과 실패는 어제의 예견과 선택으로 이루어진 것이다. 만약 내일을 예견할 수 없다면, 어떻게 정확한 결정을 내릴 수 있단 말인가?

하버드 행동심리학 강의는 우리에게 예견이란 곧 변화에 대한 예측임을 말해준다. 물론 결정의 난도는 모두 다르다. 간단한 결정은 단순한 변화만 예견하면 된다. 하지만 복잡한 결정은 각각의 과정마다 많은 변화의 가능성이 내재되어 있기 때문에 일련의 과정에 대한 예견이 필요하다. 예견은 결정을 내릴 때 중요한 역할을 한다. 따라서 가장 사실적으로 상황을 반영해야 한다. 특히 복잡한 문제의 경우, 각 과정과 그에 따른 무수한 가능성을 모두 아우를 수 있어야 한다. 그중, 변화의 양상에 대한 예견이 가장 중요한데, 이때 우리는 다음 사항에 유의해야 한다.

1. 변화를 잘 포착하라.

사물 간에는 상호 연관, 상호 제약, 상호 모순의 관계가 존재한다. 이 관계의 변화에 따라 다양한 가능성이 만들어지지만, 크게 보면 좋음과 나쁨으로 구분할 수 있다. 물론 최종 결과는 그중 하나의 가능성이 현실화되는 것인데, 사실 각각의 가능성이 현실화될 확률은 큰 차이가 없다. 따라서 정확한 예견을 위해 우리는 반드시 이러한 변화를 잘 포착해야 한다.

2. 변화를 파악하고 싶다면, 예견하는 연습을 하라.

모든 것은 항상 변한다. 따라서 우리는 문제를 대할 때 수동적인 태도를 취할 게 아니라 언제나 변화를 예의주시하며 부단히 예견하는 연습을 해야 한다. 이는 향후 당신이 빠른 결정을 내려야 할 때 상황의 변화와 당신이 처한 상황을 더욱 잘 이해할 수 있게 해줄 것이다.

3. 모든 예견은 결정에 도움을 준다.

우리는 충분한 예견을 통해 다양한 가능성에 대해 생각할 수 있고, 만일의 실수도 대비할 수 있다. 예견에 따라 다른 행동 계획이 수립되고, 각각의 계획은 각기 다른 방식으로 실행된다. 우리는 더욱 여유 있게 계획을 실행에 옮기고, 좋지 않은 결과에 대해 충분한 심리적 준비를 함으로써 최상의 결과를 도출해낼 수 있다. 다양한 가능성에 대한 효과적인 예견은 가장 정확한 결정을 내릴 수 있게 도와주는데, 이것이 바로 예견의 가장 주요한 기능이다.

4. 모든 것에 대해 분석하라.

예견은 객관적인 사물에 대한 분석이자 추리다. 만약 논리적인 분석이 없다면, 이는 알맹이가 없는 표면적인 분석일 뿐이고, 우리의 의사결정에 실제적인 도움을 줄 수도 없다. 따라서 우리는 언제나 제대로 사고하고 배울 수 있어야 한다. 모든 일에 대해 논리적인 분석을 해야 하며, 이 과정을 통해 자신의 예견능력을 향상시킬 수 있어야 한다.

잘못된 결정과정에 대한
하버드대의 심리학 분석

지금까지 '왜 잘못된 결정을 하는가' '어떻게 잘못된 결정을 피할 수 있는가'에 대해 살펴보았다. 하지만 당신은 잘못된 사고 때문에 실수가 생기는 것은 아닐까 하는 의문을 갖게 될 것이다. 예를 들어 우리는 자주 사고의 함정에 빠져 잘못된 결정을 내린다. 주변 사람들뿐만 아니라 우리 자신도 자주 겪는 일이다. 또한 이것은 하버드 심리학의 실수 발생 이론의 기초이기도 하다.

하버드대 심리학과의 존 해먼드John Hammond교수의 실험 결과에 따르면, 많은 사람의 행동은 잘못된 사고의 영향을 받으며, 특히 사고의 함정에 빠진 이후 더 쉽게 실수를 범한다. 그렇다면 결정에 영향을 주는 사고의 함정은 어떤 것들이 있을까? 존 해먼드 교수는 이를 여섯 가지로 정리했다.

1. 닻 내리기의 함정

닻은 물속에서 배를 고정시키는 작용을 한다. 닻 내리기의 함정에서 닻은 우선 접한 정보일 수도, 편견일 수도 있다. 만약 닻 내리기의 함정에 빠지면 우리는 이러한 '닻'에 묶여 잘못된 판단을 하게 된다. 가령 기업의 시상식을 가정해보자. 한 임원이 당신이 모르는 직원에게 칭찬을 했다. 그 임원의 말이 맞는지 틀린지 모르지만, 당신은 그 직원을 훌륭하다고 생각할 것이다. 이것이 바로 닻 내리기의 함정이다.

결정을 할 때 우리는 처음 접한 정보를 가장 중시한다. 최초의 정보는 마치 물에 던져진 닻처럼 우리의 사고를 고정시킨다. 이 경우, 우리는 종합적인 사고를 할 수 없게 된다. 우리는 많은 기준을 설정하게 되고, 자신의 사고에 오류가 있다는 점을 알기 전까지 이에 대해 일말의 의심도 하지 않는다. 즉 과거의 경험은 우리에게 도움을 주기도 하지만, 때로는 발전을 가로막기도 한다. 이러한 '닻 내리기 함정'에서 빠져 나오고 싶다면, 자신의 오류를 점검할 수 있는 능력과 인지하는 능력을 부단히 향상해야 한다.

2. 고정관념의 함정

고정관념이란 과거의 것에 얽매여 새로운 것을 추구하지 못하는 것을 의미한다. 어떤 사람에게 있어 결정은 습관적 행위다. 이들에게 결정은 과거의 경험을 토대로 하는 것이고, 특별한 요구가 없기 때문에 변화하려 하지 않는다. 설령 변화의 요구가 있고, 본인의 방식이 틀렸다는 것을 알았다 해도 고정 관념에 사로잡힌 사람은 여전히 자신의 방식대로 일을 처리한다. 이는 우리가 결정을 할 때 가장 지양해야 하는 부분이다. 모든 결정에 같은 원칙이 적용되는 것은 아니기 때문에, 우리는 항상 선택의 가능성을 열어두어야 한다. 그렇게 해야만 가장 정확한 결정을 내릴 수 있기 때문이다.

3. 매몰 비용의 함정

매몰 비용sink cost의 함정은 카지노에서 자주 접할 수 있다. 많은 이가 돈을 잃은 후 본전을 찾겠다며 더 큰 자금 손실을 감수하곤 한다. 따라서 매몰 비용의 함정은 '본전 비용의 함정'으로 불리기도 한다.

의사결정과정에서, 많은 사람은 자신의 결정이 틀렸다는 것을 알면서도 이를 포기하지 못한다. 왜냐하면 이미 그것에 어느 정도의 투자를 했기 때문에 이를 포기하는 것 자체가 손실이라고 생각하기 때문이다. 매몰 비용의 함정에 빠진 사람들은 잘못된 결정에 더 많은 시간과 에너지를 허비하면서도 자신의 결정을 철회하지 않고, 자신이 이미 쏟은 정성이 무용지물이 되지 않길 바란다.

4. 프레임의 함정

프레임의 함정 역시 우리가 자주 범하는 오류다. 예를 들어 상사의 지침에 따라 결정을 내려야 하는데, 상사의 지침이 명확하지 않다면 우리는 프레임의 오류에 갇히게 된다. 즉, 상사의 지침이 우리를 가두는 프레임이 되어 그 지침이 옳은지 그른지, 상사의 진정한 의도가 무엇인지는 고려하지 않은 채 상사의 지침에 어긋나는지 부합하는지만 신경 쓸 뿐이다.

이러한 함정에서 벗어나기 위해 우리는 모든 것을 그대로 받아들이기보다 끊임없이 의문을 품는 연습을 해야 한다. 프레임 자체가 옳은지 그른지를 판단할 수 있을 때, 우리는 그 프레임에 갇히지 않고 최상의 선택을 할 수 있다.

5. 증거 확인의 함정

사실 모든 사고의 함정은 연결되어 있다. 예를 들어 프레임의 함정에 빠진 경우, 우리는 증거를 찾아 자신이 믿는 바가 옳다는 것을 입증하려 한다. 증거 확인의 함정이란 우리가 결정의 방향을 정한 후, 다양한 방법을 통해 이 방향이 맞는 것임을 확인하려는 것이다. 반박 근거가 나온다 해도, 우리는 이를 의식적으로 부정한다.

6. 예측과 관련된 다양한 함정

마지막은 연쇄적 함정이다. 즉 기억 때문에 빠지게 되는 함정인데, 자기 과신의 함정과 신중함의 함정으로 나눌 수 있다. 우리는 과거의 경험에 의존해 결정을 한다. 예를 들어, 과거에 성공을 많이 거뒀다면 우리는 스스로를 과신하게 되고 경솔한 결정을 내린다. 이와 반대로 실패 경험이 많다면 지나치게 신중해져 결단력 있게 행동하지 못한다. 이 두 가지 함정에 빠지면 실수를 피할 수 없으므로 유의해야 한다.

존 해먼드 교수가 제시한 여섯 가지 함정은 결정과정에서 가장 흔히 범하는 오류다. 이는 소수의 사람에게만 해당하는 것이 아니다. 물론 보통의 사람들은 새로운 문제 혹은 기회가 나타날 때까지 이러한 함정을 의식하지 못한 채 자신의 방식대로 일을 처리한다. 그렇다면 이러한 함정에 빠진 사람들이 범하게 되는 대표적인 실수는 어떠한 것들이 있을까? 세 가지로 정리해볼 수 있다.

첫째, 의사결정 중 계속 문제가 발생하며, 문제에 떠밀려 결정을 하고, 결국 문제 해결이 최종 목표가 된다.

둘째, 실력 있는 사람이 나타나 더 나은 대안을 제시해주고, 본인은 그중 하나만 결정할 수 있기를 희망한다.

셋째, 최종 결정과정에서 자신이 내린 결정에 대한 모니터링이 이루어져 더 나은 방향으로 수정될 수 있기를 희망한다.

잘못된 결정은
하나의 행위예술이다

　인생은 예측할 수 없는 것이여서 누구든 잘못된 결정을 할 수 있다. 이 과정에서 교훈을 얻는 사람도 있지만 어떤 이는 이를 재앙으로 여긴다는 것이 다를 뿐이다. 잘못된 결정에 대해 다양한 의견이 있으나 나는 잘못된 결정을 '행위예술'이라고 생각한다.

　우리가 결정을 하는 이유는 목표를 이루기 위함이다. 목표가 멀리 보이는 풍경이라면, 잘못된 선택은 평탄치 않은 길을 택하는 것과 같다. 물론 이런 길은 힘들다. 하지만 전혀 다른 풍경과 마주할 수 있는 기회이기도 하다. 이러한 이유로 하버드대는 학생들의 실수를 격려하고, 실수를 통해 학생들이 더 많은 경험과 노하우를 배울 수 있길 바란다. 우리는 실수를 허용하지 않는 사회에서 성장한다. 이 같은 사회 분위기에서 실수 공포증을 갖게 되고, 자신의 실수를 타인이 알면 끔찍한 일이라도 벌어질 것처럼 생각한다. 하지만 이 모든 것은 오해일 뿐이다. 잘못된 결정을 할까 두려워하면 할수록 잘못된 결정을 내릴 확률은 오히려 더욱 커진다.

　미국의 한 심리학자가 흥미로운 연구를 했다. 연구 결과에 따르면,

미국인이 가장 두려워하는 일 1위가 죽음이고, 2위는 연설이라고 한다. 사람들은 왜 연설을 두려워할까? 공식 석상에서 자신의 의견을 이야기하는 것이 그렇게도 힘들단 말인가? 실제로는 그와 다르다. 공식 석상에서 연설하는 것을 두려워하는 사람도 사적으로는 말을 굉장히 잘한다. 따라서 심리학자는 '연설을 두려워하는 사람들이 실제로 두려워하는 것은 결코 자신의 의견을 말하는 것이 아니라, 혹시 모를 실수, 그로 인한 난감함과 창피함이다'라고 결론지었다. 공식 석상에서 연설을 한다는 게 정말 이토록 두려운 일일까? 사실 상상하는 것만큼 무거운 분위기도 아니다.

자주 연설을 하는 사람, 연설 경험이 많은 사람, 심지어 아나운서들도 말을 더듬는 경우가 있다. 한번쯤은 누구나 말을 더듬은 경험이 있을 것이다. 우리 모두는 실수를 두려워한다. 하지만 과거에 실수를 해본 사람들은 실수를 크게 두려워하지 않는다. 훌륭한 의사결정자들도 알고 보면 과거에 여러 차례의 실수와 실패를 경험한 이들이다. 따라서 어떤 이는 "성공은 실수투성이의 스승이다. 부단히 실수하는 가운데 진리를 깨우칠 수 있기 때문이다"라고 말하기도 했다. 많은 이들은 어떤 것이 진짜 옳고 그른 것인지 이해하지 못한다. 옳고 그름에 대한 절대적인 기준이 있다고 생각하는 사람도 있지만, 이는 착각이다.

성공적인 의사결정이란 단지 옳은 결정을 내릴 확률이 크다는 것 뿐이다. 따라서 실수를 보완해나가는 것은 옳은 결정을 내릴 확률을 높이는 과정으로 보면 된다. 하지만 흔히 실수를 부정적인 것으로 여기기 때문에 실수 속에서 긍정적인 부분을 발견할 수 있도록 노력해야 한다.

결정의 압박에서
자유로워지는 법

　많은 이가 결정을 내리는 과정에서 그 결과를 가장 중요시한다. 결정의 옳고 그름을 떠나 결정은 한 사람의 심리 상태에 큰 영향을 미친다. 옳은 결정을 내린 사람은 몹시 기뻐하고, 잘못된 결정을 한 사람은 위축되게 마련인데, 사실 이러한 감정의 기복은 의사결정에 도움이 되지 않는다. 하버드 행동심리학 강의에서는 그 결과와 담담하게 마주해야 한다고 말한다. 그래야만 실수를 줄일 수 있다.

　우리 주변에는 자신이 잘못된 결정을 내린 것은 아닌가 전전긍긍하는 사람들이 흔히 있다. 사실 자신의 결정이 가져다줄 이득이나 손해에 대해 생각하는 것은 자연스러운 현상이다. 실제로 우리는 일상생활에서든 직장에서든 선택의 크고 작음을 떠나 어느 정도 이러한 고민을 한다. 결정의 대부분은 중요하고, 번복할 수 없기 때문에 우리는 자신이 내린 결정이 가장 정확하고, 합리적이며 완벽한 것이기를 바란다. 그래서 어떤 일에 쉽게 결정을 내리지 못하고, 결정에 따르는 결과에 대해서 끝없이 고민하는 것이다. 하지만 하버드 행동심리학 강의는 그럴 필요가 없다고 말한다. 이런 고민으로 잃는 것이 더 많기 때문이다.

오나시스는 그리스 최고의 '선박왕' 혹은 '바다의 제왕'으로 불린다. 그는 중요한 결정 덕분에 성공했다.

20세기 초, 전 세계적인 경제 위기가 발생했다. 많은 공장이 도산했고, 실업자가 늘어났다. 해운업 역시 위기를 피할 수 없었다. 그때 오나시스와 그의 친구는 자금난을 겪는 캐나나 국영기업에서 200만 달러 상당의 화물선 여섯 척을 각각 2만 달러에 내놓았다는 소식을 들었다. 그와 그의 친구는 이에 대해 진지하게 고민했다. 그의 친구는 2만 달러도 결코 작은 돈이 아니며, 혹시 잘못 투자하면 수습이 불가능하다며 신중을 기했다. 하지만 오나시스는 친구가 너무 많은 것을 고려해 결정을 내리지 못한다고 생각했다. 그래서 자신이 나서서 화물선 6척을 몽땅 사들였다. 많은 이는 오나시스를 미쳤다고 생각했고, 왜 바다에 애꿎은 돈을 버리려 하는지 이해할 수 없다는 반응을 보였다. 친한 친구들은 "지금이라도 당장 결정을 철회하고 어서 위기에서 빠져나오라"고 조언하기도 했다. 하지만 오나시스는 친구들의 조롱과 조언에도 아랑곳하지 않고, 자신의 결정을 밀고 나갔다. 왜냐하면 그는 이해득실만 따지다가는 기회를 놓칠 수 있다는 것을 알았기 때문이다. 몇 년 후, 경제위기는 오나시스의 예견대로 막을 내렸고, 해운업 경기도 살아났다. 오나시스가 낙찰 받은 화물선 가격도 껑충 뛰었다. 이렇게 오나시스는 바다의 제왕, 큰 부자가 될 수 있었다.

실제로 많은 사람이 오나시스의 친구처럼 이해득실을 지나치게 따지다가 귀중한 기회를 놓치곤 한다. 사실 우리는 결과에 연연하지 않는 '쿨'한 태도를 가질 필요가 있다. 어차피 결정이 통제하기 어려운 것이라면 숱하게 고민해봤자 아무 소용이 없기 때문이다. 여기서 우리가 할 수 있는 것이 있다면 이해득실을 따지는 것이 아니라, 좀더 나은 결정을 위해 실질적 행동을 취하는 것이다.

'쿨하다'는 것은 결과를 겸허하게 받아들인다는 뜻이다. 이해득실에 집착하지 않을 수 있다면 우리는 결정이 주는 압박에서 벗어날 수 있을 뿐 아니라, 실수도 줄일 수 있다.

결과의 이해득실을 따지든 쿨한 태도를 갖든, 사실 우리의 목표는 하나다. 자신의 결정이 옳고, 합리적이길 바라는 것이다. 물론, 이해득실에 일희일비 반응하는 것은 정확한 판단을 방해하므로, 적당히 수위를 조절할 줄 알아야 한다. 하지만 모든 일을 대수롭지 않게 여기는 사람 역시 좀더 이성적일 필요가 있다. 결정과정과 그 결과를 너무 가볍게만 보는 것도 그리 바람직한 일은 아니기 때문이다.

얼마 전 어느 TV 프로그램에서는 미국인은 '상관없어it doesn't matter'라는 말을 가장 싫어한다고 지적했다. 만약 당신이 일상생활에서, 특히 의사결정을 내릴 때 결과를 대수롭지 않게 여기는 이 말을 자주 사용한다면 당신은 미국인의 47퍼센트에 해당하는 사람들에게서 반감을 사게 될 것이다.

이해득실을 따지는 것이 의사결정과정에서 겪게 되는 압박이라면, 결정에 쿨하다는 것은 곧 결정에 개의치 않는다는 뜻이다. 사실 우리는 많은 이가 '상관없어'라고 말하는 것을 듣는다. 하지만 이 말은 생각보다 많은 의미를 담고 있다. '상관없어'라는 말이 알고 보면 두려움에서 기인한다는 것을 알고 있는가? 두려움은 실수를 만든다. 잘못된 결정도 그 실수 중 하나다. 사람이라면 누구나 잘 모르는 상황에 직면할 때 두려움을 느낀다. 상황을 피할지 아니면 방치할지 선택할 때 '상관없어'는 가장 좋은 방패막이가 되어준다. 결정을 내리는 것은 결과를 예측할 수 없는 행동이다.

많은 사람들이 결정에 대해 쿨한 태도를 갖는 것은 사실 그 결과에 대한 책임이 두려워 일말의 여지를 두는 행동인 것이다. 하지만 우리는 이 쿨한 태도가 아무런 도움이 안 된다는 것을 안다. 결정이라는 것은 시간 문제지 결국 피할 수 없는 문제이기 때문이다.

사람은 누구나 이해득실에 얽매일 수밖에 없다. 스티브 잡스는 "사람은 누구나 죽는다. 그렇게 때문에 이해득실을 따지는 것은 의미가 없다"라고 말했다. 그는 우리에게 쓸데없는 생각을 내려놓으라고 충고한다. 짐이 가벼울수록 먼 길을 갈 수 있고, 결정의 옳고 그름에 어느 정도 초연할 수 있어야 잘못된 결정을 최대한 줄일 수 있다.

중요한 결정이 가져올 결과에 대해 어느 정도 예상을 한다 해도 우리는 결정을 내릴 때 늘 불안해하고, 고민한다. 심지어 큰 두려움을 느끼기도 한다. 그렇다면 우리는 어떻게 이러한 감정을 조절할 수 있을까? 하버드 행동심리학 강의는 우리에게 다음과 같이 조언한다.

1. 지식을 늘려라.

이해득실에 대해 고민하고, 신속하고 정확한 결정을 내리지 못하는 가장 큰 이유는 이를 제대로 분석할 수 있는 지식이 부족하기 때문이다. 만약 당신이 잘 알고 있는 내용에 대해 결정을 내린다면 당신은 우물쭈물하지도, 그리 많은 시간을 들이지도 않을 것이다.

2. 자기주도적인 삶을 살아라.

의존성이 강한 사람은 스스로 결정을 내리지 못한다. 이런 사람은 자신의 인생을 사는 것이 아니라 타인의 꼭두각시로 살아갈 뿐이다. 당연히 스스로 결정을 내리지 못해 결정 앞에서 늘 불안해하고, 결과의 이해득실만 따지다가 잘못된 결정을 하곤 한다. 생각만 해도 끔찍한 인생이 아닌가? 실패를 두려워하지 말고 주도적인 인생을 살아라.

3. 판단력을 키워라.

앞서 말한 오나시스는 과감한 결정력으로 다른 사람은 엄두도 내지 못한 선박을 낙찰받았다. 모두 예리한 판단력 덕분이다. 그는 경제 위기가 언젠가는 끝날 것이며, 저가 낙찰 받은 선박 가격이 결국 뛰어 큰 수익을 낼 수 있다는 점을 알았다. 이해득실만을 따지는 태도에서 벗어나, 자신의 판단력을 키우기 위해 노력해야 한다.

4. 대담하게 생각하고 행동하라.

대담한 사람은 이해득실에 연연해 하지 않는다. 이는 성공한 사람들의 공통점이기도 하다. 하지만 만약 생각만 하고 행동하지 않는다면 아무 의미가 없다. 대담하게 생각하고 행동하는 법을 배워라. 그래야만 더 좋은 기회를 잡고, 더 좋은 결정을 내릴 수 있다.

5. 목표를 명확히 하라.

이해득실에 연연하는 가장 큰 이유는 목표가 명확하지 않기 때문이다. 목표가 명확하지 않은 사람은 늘 "어떤 것을 선택해야 하지? 이 선택은 나에게 어떤 결과를 가져다줄까?" 생각한다. 목표가 명확하다면 우물쭈물할 것도 없고, 이해득실을 따지지도 않을 것이다.

정리해보면, 이해득실을 따지는 것도 자유로운 결정을 방해한다. 물론 잘못된 결정을 피하기 위해 어느 정도 고민할 필요는 있지만 지나치게 고민하지는 마라. 결정이라는 것은 사실 굉장히 심플한 행동이기 때문에 지나친 고민은 오히려 실수를 만들어낼 수 있다.

학생 스스로 선택하고 책임지는
하버드대의 방목형 교육

하버드대는 학생 스스로가 선택 및 결과에 대한 책임을 모두 지게 한다. 어떤 사람은 이를 '방목형 교육'이라고 평가한다. 실제로 하버드대 학생은 스스로 전공을 선택하고, 과목을 고르며, 자기주도적으로 학습한다. 하지만 '방목형 교육'이라는 표현은 비난이 아닌 찬사다. 왜냐하면 하버드대의 방목 속에서 학생은 스스로 책임지는 것을 배우기 때문이다.

주변에서 무책임한 사람을 많이 봐왔을 것이다. 그들은 잘못된 결정을 내리는 것은 물론 그 결과를 책임지는 것도 두려워한다. 하버드대 행동심리학 강의는 한 사람이 자신의 선택에 대해 책임을 지기 시작한다면, 그가 성숙하고 이성적인 사고를 시작한 것으로 간주한다. 만약 자신의 결정에 대해 책임을 지려 하지 않는다면 어떻게 옳은 결정을 할 수 있단 말인가? 잘못된 결정을 인정하지 않는 것은 사실 그에 대해 책임을 회피한다는 의미다. 만약 책임감이 있다면 그 결과가 어떻든 끝까지 책임을 지려 할 것이다. 따라서 결정과정에서 우리는 결정 및 그에 대한 책임이 모두 자신에게 있음을 명심해야 한다.

언젠가 잡지에서 이런 이야기를 본 적이 있다. 한 중국 여자가 외국 남자와 사랑에 빠져 그 남자를 따라가 살림을 차렸다. 어느 날 두 사람은 심하게 다퉜다. 여자는 울며 "가족의 반대도 무릅쓰고, 나는 당신만 바라보고 이곳에 왔어요. 얼마나 많은 희생을 했는데 내게 이럴 수 있어요?"라고 말했다. 남자는 "가족을 떠난 것도, 나와 함께 이곳에 온 것도 모두 당신이 선택한 것 아냐? 그걸 희생이라고 할 순 없잖아"라고 대꾸했다.

여기서 우리는 이 남자를 정말 이기적이고 차가운 사람이라 생각할 것이다. 하지만 그의 말도 완전히 틀린 것은 아니다. 어떤 선택을 하든, 어떤 결정을 하든 모두 일장일단이 있기 때문이다. 그 여성은 자신의 결정에 대한 책임이 본인에게 있으므로 결코 남을 탓해선 안 된다는 것을 알아야 했다. 설령 과거 자신이 옳다고 믿었던 결정이 향후 그렇지 않다는 것을 알게 됐다 하더라도 남을 탓할 수 없다. 자신의 실수를 인정하고 책임을 다해야 하는 것이다. 어떻게 보면 인생은 참 간단하다. 당신이 내린 결정은 결국 당신 몫이고, 그 책임 역시 당신이 져야 한다. 그 결정이 다른 이에게 어떤 영향을 주는가는 상관없다.

실존주의 심리학에서는 과거 우리가 어떠한 사람이었든, 우리는 현재 여전히 자유롭게 선택할 수 있다고 설명한다. 우리의 현재 선택은 향후 우리가 어떠한 사람이 될지, 어떠한 길을 걷게 될지를 결정하고, 우리에게 성공 혹은 실패를 가져다준다. 이 세상에서 태어난 것은 우리가 선택할 수 있는 문제가 아니다. 하지만 출생 이후의 생활방식과 자신이 어떠한 사람이 될 것인지는 선택 가능하다. 중요한 것은 선택에 대한 본인의 책임이다. 사람은 외부 환경에 절대적인 영향을 받지는 않는다. 즉, 같은 환경이라 할지라도 모든 사람은 각기 다른 선택을 하고, 그 선택들이 이후의 환경을 만들어낸다. 이런 점에서 우리 모두는 자기 인생의 크리에이터creator다. 선택을 하는 동시에 새로운 삶을 창조해내기 때문이다. 하지만 우리는 자신의 생활방식과 삶을 선택할 때, 그것이 가져올 결과 역시 함께 선택되었다는 것을 알아야 한다. 만약 자신의 선택에 대한 책임을 남에게 전가한다면 당신의 삶 속에는 당신의 인생을 바꿔줄 기회가 존재하지 않을 것이다. 심리학에선 이러한 사람을 '자유도피자'라 부른다. 당신의 인생을 '끝장'내는 결정이란 없다. 단지 당신에게 다른 길을 제시할 뿐이다. 중요한 점은 본인이 이 길을 어떻게 만들어 가느냐다.

행복한 삶을 살고 싶다면 행복한 일을 선택하고, 누군가에게 아부하고 싶다면 듣기 좋은 말을 선택하라. 또한 다른 사람에게 관심을 보여주고 싶다면, 당신의 마음을 보여주는 행동을 선택하라. 이와 같이 우리에겐 많은 선택권이 있다.

우리 인생의 순간순간은 무한한 가능성으로 채워져 있다. 가장 좋은 선택을 위해 우리는 언제나 맑은 정신으로 자신의 선택을 책임질 수 있는 행동을 해야 한다.

당신이 인정하든 아니든, 현재 당신이 가진 모든 것은 과거 당신이 내린 선택의 결과다. 그중에는 신중을 기해 선택한 것도 있고, 무의식 중에 내린 선택도 있을 것이다. 그 과정이 어찌 됐든 당신은 그 모든 결과를 받아들여야 한다. 한 대학생 커플을 예로 들어보자. 남자는 졸업 후 가난한 고향집으로 내려가야 했고, 여자는 가족들과 함께 도시에 남아야 했다. 남자는 이별을 원하지 않았다. 여자는 이미 자신이 그에게 기회를 줬다고 생각했다. 남자가 대학원에 진학한다면 고향에 돌아가지 않아도 됐기 때문이다. 하지만 그는 대학원 진학을 포기했고, 여자에게 함께 고향에 가자고 했다. 여자는 남자의 기대를 저버리고 이별을 선택했다. 이 이야기는 사실 우리가 하는 많은 선택이 현재 이루어지는 것이 아니라 과거의 선택에 의해 이루어진다는 것을 알려준다. 하버드 심리학 강의에서는 "한 사람이 자신의 선택에 대해 책임을 지기 시작했다면, 그는 성숙하고 이성적인 사고를 시작한 것이다"라고 얘기했다. 따라서 우리는 외부 환경이 어떻든 자신의 행동과 선택에 대해 책임을 질 줄 알아야 한다. 설령 잘못된 결정이라 할지라도 후회하기보다 이를 보완하기 위해 노력해야 한다. 행동심리학에 따르면, 한 사람의 행동과 선택은 외부 환경의 자극에 의해 나타나는 반복적이고 예측 가능한 반응이다. 즉, 주변 사람과 환경에 의해 나타나는 결과라는 것이다. 하지만 이러한 반응 역시 우리가 무의식중에 선택한 결과다. 무의식적 선택이 가져올 심각한 결과를 피하기 위해 우리는 결정을 내리기 전 자신에게 두 가지를 물어야 한다. 첫째, 이 결정이 어떠한 결과를 가져올 것인가? 둘째, 이 결정이 내 주변 사람에게 행복을 가져다줄 것인가? 만약 당신이 두 가지 질문에 명쾌하게 답할 수 있다면, 안심하고 결정해도 좋다. 하지만 그렇지 않다면 다시 한 번 생각해야 한다. 흥미로운 사실은, 의사결정과정에서 사람의 행동은 심리적인 영향을 받는다는 것이다. 마음이 편한 상태에서는 바로 결정을 내릴 수 있지만, 그렇지 않을 경우 고민을 시작한다. 그러나 당신이 어떠한 결정을 내리든, 당신은 그 모든 결과와 맞닥뜨릴 수밖에 없다. 중요한 것은, 좀더 의식적으로 선택하고 그 결과를 책임질 수 있어야만 결정 이후 더욱더 주체적이고 행복한 삶을 살 수 있다는 것이다.